Die Spiritualität der Schafe - Boten der Einen Liebe

Marie-Luise Schäffler

Die Spiritualität der Schafe

Boten der Einen Liebe

2. Auflage, 2024
1. Auflage, 2019
Erschienen im Synergia Verlag, Alle, JU/ CH
eine Marke der Sentovision GmbH
www.synergia-verlag.ch

Printed in EU
ISBN: 978-3-906873-85-5

Vertrieb durch Synergia Auslieferung
www.synergia-auslieferung.de

Coverbild: Pixabay; The_dinga, MabelAmber

Umschlaggestaltung, Gestaltung und Satz: FontFront.com, Roßdorf

Bibliografische Information
Die Deutsche Bibliothek verzeichnet diese Publikation in der deutschen Nationalbibliographie; detaillierte bibliografische Daten sind im Internet unter http://dnb.ddb.de abrufbar. Die Publikation wird in der schweizerischen Nationalbibliografie und in www.helveticat.ch aufgeführt

Inhaltsverzeichnis

Widmung

In herzlicher Dankbarkeit widme ich dieses Buch meinen innig geliebten, jetzt himmlischen Schafen und Co-Autoren Karsi, Erec, Janti, Obilot, Enite, Obie und Hälmchen

Die Zeit mit Euch
war segensreich und groß –
Ihr wart mir nahe
mit Körper und Seele
wunderbar und lebensvoll
in jedem Moment

Segensreich und groß -
die Zeit mit Euch
ist nicht vorbei:
Ihr seid mir
wunderbar und liebevoll
nahe an jedem Ort
nun tief im Herzen spürbar

Die Zeit mit Euch
ist nicht vorbei

Die Zeit mit Euch
ist IMMER.

Danksagung

Christine Peter hat mir als Heilpraktikerin zahlreiche wertvolle Tipps gegeben aus ihren Erfahrungsschatz, als ich noch in der Ausbildung zur Tierheilpraktikerin war; ich danke ihr herzlich für ihr allzeit offenes Ohr und ihren fachkundigen Rat.

Günter Köber untertützte und begleitete bedingungslos meine Lieblinge energetisch, ich konnte mich jederzeit an ihn wenden. Danke, lieber Günter, auch für deine gleichbleibend treue Bereitschaft zu helfen.

Ein herzliches Vergelts Gott an Sr. Hermine Ferber MC darf nicht fehlen – liebe Hermine, du weißt wofür

Zum Geleit

„Dass wir Menschen zwischen Haus- und sogenannten Nutztieren unterscheiden, bedeutet noch lange nicht, dass es wirklich einen Unterschied gibt" – dieser Satz, der auf der Homepage von Gut Aiderbichl[1] zu lesen ist, spricht mir zutiefst aus der Seele. Ich habe die Erfahrung machen dürfen, mit einigen Vertretern des „Nutztiers" Schaf eine wundervolle, bereichernde Beziehung einzugehen, die eine übliche Gemeinschaft mit typischen Haustieren weit übersteigt. Dazu gehört auch und vor allem die Phase des Alterns und des gemeinsamen letzten Wegabschnitts bis hin zu einem würdevollen, natürlichen Tod. Gerade in der letzten Lebensphase hat sich die Spiritualität und enorme Liebesfähigkeit meiner Tiere offenbart; deshalb stellt diese Zeitspanne das Herzstück meines Buches dar und die Jugendjahre meiner Schafe werden nur im Hinblick auf jene Geschehnisse berücksichtigt, die ihren seelischen Tiefgang bereits erahnen lassen.

Die Mehrheit der Zweibeiner sieht in den Vierbeinern, die nicht zu den klassischen Haustieren gehören wie Hund, Katze und Co. eine Spezies, die allein zur Sättigung ihres Magens überhaupt ins Leben geboren wurde. Solche zu „Nutztieren" abgewertete Lebewesen sind selbst bei jenen Menschen, die sich persönlich als überzeugte Tierfreunde sehen und bezeichnen, von geringem Interesse und wecken höchstens als Kalb, Ferkel oder Lamm noch Beschützerinstinkte, die jedoch im Zweifelsfall allermeist dem Gang zum Metzger nicht im Wege stehen. Das ist sehr traurig und wird dem Wert des Lebens nicht gerecht – dem unantastbaren Wert und der angeborenen Würde **allen** Lebens. Da ich mit Schafen und deren Lebensweise (ich möchte sogar sagen: Lebensweisheit) seit über 20 Jahren vertraut bin, steht ihr Beispiel in meinem Buch stellvertretend für alle „Nutztier"-Rassen, da sie es verdienen, einmal als gleichberechtigte Mitgeschöpfe Beachtung und Wertschätzung zu finden. Aus diesem Grund möchte ich all den zahlreichen Büchern, die es zum Themenbereich Haustiere/Spiritualität bereits gibt, mein Buch gegenüberstellen. Als Tierheilpraktikerin konnte ich meinen geliebten bejahrten Vierbeinern alternativmedizinisch helfen, wie es ihren Bitten entsprach. Als Tierkommunikatorin hatte ich die Chance, meinen Lieblingen konkrete Fragen zu stellen und mich noch besser auf ihre Wünsche und Bedürfnisse einzustellen. Zudem konnte ich so für dieses Buch wertvolle Aussagen und Empfindungen

1 www.gut-aiderbichl.com

aus erster Hand sammeln und leichter den Kontakt zur unsterblichen Seele des jeweiligen wolligen Gesprächspartners auch nach dessen leiblichem Tod halten. Während ich schreibe, bin ich in Liebe mit ihnen verbunden und erfülle zugleich mein Versprechen, überzeugte Fürsprecherin zu sein für alle ausgenützten Geschöpfe.

So wünsche ich mir – und auch allen Schafen und den anderen „Nutztieren" – sehr, dass die Leserschaft ihr Herz öffnet und sich auf eine Begegnung der besonderen Art von Seele zu Seele einlässt, die für ein Stückchen mehr Bewusstheit und Liebe im Umgang mit der gesamten Schöpfung Raum schafft.

Herzöffnungszeit

Wie alles begann

Auch wenn es mir mittlerweile undenkbar scheint: Ich war lange Zeit eine durchschnittliche Tierfreundin, die ihre eigene Katze liebte, den Vögeln im Winter Meisenknödel aufhängte und beim Bazar des örtlichen Tierschutzvereins Trödel kaufte, den sie nicht brauchte, um den Erlös zu erhöhen – an die Herkunft der Milch in meinem Kaffee dachte ich überhaupt nicht, und wie es dem Huhn ging, das mein Frühstücksei gelegt hatte, machte mir auch kein Kopfzerbrechen. Ich konsumierte sogar gelegentlich Mettwurst oder rohen Schinken, und dass ich kaum Fleisch aß war weniger meiner Liebe zu den „Nutztieren" geschuldet als der Tatsache, dass es mir schlicht nicht schmeckte, ebenso wenig wie Fisch. Heute – und seit vielen Jahren – bin ich entsetzt über meine langjährige Unbewusstheit und schäme mich dafür. Aber dieser Aspekt meiner Vergangenheit hilft mir, die Heerscharen der Fleischesser nicht zu verurteilen, sondern zu hoffen, dass einigen von ihnen eines Tages ebenso wie mir ein Herzens-Aha-Erlebnis geschenkt wird. Dennoch möchte ich allen nicht vegetarisch oder vegan lebenden Tierfreunden herzlich nahe legen, sich mit dem Thema gewaltfreier Ernährung zu befassen, denn wie viel Gewalt und Not müssen die geschundenen Schlachttiere schon während ihrer stark verkürzten Lebenszeit erdulden! Es gibt mittlerweile in der Literatur eine Fülle gut recherchierter (Sach)Bücher, die dieses sensible Thema teilweise unter allen damit verbundenen Aspekten wie z. B. Klimaschutz und Hungersnot betrachten. Eine Auswahl davon findet sich am Ende meines Buches aufgelistet. Auch zur Einführung in die Tierkommunikation habe ich einige Titel herausgesucht, da es vielleicht manchmal schwierig für Neulinge auf diesem Gebiet ist, die Aussagen meiner Schafe als wirklich von ihnen stammende Botschaften zu begreifen und zu akzeptieren. Mein persönliches Herzens-Aha-Erlebnis war ein acht Monate junges Mufflon-Kamerun Mischlingsschaf. Ich verliebte mich anfangs nicht in das Schafsmädchen selbst, sondern in die Idee, ihr Leben zu retten. Ich hatte im Bayerischen Wald zusammen mit einer Freundin, zwei Meerschweinchen und einem Zwergkaninchen Urlaub auf einem Bauernhof gemacht, wo es auch Ponys, Wapitis, Mufflons und Kamerunschafe gab. Letztere fand ich einfach bezaubernd, und nach ein paar schlaflosen Nächten beschloss ich, etwas Verrücktes zu tun: Ich wollte ein solches Schaf kaufen und mit nach Hause nehmen. Ich behielt diesen Entschluss bis zum letzten Ferientag für mich, denn ich fürchtete die Unmöglichkeit der Wunscherfüllung; ein Nein hätte mir die Freude am Resturlaub verdorben.

Bevor ich mit der Bäuerin sprach, weihte ich meine Freundin in mein Vorhaben ein. Sie wirkte nicht sehr überrascht und sagte mir für die Durchführung jede Art von Unterstützung zu. Auch das Gespräch mit der Bauersfrau verlief positiv, wenngleich es ein wenig anders kam, als ich gedacht hatte. Sie war sofort bereit, mir ein Kamerunschaf zu verkaufen und nur mäßig verwundert über mein Ansinnen. Plötzlich sah sie mich prüfend an und sagte langsam: „Da ist noch etwas – muss es ein reinrassiges Tier sein? Wir haben da ein Zwillingspärchen, dessen Mutter ein Kamerunschaf und dessen Vater ein Mufflon ist... Den kleinen Bock wollen wir noch behalten, aber das Weibchen, also, das müssten wir dem Schlachter geben." Ich überlegte keine Sekunde. „Zweimal nein!", rief ich, „kein Rassetier und kein Schlachter! Ich nehme sie", und mit einem Seitenblick, „wir nehmen sie. Natürlich."

Mit dieser so unspektakulär scheinenden Entscheidung sorgte ich dafür, dass mein Leben eine völlig neue Wendung nahm. Aber das wusste ich zu jenem Zeitpunkt natürlich noch nicht. Zunächst einmal mussten ganz banale Dinge bedacht und erledigt werden – wir hatten keinen Platz mehr im Auto, keine Weide, und vor allem: Wir hatten absolut keine Ahnung von Schafhaltung! Der erste Punkt war schnell abgehakt; ich nahm den Bauersleuten das Versprechen ab, das Lamm keinesfalls wegzugeben, bis wir es holen kamen. Ich meinerseits versprach, unter allen Umständen zu meinem Wort zu stehen. Beate, beste Freundin seit Kindertagen und Tieren ebenfalls sehr zugetan, bestätigte meinen (und ihren) festen Willen, und so durften die Dinge ihren Lauf nehmen.

Im Oktober hatten wir die Schafrettung beschlossen. Es sollte noch bis Dezember dauern, bis Punkt zwei, ein Weideplatz mit Unterkunft, gesichert war und wir das Schafsmädchen in sein neues, sicheres Zuhause bringen konnten. Wir hatten einen Hobbyschäfer gefunden, der bereit war, die Kleine in seiner Herde aufzunehmen und uns täglich Zugang zur Weide zu ermöglichen. Knapp 14 Tage vor Heiligabend war der Umzug vom Bayerischen Wald ins Altmühltal erfolgreich beendet: Karsinefite, genannt Karsi, war gerettet. Das schönste Weihnachtsgeschenk, das ich mir vorstellen konnte!

Von Schafhaltung hatten wir allerdings nach wie vor sehr wenig Ahnung – doch das änderte sich schnell. Es war jedoch weniger die fleißige Lektüre von Handbüchern als vielmehr Karsi selbst, die mich lehrte, was es bedeutet, sich von ganzem Herzen einem Mitgeschöpf hinzugeben – seine Bedürfnisse, seine Eigenheiten und seine Einzigartigkeit zu erfassen und in den eigenen Lebensalltag zu integrieren. Meine Vorstellungen vom zutraulichen, verschmusten Lamm, das seiner Retterin glücklich aus der Hand frisst und fröhlich blökend auf sie zu springt musste ich allzu schnell begraben und stattdessen begreifen, dass ich es hier mit einem eigenständigen Lebewesen zu tun hatte, das vorerst extrem menschenscheu und zurückhaltend war. So stand ich die meiste Zeit nur am Zaun und sah meinen Liebling als Schemen hinter und zwischen anderen Herdenmitgliedern herumwuseln: Unbestechlich für meinen dargebotenen Zwieback, landete selbiger in den erwartungsvollen Schnauzen der Mitschafe. Ich kraulte fremde wollige Hälse und Köpfe, wurde freundschaftlich angestupst und meist laut blökend begrüßt. Nicht so von meinem eigenen Tier. Seltsamerweise kühlte meine frische Begeisterung für Schafe im Allgemeinen und für Karsi im Besonderen deshalb nicht ab. Ich wünschte mir herzlich, eine gute Beziehung zu ihr aufzubauen und verstand instinktiv, dass dies nur durch die völlige Zurücknahme meiner selbst möglich werden konnte: Es spielte keine Rolle, was ich mir vorstellte oder was ich wollte; ich hatte Karsi das Leben gerettet aber dadurch keinerlei Anspruch auf ihr Vertrauen oder ihre Zuneigung erworben. Auch waren ihre bisherigen Erfahrungen mit Menschen nicht gut; sie hatte miterleben müssen, wie Mitglieder ihrer Familie nach und nach spurlos verschwanden und auch von mir hatte sie einiges hinzunehmen, was ihr unverständlich und bedrohlich erschien – ich hatte zugelassen, dass sie gefangen und in einen Karton gesteckt wurde, wo sie für mehr als zwei Stunden in Dunkelheit und Angst während der Autofahrt ausharren musste. Überdies wurde sie in eine ihr gänzlich fremde Welt entführt. All das kam mir in den Sinn, wenn ich ein wenig enttäuscht war oder gar ungeduldig wurde. Meine täglichen Weidengänge frustrierten mich meist sehr, denn ich durfte mich Karsi höchstens auf zwei Meter annähern, den Arm teleskopartig verlängert ausgestreckt, ein Büschel Heu oder Gras in der Hand haltend. Manchmal zupfte sie ein paar Hälmchen, manchmal sogar mehr, aber sobald ich auch nur die geringste Bewegung auf sie zu machte oder gar sie zu streicheln beabsichtigte, floh sie panikartig in die entlegenste Ecke des Terrains. Ich lernte, anzubieten ohne zu erwarten und ohne Bedingung zu lieben. Meine innere Bereitschaft, neue

Wege einzuschlagen, wuchs. Es fiel mir allerdings anfangs nicht leicht, dieses interessante Geschöpf quasi abstrakt zu betrachten, losgelöst von all meinen Wünschen. Doch ich riss mich zusammen, rief Karsi einfach weiterhin bei ihrem Namen, ohne dabei ungeduldig auf ihr eventuelles Herankommen zu warten. Ich lernte währenddessen von den anderen Herdenmitgliedern eine ganze Menge über das Wesen der Schafe. Vor allem wurde mir klar, dass sie zwar Herdentiere sind, jedoch jedes einzelne Tier ein absolutes Individuum darstellt, das nichts weniger ist, als dumm.

Beate hielt Wort und half mit, das junge Schaf in seinem neuen Zuhause mit allem Nötigen zu versorgen, doch es sollte Karsis Tochter Enite sein, die auch aus ihr eine überzeugte Schafsliebhaberin machte. Vor diesem frohen Ereignis aber lagen in jenem Dezember noch lange Monate der schrittweisen Annäherung.

Unser menschliches Umfeld reagierte übrigens verständnislos bis unfreundlich auf Karsis Eintritt in unser Leben. Ich bekam einen Vorgeschmack auf kommende Probleme mit Nahestehenden, die die Rettung und somit Anschaffung eines Schafes als einen ausgemachten Blödsinn, eine kindisch – unreflektierte Kurzschlusshandlung geißelten. Als dann die Herde wuchs und unsere Aufgaben mit ihr, wurden die kritischen Stimmen immer lauter. Ich war jedoch immer schon von der Richtigkeit meiner Herzenstat überzeugt, sodass ich lange nicht begriff, worin dann später alles gipfelte: In der Erkenntnis, dass die meisten Menschen Tiere (in unserem Fall die Schafe) nicht als ihnen ebenbürtige Lebewesen anerkennen und begreifen. Ihre Argumentationsweise ist ebenso unbarmherzig wie unüberlegt: Da nur der Mensch mit Verstand begabt ist und demzufolge automatisch über dem Tier steht, hat er das Sagen und die Herrschaft über alle Geschöpfe. Er kann über ihr Sein oder Nichtsein bestimmen, sie quälen oder lieben, sie schützen oder töten. Ethische Grundsätze gelten nur für die Herrscherrasse Mensch. Sieht man dann genauer hin, merkt man, dass diese Überheblichkeit gegenüber der Andersartigkeit (und gleichzeitig unterstellten Minderwertigkeit) noch weiter reicht und sich auf viele Bereiche des Lebens, des Lebendigen, erstreckt. Dieser menschliche Hochmut ist es auch, der unsägliches Leid verursacht, das so leicht vermeidbar wäre. In einem der nachfolgenden Kapitel werden unsere Schafe konkret zu diesem Thema etwas sagen, ist es doch überhaupt ein Diskussionspunkt, den viele Tiere im Dialog mit dem Menschen aufgreifen.

Im späten Frühling, Karsi war nach wie vor eine ferne Sehnsuchtsgestalt für mich, wurden ihre grazilen Bewegungen plumper, sie fraß mehr und ihre längliche Gestalt wirkte kompakt: Enite kündigte sich an.
Natürlich war ich hellauf begeistert; ich konnte es kaum erwarten, das freudige Ereignis, das sich noch hinzog. Oft fuhren wir, wenn die Zeit es erlaubte, nun zweimal am Tag hinaus zur Weide, falls das Lämmchen gerade kam oder schon da war. Am 13. Juni, sechs Monate und einen Tag nach Karsis Ankunft, schenkte sie uns ein langbeiniges, glattfellig schwarz-beigefarbenes Lamm, das nur noch schöner als süß war – Enite, die später zur „Miss Weide“ avancierte. Ja, jetzt war sie da, aber viel zu sehen bekamen wir sie nicht.

Seelengefährtin Karsi

Nun waren es zwei Sehnsuchtsgestalten, die mein Auge verfolgte, ohne dass ich einer der beiden hätte habhaft werden können. Zwar sprang Enite zutraulich auf mich und Beate zu, doch ihre Mama grummelte dann prompt warnend, stampfte drohend mit dem Huf und schubste die ungehorsame Kleine weit weg von uns. Karsi verzieh mir wohl nicht, dass wir Klein Enite an ihrem Geburtstag hochgehoben und ausgiebig gestreichelt hatten – dabei war doch dem Kind rein gar nichts Böses widerfahren. Außerdem war es ein besonderer Anlass: Ich erklärte Karsis erstes Lamm zu Beates Schaf. Liebe auf den ersten Blick, Beate war fortan für 20 Jahre in Enite vernarrt.
Ich selber dachte in jeder Minute, in der mein Geist nicht mit Alltagspflichten beschäftigt war, am meinen unnahbaren Liebling und begann allmählich zu leiden. Was sollte ich denn noch tun außer Zurückhaltung zu üben? Das Schlüsselwort hieß *loslassen.* Das tat ich in einem sehr bewegenden Moment. Die Herde war auf einem Hänger zum Weidewechsel versammelt, auch die kleine Enite stand schon verloren mitten im Pulk, ohne Mama Karsi. Ungewöhnlich, denn Schafmütter sind sehr um ihre Kinder bemüht und Karsi ließ ihre Tochter fast nie aus den Augen. Diesmal aber verharrte sie in einigem Abstand zum Traktor, wobei sie langsam und zögerlich näher trippelte, als Beate und ich im Auto ankamen. Wir erfuhren, dass mein Schaf sich weigerte, den Hänger zu betreten oder gar sich fangen zu lassen. Ich sah keine Chance, dabei irgendwie hilfreich zu sein. Doch ich nahm

Blickkontakt mit Karsi auf und dachte dabei *Tu, was du für richtig hältst. Ich werde dich niemals zu etwas zwingen.* Sie sah mich unverwandt an. Verstand sie etwa, was ich da tat? *Ich verspreche es dir* dachte ich ihr zu. Sie scharrte mit den Hufen. Kam noch näher. Ließ sich vom Herdenbesitzer hochheben und in den Hänger stellen, ohne den Blick von mir zu lassen. Da trat ich heran und fuhr ihr sachte mit der Hand über den Kopf.

Langsam ging es von da an aufwärts mit unserer Beziehung; Enite durfte sich nach Herzenslust von uns füttern und streicheln lassen, und Karsi nahm die ersten Zwiebäcke aus meiner Hand in einem immer normaler werdenden Abstand. Knapp ein Jahr nach ihrer Rettung war sie dann soweit, sie kam auf mich zu gerannt, sprang sogar gelegentlich an mir hoch und stahl mir vollends mein Herz, das ich ihr doch längst schon geschenkt hatte. Nun begann eine wunderbare Zeit. Jeder Tag brachte neue Erlebnisse, Entdeckungen und Beglückungen. Enites Lämmerspiele sorgten für Spaß und Unterhaltung. Karsis anfängliche, mir endlos scheinende Abwehrhaltung war einer Zutraulichkeit gewichen, die es uns ermöglichte, eine Beziehung von Seele zu Seele aufzubauen. Ich machte erste vage Erfahrungen mit Tierkommunikation, ohne dass ich es gewusst hätte; später lernte ich dann bei einer Tierkommunikatorin, wie diese Art der telepathischen Verbindung zum Tier funktioniert und wie sie praktiziert wird. Karsis Enkel Erec war es, der mit mir eine besondere Form der zwischengeschöpflichen Verständigung einübte, die er *Fühlreden* nannte. Darin bin ich dank seiner Geduld und seines großartigen Unterrichts mittlerweile sehr gut geworden.

Als Karsi nun also auf den Geschmack gekommen war, sich verwöhnen und liebkosen zu lassen, sollte ich das am besten pausenlos machen; wenn sie mir überall hin nachlief, sich dann plötzlich neben mir ins Gras plumpsen ließ und mich erwartungsvoll ansah, wusste ich: Jetzt ist Zeit für ein intensives Miteinander. In der Regel legte ich nach ausgiebigem Kraulen meine Hand ruhig und fest auf ihren Rücken und schloss die Augen. Karsi verhielt sich dann ganz still und ich versuchte, nichts zu denken. War alles in Ordnung, sah ich hinter geschlossenen Lidern einen goldenen Punkt funkeln, der mich fühlen ließ, dass mein Liebling gesund und glücklich war. Schimmerte der Punkt dunkler oder sah ich gar nichts, stimmte etwas nicht. Meist war es eine kleinere Unpässlichkeit, eine noch nicht geklärte Aufregung oder Ähnliches. Das kam aber sehr selten vor. Unvergesslich bleibt mir der besondere Verlauf eines dieser Rituale. Ich hatte wie gewohnt die Hand auf Karsis Rücken gelegt und die Augen geschlossen. Ich wartete auf den goldenen

Punkt, der dann auch aufstrahlte. Kurz darauf schien sich der Punkt zu verdoppeln, noch heller zu strahlen oder einfach größer und größer und heller und heller zu werden. Zugleich vernahm ich Karsis Aufforderung, mit der Hand über ihre Flanke zu streichen und anschließend Stirn an Stirn, mit weiterhin geschlossenen Augen, abzuwarten. Ich tat, was ich fühlte tun zu müssen und verspürte bald einen großen Stolz, eine tiefe Freude aus Karsis Seele aufsteigen. Ich wusste: Mein Schafsmädchen wird wieder Mama. Und ich wusste auch: Es werden Zwillinge. Ich konnte einen solch unglaublichen Vertrauensbeweis kaum fassen. Es war ein herrliches Geschenk, ein Dank meines Schafes für die Liebe, die ich ihm schenkte.
Ich wahrte Karsis süßes Doppelgeheimnis für einige Zeit und kostete das Gefühl des alleinigen Eingeweihtseins glücklich aus. Irgendwann erzählte ich Beate davon, die vollständig damit beschäftigt war, Enite zu verhätscheln und alles zu bewundern, was sie tat – vom Wiederkäuen bis zum fröhlichen Herumspringen mit der Figur eines Mannequins. Ja, Enite war wunderschön anzusehen mit ihren langen, cremefarben bis schwarzen Wollschichten, die einander im Farbverlauf abwechselten.
Schließlich rundete sich Karsis Bäuchlein, und Enite verlor ihre Gardemaße – ich brauchte keine große Intuition um zu ahnen: Karsi wird fast gleichzeitig Mutter und Großmutter werden! Unser Vertrauensverhältnis war inzwischen so eng geworden, dass ich ihren Bauch abtasten durfte und so die Bestätigung meines intuitiven Wissens erhielt; doch noch etwas wusste ich inzwischen: Es waren zwei Mädchen. Ich hatte dies von Karsi durch ein intensives Gefühl vermittelt bekommen, das keinen Zweifel für mich barg. Natürlich erntete ich nur vehementes Kopfschütteln sowie wenig schmeichelhafte Andeutungen, und auch meine Zwillingsprognose fand kein Gehör. Ich solle bitte einem Hobbyschäfer glauben, der schon etlichen Lämmern auf die Welt geholfen habe, dass Karsi viel zu schlank dafür sei und die ertasteten Hufe sicher nur vier wären, es liege an der Bewegung des Lammes… Und Enite? Über ihr Kind konnte ich nichts sagen; obwohl ich auch sie sehr liebte, fehlte mir doch der spezielle Zugang, den ich zu Karsi hatte. Letztere ließ nur mich an sich heran, körperlich wie auch seelisch. Ihre Wildschafnatur zeigte sich in ausgeprägter Distanz zu Nichtartgenossen. Beate war eine gewisse Ausnahme, sie durfte sie streicheln und Enite nahe kommen, aber Karsi und ich, wir zwei bildeten eine vertraute Einheit, die Außenstehende verblüffte und manche sogar verärgerte. Die Liebe zu einem Hund oder wenigstens einer Katze wäre noch toleriert worden, aber zu einem Schaf? Ich stieß auf

Widerstand oder zumindest Desinteresse, wenn ich zu erklären versuchte, welch wunderbare Gefährtin ich zur Seite hatte. Die letzten Trächtigkeitstage unserer beiden Lieblinge waren spannend, Enite gebar am 30. Juni ein schneeweißes gelocktes Bocklamm, das den Namen Erec erhielt und zu einem großartigen, überaus klugen und liebevollen Freund werden sollte. Wir waren entzückt und Enite gebärdete sich als eine stolze, etwas verwirrte Mutter, die nun Verantwortung für ein kleines Wesen trug anstatt hinter Mama Karsi herzutrotten und ihr alles nachzumachen. Neun Tage später hielt ich meinen süßen, doppelwolligen Triumph in den Armen und dankte Karsi für ihre wundervollen Töchter Obie und Obilot. Das Erstaunen und die greifbare Fassungslosigkeit mancher Beobachter amüsierten mich. Ich hatte es ja gewusst, wirklich gewusst. Erst viele Jahre und Erfahrungen später begriff ich, dass mir ohne die Zwillingsmädchen ein wesentlicher Aspekt meiner Begegnung mit der Spiritualität der Schafe unbekannt geblieben wäre.

Die Schafskinder gediehen prächtig; in den Augen der drei fröhlichen Lämmer lag ein bedingungsloses Ja zur Welt, ein unschuldiges Zutrauen in eine glückliche, gefahrlose Zukunft. Ich wollte nichts, als dieses Vertrauen schützen, jede Gefahr von ihrem Leben fernhalten. In den Augen der beiden Schafmütter las ich von dem Wissen um die grausame Wahrheit, die den meisten ihrer Artgenossen gilt. Ich las aber auch das vollkommene Vertrauen in unseren Schutz und unsere Hilfe. Ich bin glücklich, sagen zu können, dass ich sie hierin niemals enttäuschen musste. Ich vermochte natürlich nicht, sie vor allen Kümmernissen und mancherlei Irritationen zu bewahren, aber ich war immer bereit, alles mir nur irgend Mögliche zu tun, um Unheil abzuwenden und vor allem: Ich liebte sie innig, was alles erleichterte. Auch Beate setzte sich mit Hand und Herz für das Wohlergehen unserer Schützlinge ein. Je älter sie wurden, desto größer wurde auch das nötige Engagement. Längst war uns klar, dass wir nicht zur klassischen Riege der Hobbyschäfer gehörten, denn unser Ziel war nicht, möglichst viele Lämmer zu haben um sie anschließend zu verkaufen, wieder und wieder den tödlichen Kreislauf anzukurbeln. Im Gegenteil: Uns lag (und liegt bis zum heutigen Tag!) daran, wenigen Tieren viel an Leben, Gesundheit, Freude und Sicherheit bieten zu können als kleinen Gegenpol zum großen Leid. Nicht alle retten zu können bedeutet nicht, Verantwortung für ein paar Vertreter der geschundenen Geschöpfe ablehnen zu dürfen. Jedes einzelne gerettete Lebewesen steht für Hoffnung und Neubeginn, die Möglichkeit, dass es auch anders geht. Aus dieser Verantwortung heraus ließen wir unseren jungen Schafbock Erec kastrieren, wir konnten nicht das Risiko eingehen, eine stetig wachsende Herde versorgen zu müssen – denn keines unserer Lämmer sollte jemals aus der liebevollen Sicherheit gerissen werden, die wir ihm boten. Karsi hielt sich nach Obies und Obilots Geburt viel mit ihnen zusammen in meiner Nähe auf; manchmal lagen die drei im sommerlich hohen Gras, und ich setzte mich zu ihnen, kraulte ab und an die weißen (Obie) und rötlichen (Obilot) Nackenhaare, die fast wie die ihrer Mama Karsi nicht wollig, sondern haarig waren. Kamerunschafe und auch Mufflons sind Haarschafe; Enite trug mehr Wolle und so auch ihr kleiner süßer Sohn Erec. Es war herzerwärmend, die große Zuneigung von und zu diesen Gottesgeschöpfen auszukosten; auch an weniger sonnigen Tagen, wenn Wolken über Weide und Leben zogen, vermittelte diese Nähe lichte Helle und ein ausgeprägtes Glücksgefühl bei uns allen.

Ich hatte in den vergangenen gut zweieinhalb Jahren seit Karsis Lebensrettung eine ganze Menge über Schafe, ihre Verhaltensweisen und artgerechte Haltung gelernt. Das Wesentliche jedoch konnte ich Tag für Tag neu mit unserer kleinen Herde erleben: Jedes Mitglied verfügte über eine ausgeprägte eigene Persönlichkeit, eine unerwartet große Klugheit und ein liebevolles Herz. Bereits in ihren jungen Jahren zeichnete sich eine Liebesfähigkeit ab, die sich im Alter dann offenbarte.

Karsi fühlte mir die ganze Bandbreite ihrer Empfindungen zu, wenn ich ruhig bei ihr saß oder wir einander in die Augen sahen, oftmals Stirn an Stirn gelehnt. Bei einem dieser Anlässe stieg eine Heiterkeit in mir auf, die lebhaft und ein wenig verschmitzt wirkte. Ich versuchte, noch tiefer in die Gefühlswelt meines Schafes einzutauchen, was mir gestattet wurde. Da sah ich mit meinen Seelenaugen Enite, aus der ein winziges, weißplüschiges Wesen mit Hörnchenknubbeln herausschimmerte. *Ja*, fühlte mir Karsi zu, *bei ihr hat nochmals jemand angefragt und ist bald da*. Ich verstand: Ein zweites Schafsbübchen sollte die Familie komplettieren. Ganz unerwartet traf mich, traf uns eine solche Nachricht nicht. Obwohl unser Trüppchen seit einiger Zeit bereits eine eigene Weide bewohnte, fernab von der zwischenzeitlich stark angewachsenen Herde des Hobbyschäfers, hatten vor etlichen Wochen dessen Tiere einen Zwischenaufenthalt auf der Nebenweide, und bei dieser Gelegenheit waren zwei liebestolle Jungböcke unerlaubt zu unseren Schafen gestoßen – sie zerlegten einfach das trennende Gatter. Natürlich fragten wir uns damals, ob der Herrenbesuch Folgen haben würde, zumal es gleich vier fesche Schafsmädels auf unserer Zaunseite gab... Da aber die Wochen ins Land gingen und nichts auf Zuwachs hindeutete, vergaßen wir das Abenteuer wieder. Anders jetzt: Karsi lüftete das Geheimnis ihrer Erstgeborenen, und als ich bei ihr nachfühlte, ob vielleicht sie selbst oder ihre anderen Töchter auch ein Lamm erwarteten, fiel mir alles wieder ein. Aber die Botschaft meiner Seelengefährtin war eindeutig: Nur Enite trug einen Sohn, unser Nesthäkchen Hälmchen.

Mit Hälmchens Geburt am 14. März glaubten wir unsere Schafsfamilie vollzählig. Die andere Herde war wieder weitergezogen und entfernt stationiert; zudem ließen wir auch unseren Jüngsten im Alter von fünf Monaten kastrieren, aus derselben Motivation wie schon bei Erec. Es folgten erneut lammintensive Wochen und Monate, in denen Karsis zwei Enkel und ihre Zwillingstöchter, die ja alle noch sehr jung waren, viel Spaß miteinander hatten und wir an ihnen. Karsis Amt als Dreifachmutter und Doppelgroßmutter schien sie nicht allzu sehr zu beanspruchen, jedenfalls suchte sie bei jedem unserer Weidenaufenthalte meine unmittelbare Nähe und kam mit allerlei kleinen Kümmernissen vertrauensvoll zu mir gelaufen, etwa wenn sie sich einen Fremdkörper in den Huf getreten hatte oder Juckreiz im Nacken verspürte, den ich heftig kraulend lindern sollte. Gelegentlich bekam ich die deutlich spürbare mentale Aufforderung, mich konzentriert auf ihre Bilder einzulassen, die sie mir telepathisch schickte. Das war jedes Mal ein tief berührender Moment. Ganz besonders aufgewühlt war ich, als sie mir gegen Ende unseres fünften gemeinsamen Jahres ein weiteres Schaf in Aussicht stellte: unsere geliebte Damajanti. Karsi zeigte mir ein hübsches, junges Schafsmädchen und vermittelte mir das dringliche Gefühl, für dieses Wesen sorgen zu müssen. Ich konnte nicht herausfinden, woher es kam und was ich tun sollte. Ich spürte aber deutlich, dass ich hier eine unmissverständliche Botschaft erhalten hatte. Es sah nach außen hin recht unwahrscheinlich aus, dass ich auch diesmal recht bekommen sollte, doch ich vertraute Karsi vollkommen, und inzwischen auch meiner Aufnahmefähigkeit für ihre Botschaften.

Eines Nachmittags, beim üblichen Weidenbesuch, sahen wir schon von ferne unseren wolligen Lieblingstrupp am Gatter warten - und da stand sie, als siebtes Herdenfamilienmitglied, Karsis süße Ankündigung: ein langlockiges, weißes Skuddenmädchen, ungefähr neun bis zwölf Monate jung. Ich verliebte mich augenblicklich in sie und warf Karsi einen wissenden,

glücklichen Blick zu: Mit Damajanti, bald zärtlich einfach Janti gerufen, waren wir endgültig komplett.
Ein Kontakt zu unserem Bekannten, dem Hobbyschäfer, fand selten statt und meist nur dann, wenn unseren Tieren die Klauen geschnitten werden mussten; hierzu hatte er sich langfristig bereit erklärt. Trotzdem musste er es gewesen sein, der dieses bezaubernde Schaf hergebracht hatte. Ein Anruf bei ihm bestätigte dies, und wir erfuhren, dass er seine ganze Herde verkauft hatte, wobei ihm ein Schaf entkommen sei und erst nach Tagen eingefangen werden konnte. Weil er daraufhin irgendwie diese kleine Ausreißerin nicht mit verkaufen wollte – er vermochte es einfach nicht – hatte er sie zunächst einmal zu unseren Lieblingen gestellt. Ihr weiteres Schicksal lag nun offenkundig in meinen Händen. Es war klar, dass ich sofort den Verkaufspreis wissen wollte, um Jantis Sicherheit ein für alle Male zu gewährleisten. Ich durfte für den symbolischen Preis einer einzigen Mark das liebenswerte, bald erwachsene Lamm für immer behalten und beschützen.
Es war mir ein Herzensbedürfnis, das Leben der kleinen Janti zu retten, ein Auftrag, eine Liebesaufgabe. Ich spürte, dass da viel mehr im Verborgenen lag, als mir auch nur annähernd bewusst wurde.
In der Folgezeit konnte ich beobachten, dass Karsi Anzeichen akuter Eifersucht zeigte, wie sie es auch nach Hälmchens Geburt getan hatte. Als ich besorgt bei ihr nachfühlte, spürte ich eine bislang nicht erfahrene Unsicherheit. Ich gab ihr zu verstehen, dass unsere einzigartige Beziehung immer einzigartig bleiben würde, egal, wie lieb ich auch ihre Mitschafe hatte. *Ja, das ist so* nahm ich auf, und dennoch schwang ein kleiner, unterschwelliger Zweifel mit. Ich konnte mir nicht erklären, weshalb das so war. Aber da unser heißer, liebevoller Draht zueinander weiterhin spürbar funktionierte, machte ich mir noch keine großen Gedanken darüber. Die eigentliche Herdendynamik erschloss sich mir ohnehin nicht wirklich, dazu waren ihre Mitglieder zu unterschiedlich und Beate und ich hatten damals unsere wolligen Liebsten nicht nahe genug beim Haus, um jederzeit vor Ort sein zu können und alles hautnah mitzuerleben.
Es war weiterhin eines unserer Hauptanliegen, unseren Schafen ein artgerechtes, schönes Leben zu bieten bei größtmöglicher Sicherheit. Es war nicht damit getan, für Futter, Weide und Stall zu sorgen, sie zu streicheln und zu entwurmen etc. Es war auch nicht damit getan, darauf zu bauen, dass die Mitwelt uns und unseren Lieblingen wohlgesinnt sei. Es kamen problematische Zeiten, die es uns sehr erschwerten, die heile Welt der kleinen Herde

zu erhalten. So mussten wir u.a. ziemlich unerwartet und rasch einen neuen, geeigneten Weideplatz suchen, was sich als extrem langwierig und mühsam herausstellte. Karsi reagierte auf unsere Besorgnis über diese Frage mit vermehrter Unruhe und ich spürte bei meinen Deutungsversuchen ihrer mental gesandten Bilder eine aufsteigende Beklemmung, auch strahlte ihr goldener Punkt nicht mehr so hell. Wäre die Weidensuche nicht so frustrierend zeit- und kräfteraubend verlaufen, hätte ich mehr auf diese Signale achten können, so aber ließ ich sie einfach spüren, dass sie und alle Unsrigen ungeachtet äußerer Umstände weiterhin sehr geliebt und bestmöglich beschützt wurden. Ich hoffe und glaube, dass unsere Schafe immer wussten, dass wir mit ganzem Herzen bei der Sache waren.

Der erste große Abschied

Die lange, ermüdende Suche nach einem geeigneten Platz, der groß genug und gut für uns erreichbar war hatte nach Monaten entmutigenden Herumfahrens und Nachfragens endlich ein akzeptables Ende gefunden; nur wenige Autominuten entfernt auf einem Reiterhof lagen mehrere Weiden, die frei und abwechselnd zu benutzen waren. Leider stand kein Stall darauf, was uns einiges Kopfzerbrechen und viele Sorgen bereitete; schließlich stellte man uns auf die größte Wiese einen ausgedienten Stand vom Weihnachtsmarkt, der sich nach allerlei Umbauten und einem hölzernen Anbau als kleinen Stall nutzen ließ. Meist lagen unsere Lieben unter den Bäumen oder mitten im Grün, sodass diese Lösung vorerst ausreichte. Für die kleineren Weiden behalfen wir uns mit Zelten, die wir selbst aus Abdeckplanen herstellten und zwischen die Bäume spannten. Den Schafen gefiel diese Art des Tier-Campings zum Glück sehr. Den Umzug an sich hatten sie alle recht gut verkraftet und sich schnell eingelebt, mit Ausnahme von Karsi. Ihr ungewohnt langsamer Gang und oft gesenkter Kopf, eine verminderte Fresslust und – vor allem – ihr nur schwach strahlender goldener Punkt beunruhigten mich zutiefst. Sie ließ mich fühlen, dass sie lieber auf der gewohnten Wiese geblieben wäre und zeigte mir sogar innere Bilder von ihrer Lämmerzeit im Bayerischen Wald und der Kiste, in der sie von dort weggebracht worden war. Ich begriff: Sie wollte mir sagen, dass sie sich wünschte, zur Ruhe zu kommen und ein wenig Angst hatte, wieder alles zu verlieren, womöglich auch mich, Beate und die Herdenfamilie. Diese Angst konnte ich ihr im Verlauf einiger liebevoller Gespräche von Seele zu Seele nehmen. Dennoch kontrollierte ich besorgt bei jeder Zusammenkunft die Intensität ihres Lichtpunkts, doch nach meiner festen Zusage, sie nie, niemals zu verlassen erschien er mir wieder in ungebrochener Strahlkraft.

Es folgte eine relativ unbeschwerte Zeit; ich war sehr froh, als ich merkte, dass auch Karsi sich mit der neuen Umgebung anzufreunden begann. Besonders liebte sie es, die Zweige des Kirschbaums zu sich herunterzuziehen, um anschließend genüsslich die Früchte samt Kernen zu fressen, die sie krachend zerbiss und verschluckte. Manchmal trottete ein Pferd vorbei, was ihr ebenfalls behagte, erinnerte es sie doch an ihre frühen Lebenstage, als ein Pony zu ihrem festen Lebenskreis gehörte. Erec und Hälmchen, ihre Enkelsöhne, verhedderten sich mitunter mit ihren Hörnern im (ungeladenen) Elektrozaun, was für große Aufregung bei ihnen und uns sorgte, und die Wechsel von Weide zu Weide kosteten enorm Nerven, aber sonst verging der erste Sommer nach der Umsiedelung ohne größere Nöte.

Hätte ich damals schon mehr von Tierkommunikation verstanden, wäre es mir vielleicht möglich gewesen, Karsi besser zu unterstützen und sie zu schützen, aber außer unserer innigen Bindung und mancherlei Verständigung von Seele zu Seele konnte ich noch nicht konkret mit ihr sprechen, besser ausgedrückt: *Sie* verstand sehr wohl, was ich sagte, aber *ich* hatte Verständigungsschwierigkeiten. Als ich mich Jahre später von einer professionellen Tierkommunikatorin einweisen ließ, erfuhr ich, dass es durchaus der Mensch ist, der nichts versteht und das Tier uns in diesem Punkt (wie in vielen anderen) weit überlegen ist.

Doch was dann geschah, wäre vielleicht so oder so nicht vermeidbar gewesen; ich weiß bis heute nicht, ob Karsi schon lange vor uns ahnte, dass ihre Erdenzeit zu Ende ging oder ob es auch für sie sehr plötzlich kam. In ihren letzten Tagen war sie distanzierter als sonst, unser tiefes Vertrauensverhältnis schien auf dem Prüfstand. Sie lief nicht auf mich zu. Sie sandte mir keine Bilder mehr, oder aber ich empfing sie nicht. Es war Erec, dieser wunderbare, kluge Schafbock, der mir zum ersten Mal seine spürbare, besondere Aufmerksamkeit schenkte und mir zufühlte: *Sei nicht traurig. Sie ist nicht sie selbst, sie kennt sich nicht mehr aus. Ihre Welt bricht zusammen. Wir können alle nichts tun.* Ich war ihm sehr dankbar für seinen liebevollen Zuspruch, und ich wunderte mich damals gar nicht, dass ich ihn problemlos verstehen konnte. Es genügte, ihm in die klaren, hellen Augen zu sehen und das Herz

für ihn offen zu halten, was ganz einfach war. Ich erinnerte mich später, als er längst mein Lehrer in Sachen Kommunikation geworden war, noch gut an diese Erstbegegnung mit seiner weisen, zärtlich-kraftvollen Seele.
Am Abend ihres drittletzten Tages war Karsi noch putzmunter gewesen und fraß begeistert ihren Zwieback und eine gute Portion Heu. So war ich völlig ahnungslos, dass ich sie nur noch kurze Zeit bei mir haben durfte. Bereits am folgenden Tag, als ich alleine zum Hof fuhr, um die Herde zu versorgen, stand Karsi abseits, mit geblähtem Pansen. Überhaupt sah sie merkwürdig rund und gedunsen aus, ihr Blick war starr auf mich gerichtet. Die anderen Schafe sprangen alle wie gewohnt herbei, um sich kleine Leckereien als Vorspeise zu sichern. Ich wusste sofort, dass Gefahr im Verzug war und holte die Tierärztin. Aber Karsi sprang davon, ließ sich weder von ihr noch von mir locken und sprintete so schnell und ausdauernd über die Weide, dass die Tierärztin nach mehr als zwei Stunden Verfolgungsjagd an eine Besserung glaubte und überzeugt war, alles werde sich wieder einrenken. Sie ließ mir ein Medikament da, ich sollte es auf jeden Fall eingeben. Als Beate später dazukam und wir mit vereinten Kräften versuchten, Karsi zu beruhigen, um das Mittel einzuflößen, ging die Rennerei von vorne los. Wir hatten noch eine weitere Person zu Hilfe geholt, doch es war mittlerweile stockdunkel geworden, und mein Liebling rannte noch immer vor mir davon. Ich fühlte jetzt deutlich, dass Karsi in Ruhe gelassen werden wollte, dass sie nicht bereit war, sich helfen zu lassen. Doch dass sie dringend Hilfe brauchte, wusste ich nur zu gut. Hätte mir Erec nicht vermittelt, dass es nicht an mir lag, wäre ich an Karsis Verhalten verzweifelt.
Wir kamen am frühen nächsten Morgen wieder, und jede Hoffnung auf etwaige Besserung verlor sich sofort beim Anblick Karsis, die noch gedrungener aussah und sich abseits hielt. Wieder versuchten wir, uns ihr zu nähern. Kurz steckte sie ihre Nase in die Schüssel mit Quetschhafer, der Leibspeise aller, doch nur, um sich enttäuscht abzuwenden, da sie keinen Appetit hatte. Dann ging die Flucht vom Vortag weiter, es hatte keinen Sinn. Mutlos sah ich Erec an, und in seinem Blick las ich dieselbe Botschaft: *Ihre Welt bricht zusammen. Du kannst jetzt nichts tun. Wir alle nicht.*
Schwersten Herzens gingen Beate und ich jede zur Arbeit und fuhren sofort am Nachmittag wieder zur Weide; zwischendurch hatten wir versucht, unseren Hobbyschäfer zu erreichen, damit er uns half, das Medikament einzugeben. Aber er konnte erst am Folgetag kommen, und da sich Karsi sowieso nicht fangen ließ, versuchten wir es alleine wieder und wieder, ohne

Erfolg. Sie rannte mittlerweile nicht mehr so schnell und atmete schwer, aber sie signalisierte mir: *Ich schaffe das selber, bitte bleib weg, ich war doch immer stark.* Ich ahnte plötzlich, dass sie nicht begriff, wie schlimm es um sie stand. Sie spürte wohl meine aufsteigende Panik, was sie nicht verstand, aber verunsicherte. Die Herdenfamilie hielt großen Abstand zu ihr, nur Janti trat nahe an sie heran und leckte ihr liebevoll die Seite. Ich konnte die unglaublich einfühlsame Seele Jantis erstmalig erahnen. Die Tröstlichkeit ihrer sanften Nähe übertrug sich auf mich. Karsi hielt still, schien die Berührung zu genießen. Ihre frühere Eifersucht und Streitlust waren wie weggeblasen, und wir spürten, dass Janti Karsi etwas Gutes tun wollte. Das gelang ihr, ganz im Gegensatz zu mir. Der Herzensfaden zwischen mir und Karsi schien abgerissen. *Nein, er ist verknotet, durch eure Angst*, fühlte mir Erec zu. Ja, ich hatte Angst. Angst, mein erstes Schaf zu verlieren. Und Karsi nahm sie wahr. Mittlerweile fing ich an mir Gedanken zu machen, wieso Karsi eine Pansentympanie entwickelt hatte und die anderen - Gott sei Dank! – nicht. Ich grübelte über ihr Fressverhalten nach und über die Zusammensetzung des Futters. Aber hier gab es keine Ausnahmen von der Regel. Es konnte fast nur sein, dass jemand z.B. angefaulte Äpfel oder Gemüseabfälle in größerer Menge über den Zaun geworfen hatte und Karsi mehr davon gefressen hatte als die anderen Schafe. Es war schon vorgekommen, dass angefaultes Obst hereingeworfen wurde, zum Glück waren wir damals kurz danach gekommen und entfernten die gesundheitsschädigenden Leckerbissen – leider schmeckt den Tieren derlei ausgesprochen gut.

Es konnte aber auch sein, dass Karsi schon länger krank oder anfällig gewesen war und es sich um einen schleichender Verlauf gehandelt hatte, gipfelnd in einer unerkannten Alkalose, Azidose oder was auch immer. Der Tierarzt mochte dies nicht ausschließen, unter den gegebenen Umständen war eine definitive Diagnose nicht zu stellen. Unsere Angst, auch andere Herdenmitglieder könnten erkranken, war ziemlich groß und ebenfalls nicht auszuschließen. Aber keines der anderen Schafe entwickelte Symptome, hier konnten wir aufatmen.

Mir tat es in der Seele weh, als mein Liebling langsam zum Trog geschlichen kam und ein wenig interessiert mit der Schnauze das Frischfutter herumschob, nur um enttäuscht und resigniert mit hängendem Kopf wieder davonzutrotten. Immer noch war es nicht möglich, sie nahe genug herbeizulocken, um ihr das notwendige Mittel einzugeben. Kostbare Zeit verstrich; ich wusste: Ich verliere sie. Aber noch wollte ich nicht aufgeben. Ich versuchte

auch, unseren Seelenkontakt herzustellen, doch ich spürte kaum etwas. Ihren goldenen Punkt sah ich überhaupt nicht, alles war grau und ich glaubte nur ein paar verschwommene Bilder zu erkennen, die mich vage an vergangene Sommertage mit glücklichen Momenten der Nähe erinnerten. Vielleicht sehnte sich Karsi nach dieser Zeit der Gesundheit und Lebensfreude zurück. Ich blickte hilfesuchend zu Erec, der reglos mitten auf der Weide stand. *Lass den Dingen ihren Lauf,* fühlte er mir zu, *und behalte sie einfach lieb.* War das alles, was ich tun konnte? Ich liebte sie – doch das konnte sie nicht retten.
Nach einer kurzen und unruhigen Nacht eilten wir in aller Frühe zurück zur Weide. Es war der erste November, und so war es uns möglich, quasi den ganzen Tag über in der Nähe der geliebten Patientin zu bleiben. Ihr Zustand war unverändert, doch sie konnte nur noch sehr mühsam laufen. Es gelang unserem Hobbyschäfer, sie einzufangen und ihr das Medikament endlich, endlich zu verabreichen. Als nach einiger Zeit keine Veränderung zum Besseren hin erkennbar war, riefen wir nochmals in der Tierarztpraxis an. Statt unserer Ärztin kam ein Kollege, den wir auch schon kannten, da er unsere beiden Schafsjungs kastriert hatte. Nach der Untersuchung, die Karsi bedenklich apathisch über sich ergehen ließ, gab er ihr eine Spritze und versprach, am nächsten Morgen wiederzukommen. Viel Hoffnung machte er mir nicht.

Wir schlossen die Türe unseres kleinen provisorischen Stalles hinter Karsi, damit wir sie immer in Reichweite hatten und richteten uns drinnen ein; es war sehr eng mit Campingstuhl und Liege, aber wir waren uns einig, auch die Nacht über ganz in der Nähe der Schwerkranken zu bleiben. Ich empfing endlich wieder Seelensignale von ihr, und sie waren eindeutig: *Lass mich nicht allein! Bitte bleib in meiner Nähe. Ich habe Angst. Das ist ein neues, ein schlimmes Gefühl. Was passiert mit mir?* Ich legte vorsichtig die Hand auf ihre Flanke und nahm ihre Lieblingsposition ein: Kopf an Kopf. Wo war ihr goldener Punkt? Da war nur ein wabernder, dunkelroter Fleck an seiner Stelle. Mich überkam ein schmerzliches Grauen, eine Ahnung, die eigentlich schon Gewissheit war.
Es wurde Abend, es wurde Nacht. Beate und ich lagen wachend auf der Liege, Karsi stand dicht daneben und ließ ihr Köpfchen hängen, sie legte sich seit vielen Stunden nicht mehr hin. Zu groß wären dadurch die Atemnot und der Druckschmerz auf den geblähten Bauch geworden. Abwechselnd

streichelten wir ihr über die Stirn und ließen sie an den Händen schnuppern, damit sie den engen, so sehr gewünschten Kontakt zu uns halten konnte. Ich tat alles, um unsere Seelen liebevoll verbunden zu halten, suchte mit Herzensaugen ihren einst goldenen Punkt. Er war jetzt fast grauschwarz, wirkte steinern statt strahlend und leicht. Die Bilder, die ich empfing, hatten jede Farbe verloren, glichen alten Sepiabildern. Ich konnte sie kaum deuten, Karsis körperliche Schmerzen und meine eigene Seelenschwärze legten sich darüber.

Die Stunden schlichen dahin; vor dem Stall lag die Herdenfamilie in völliger Stille, nur ab und an hörte man das leise Rascheln im Gras, wenn eines der Schafe kurz aufstand und zur Ersatz-Futterstelle ging, da die Heuraufe im Stall eingebaut war und somit für sie unzugänglich.

Mir kam die Nacht schwärzer vor als jede zuvor erlebte; unsere Taschenlampen sorgten zwar für eine schwache Beleuchtung, doch die dunkle Mutlosigkeit, die mich ergriffen hatte, war undurchdringlich. Mir war, als liefe mein bisheriges Leben wie ein Schwarzweißfilm vor mir ab, fast, als gelte die nahende Abberufung mir und nicht Karsi. Ich fühlte meine Entscheidungen, Erwartungen und Beziehungen hinterfragt. Alles schien mir irrelevant, wichtig war nur noch mein Wunsch, für Karsi da zu sein. Ihr meine absolute Hingabe zu schenken. Und mehr noch: Ich spürte in aller Dringlichkeit und Deutlichkeit die Verantwortung für das Wohlergehen meiner restlichen kleinen Herde. Was Beate alles durch den Kopf gehen mochte, weiß ich nicht; wir sprachen kaum und lauschten nur auf jeden Laut.

Zwischendurch mussten wir wohl eingenickt sein, denn uns weckte ein qualvolles Stöhnen, das mir schier das Herz zerriss. Es war gegen vier Uhr dreißig. Ich hörte innerlich die Stimme Erecs: *Sei bereit*, und setzte mich auf, trat neben meinen Liebling. Auch Beate stand auf. Ein neuer Klagelaut ließ mich zusammenfahren, da brach Karsi nieder. Wir knieten uns neben sie, ich hielt ihren Kopf ein wenig in die Höhe, um ihr das Atmen zu erleichtern und ihr durch Berührung so nahe wie nur möglich zu sein. Damals war ich noch keine Tierheilpraktikerin, besaß kaum medizinische Kenntnisse und hatte nicht einmal Bachblüten bei mir, die die übrigen Herdenmitglieder viele Jahre später so sanft ins Licht begleitet haben. Nein, ich hatte nichts als meine tiefe, mitfühlende Liebe. Und so erfuhr auch Karsi keine andere Hilfe als Beates und meinen herzinnigen Beistand. Mir war das zu wenig, ich wollte sie retten, wollte ein Wunder. Haderte. Begriff nichts. Wollte sie behalten, behüten, und unsere Seelenverbindung immer noch weiter intensivieren. Da

war noch so vieles zu entdecken, gemeinsam zu erleben. Ich stand doch erst am Anfang des Begreifens, lernte erst nach und nach die Bedeutung wirklicher Tierliebe, die ein gegenseitiges Geben und Nehmen, ein Leben und gleichberechtigtes Am-Leben-Lassen ist.
Karsi hustete. Keuchte. Ich dachte daran, den Tierarzt zu holen, um sie zu erlösen. Ich hätte damit gegen mein eisernes Prinzip verstoßen, meinen Tieren ein würdiges, natürliches Ende zu gewähren. Keines meiner zahlreichen Haustiere hat jemals euthanasiert werden müssen. Aber jetzt konnte ich Karsis Leid kaum noch ertragen. Doch klar und bestimmt fühlte ich ihre Botschaft: *Nein, kein Arzt. Der Ewige Arzt ist zur Stelle. Danke.* Ich redete wirre Worte des Trostes und der Nähe, hielt aus, was sie aushalten musste. Ein letztes Mal auf Erden waren wir untrennbar eins.
Lange, dunkle Minuten hielten uns alle im Schmerz vereint, dann war es vorbei. Karsis letzter schwerer Atemzug in meinen Armen trug ihre Seele ins Licht und nahm mein Versprechen mit sich, die kleine Herde immer an erster Herzensstelle zu halten und mich für das Leben und die Würde aller Tiere einzusetzen. Vor allem aber wollte ich mich stark machen für die geschundenen Sogenannten, wie ich unsere Mitgeschöpfe, die „Nutztiere“, nenne. Ihnen beistehen. Der Welt aufzeigen, wie viel sie uns Menschen geben können, wie sehr sie uns nützen (im Sinne von helfen) durch ihre Seelengröße, ohne dass wir ihnen ihr Leben nehmen müssen. Dies wollte ich tun. Mit allen mir zur Verfügung stehenden Möglichkeiten. Karsi sollte stolz auf mich sein können. So wuchs ich in meine große Lebens- und Liebesaufgabe hinein.

Botschafterin Obilot

Ich war wie betäubt nach dem Verlust meines ersten Schafes, meiner über alles geliebten Seelengefährtin. Sie fehlte mir unsäglich, ich fühlte mich wie amputiert. Wenn wir zur Weide kamen, sprangen zwar wie gewohnt die restlichen sechs Herdenmitglieder herbei, doch kein fröhliches, übermütiges Blöken begrüßte uns. Es war nicht nur ungewohnt, es war regelrecht unheimlich, dass keines der Schafe einen Laut von sich gab, nicht einmal, wenn wir spät dran waren. Dies wurde normalerweise lauthals, anhaltend und von allen beanstandet. Sie trauerten ebenso wie ich, das stand fest. Mehrere Wochen lang änderte sich daran nichts; auch den Anwohnern auf dem Hof fiel die außergewöhnliche Schweigsamkeit der üblicherweise sehr redseligen kleinen Truppe auf. Mir war auch nicht nach Geselligkeit oder gar Lachen zumute, und ich erntete wenig Verständnis in meinem menschlichen Umfeld; außer Beate verstand keiner auch nur ansatzweise, was in mir vorging und wieso ich nicht einfach zufrieden mit den anderen Schafen weiterleben konnte. Auch deren Verstummen wurde mit Schulterzucken bedacht und als zufällig zu diesem Zeitpunkt auftretend abgetan. Ich wusste es besser – auch von Erec, der mich oft unverwandt ansah. *Neues braucht Raum* glaubte ich von ihm zugefühlt zu bekommen und begriff es nicht so recht. Aber ich probierte etwas Neues aus.
Ich begann wieder, zu Karsis Seele zu sprechen, wie zu ihren Lebzeiten. Da ich nicht in den gewohnten Dialog mit ihr treten konnte, schrieb ich ihr Gedichte. Mittlerweile sind es über 80 Texte, und bis heute kommen jährlich einige dazu. Eines meiner ersten Gedichte kurz nach ihrem leiblichen Tod lautet:

Niemals mehr
muss ich Angst um dich haben,
weil du nun jeder Gefahr entzogen
und in vollkommener Sicherheit bist –
niemals aber kann ich
darüber rechtes Glück empfinden,
weil ich lieber
die Gefahr mit dir teilen würde,
als dich unerreichbar zu wissen.

Ich las es ihrem Foto vor und hatte das Gefühl, dass sie meine Worte irgendwie wahrnehmen konnte und wusste, wie sehr ich sie vermisste. Und dass ich versuchte, mich mit der Gewissheit, dass sie jetzt wieder gesund und glücklich war, selber zu trösten. Die Anwesenheit meiner anderen sechs Schafslieblinge machte mich zwar dankbar und froh, aber dennoch kam ich nicht über die Lücke in der Herde, über das Loch in meinem Beziehungsgeflecht hinweg. Unsere geteilten Seelenmomente hatten Karsi und mich zutiefst verbunden. Mich einfach zu „verschütteln", wie man mir wenig einfühlsam riet, funktionierte nicht. Konnte gar nicht funktionieren. Aber was sollte ich bloß tun? Das Begrüßungsblöken hatte mittlerweile wieder zaghaft eingesetzt, die Herde versuchte, sich neu zu orientieren.
Wenn man wie wir seine Tiere gut kennt (und innig liebt), sieht man mehr als ein Außenstehender. Die Schafe grasten, kamen fröhlich auf uns zu gerannt, fraßen begeistert ihren Zwieback und benahmen sich eigentlich wie immer. Dennoch war etwas anders; niemand führte an, wenn sie in der geschlossenen Gruppe marschierten. Dies war immer, oder doch meistens, Karsis Aufgabe gewesen. Auch blickten sie sich vermehrt fragend um, als suchten sie ihre Herdenälteste. Das war nun Enite, Karsis erste Tochter. Aber diese zeigte keinerlei Ambitionen, die Führung zu übernehmen; ihr fehlte Karsis neugieriger Forscherdrang, ihr Temperament. Sie war auch sehr nervös, unruhig und leicht zu beeindrucken. Es war gut erkennbar, dass sie lieber nachfolgte statt anführte. Überhaupt war sie noch im Erwachsenenalter stets in Karsis Nähe geblieben und hatte immer interessiert, wenngleich ohne es ihr nachzutun, deren Seelenkontakt zu mir beobachtet. Jetzt rieb sie manchmal ihr Köpfchen an Beates Hand oder lief um mich herum, mit einem verlorenen Ausdruck in den Augen. Sie vermisste Karsi ganz offensichtlich nicht weniger als ich. Mir gelang damals noch keine richtige Kommunikation mit ihr, sodass ich nicht sagen kann und konnte, wie sie wirklich empfand, wie schwer sie sich anfangs tat, klarzukommen. Ich redete freilich viel mit ihr, erzählte von der Rettungsaktion für ihre Mama und davon, wie sehr wir uns über das erste Lamm gefreut hatten – „darum lieben wir dich sehr, Enite!" Bei solchen Annäherungsversuchen blieb sie ganz still stehen und hörte offensichtlich genau zu. Mir ist inzwischen längst klar, dass sie alles begriff, genau wie zuvor schon Karsi, und auch alle anderen.
Die beiden Enkel, Erec und Hälmchen, hatten zwar imposante Hörner und waren stärker als die Mädchen, aber auch sie drängten nicht nach vorne. Ich fühlte mich sehr zu Erec hingezogen, und es sollte nicht mehr lange dauern,

bis er mit mir Kontakt aufnahm. Bei ihm erspürte ich am klarsten, wie es ihm ging und was er mir mitteilen wollte. Zum Anführer fühlte er sich nicht berufen.
Hälmchen sah mit seinen neun Jahren noch immer aus wie ein sehr junges Böckchen, denn sein Gesichtsausdruck war von völliger Unschuld und Kindlichkeit. Wir nannten ihn daher auch zärtlich Babyface. Er fühlte sich am wohlsten in Erecs unmittelbarer Nähe, denn er liebte seinen großen Bruder über alles. Die sanfte, zarte Janti mit ihrem empfindsamen Gemüt war sowieso keine Anwärterin auf die Anführerrolle, und Obie auch nicht; sie stromerte gern im Alleingang über die Weide und sah sich alles genauestens an. Blieb noch Obilot, ein kluges, hübsches Schafsmädchen mit rötlichem Wollschopf. Tatsächlich schien es eine Zeitlang, als sei sie die Nachfolgerin ihrer Mutter, immer die Nase ein Stück voraus. Ich liebte sie sehr, doch ihr eigensinniges Köpfchen zeigte wenig von der Kontaktbereitschaft Karsis. Ich akzeptierte das und versuchte stattdessen wie schon gesagt, manchmal mit Erec ein wenig zu kommunizieren. Er war immer bereit dazu, aber ich war wohl noch blockiert von meiner Trauer und bekam vieles nicht richtig mit. Eines Abends hatte ich wieder ein Gedicht für Karsi geschrieben und erzählte dies Erec am nächsten Morgen. Es war ein Samstag, und wir hatten mehr Zeit für die geliebten Wolleproppen als unter der Woche. *Na, dann!* glaubte ich als Antwort von Erec zu verstehen. Ich wusste nicht, ob ich es richtig übersetzt hatte, und Sinn ergab es auch nicht für mich. Dann fing ich von ihm ein deutliches *Hier!* auf, als Obilot sich mir näherte.
Da ich wusste, dass sie keine stürmischen Zuneigungsbezeugungen schätzt, blieb ich ruhig stehen und sah ihr entgegen. Sie trat ungewöhnlich dicht an mich heran und stupste mich mit ihrem Schnäuzchen an. Ich war etwas verwundert, freute mich aber sehr über ihr neu erwachtes Interesse. Sie hob den Kopf und sah mich an. Mich durchfuhr ein süßer Schrecken, denn sie ähnelte in diesem Augenblick sehr stark ihrer Mutter Karsi, der sie doch sonst überhaupt nicht glich. Farblich nicht, aber auch nicht von den Bewegungen, der Mimik und dem Verhalten her. Von dieser, wie ich annahm, sehnsuchtsbedingten Illusion geleitet, kraulte ich Obilot am Bauch. Sie ging in die Hocke und schloss zufrieden die Augen. Ich aber erstarrte mitten in der zärtlichen Bewegung – denn: Diese Reaktion war einzig und allein von Karsi erfolgt! Keines der anderen Herdenmitglieder hatte sich jemals so verhalten, es war Karsis und mein spezielles Ritual. Ich war derart durcheinander, dass ich gar nicht merkte, wie sich Beate neben uns stellte. Erst als sie

fassungslos sagte: „O Gott, sie sieht ja wie Karsi aus!“, begriff ich, dass uns etwas Unglaubliches widerfuhr. Mein Verstand schalt mich eine verrückt gewordene Törin, mein Herz wollte Gewissheit, die es längst hatte. Ich sagte kaum hörbar in Ohrenhöhe von Obilot: „Karsi-?“ Und Obilot sah mich an, streckte mir ihre Schnauze entgegen und legte sie in meine geöffnete Hand. Ich kann nicht sagen, dass ich in diesem Augenblick schon glaubte, was ich da erlebte. Ich fürchtete vielmehr, komplett überspannt zu sein. Aber gleichzeitig war mir auch zweifelsfrei bewusst, dass Karsi meine nicht enden wollende Verzweiflung über ihren Verlust mitfühlend wahrgenommen hatte, wo immer sie, oder ihre Seele, sich befinden mochte. Sie hatte in ihrer Liebe zu mir einen Weg gefunden, sich mir auch körperlich zu nähern, da mir ihre geistige Nähe, die ich täglich trotz meiner Trauer spürte, nicht tröstlich genug war.

Obilot hielt still, als ich meine Stirn an ihre legte und ihr Dank sagte für eine solche Liebestat; ich konnte Karsis Energie spüren und zugleich auch Obilots eigene. Sie war nicht unterdrückt, sie schimmerte durch. Besorgt überlegte ich, ob Karsis Präsenz Obilot schaden könnte; das wollte ich keinesfalls! *Es ist genau richtig, nimm das Geschenk an*, hörte ich fühlend die beruhigende Antwort in mir. Und wie zur Bestätigung rieb Obilot ihr braunrotlockiges Köpfchen an meinem Knie. An Beates Gesichtsausdruck konnte ich ablesen, wie ich wohl selber dreinblickte: ungläubig, fragend, glücklich. Alles gleichzeitig.

Die köperlose Anwesenheit Karsis war auch ihrer Herdenfamilie nicht verborgen geblieben: Die fünf Hinterbliebenen standen in einem weiten Kreis um uns herum und sahen uns unverwandt an. Kein Schaf graste, blökte oder bewegte sich auch nur. Es war wie ein kollektives Atemanhalten. Wie lange wir alle acht so verharrten – ich weiß es nicht. Es war ein intensives, zeitloses und unbegreifliches Jetzt.

Nach diesem Erlebnis liebte ich meine Schafe noch viel inniger; ich begann zu ahnen, dass sie und mich viel mehr verband als eine irdische Mensch-Tier-Freundschaft. Ich war Karsi unendlich dankbar für dieses unmissdeutbare Zeichen der unverlorenen Nähe und genauso dankbar war ich Obilot für ihre Botschafterrolle. Es blieb nicht bei diesem einen Mal, es folgten viele erstaunliche, rührende, liebevolle und nachdenklich stimmende Begegnungen mit Karsis Seele in Obilots Körper bis zu deren eigener Rückkehr ins Licht acht Jahre später. Manchmal waren es nur kurze Momente, manchmal

auch Stunden voller beglückender Erfahrungen. Obilot erwies sich als treue Trägerin und Bewahrerin ewiger Wahrheiten aus der Geistigen Welt.
Karsis Herdenfamilie nahm regen Anteil an ihren Seelenbesuchen; hin und wieder bemerkte Erec oder ein anderes Schaf schneller als ich, dass wieder eine Begegnung bevorstand. Dies geschah vor allem dann, wenn ich mit irgendwelchen menschlichen, allzu irdischen Sorgen oder Problemen den Kopf voll hatte und nicht auf feine, nur freien und leichten Herzens wahrnehmbare Schwingungen eingestellt war. So wunderte ich mich eines Tages, als Erec immer wieder von mir zu Obilot und wieder zurück pendelte. Dabei sah er mich auffordernd an und ich fing einen sanften Befehl auf: *Nun lass sie doch nicht warten*. Und wirklich, mein Liebling – nein, zwei meiner Lieblinge - warteten unter der Birke auf mich und meine Aufmerksamkeit. Ich konnte sofort sehen, dass es so war – wieder glich Obilot ihrer Mutter auf faszinierende Art. Dies war übrigens ein Merkmal, das bei jeder Begegnung zusätzlich die Richtigkeit der Empfindung bewies, denn auch Beate brauchte nur einen Blick auf Obilot zu werfen, um von sich aus die Veränderung zu bemerken und anzusprechen. Erec hatte also (natürlich!) recht gehabt, ich durfte meine beiden nicht warten lassen! Die Begrüßung fiel zärtlich aus, Obilot/Karsi rieb ihren Kopf an meiner Hand und ließ mich spüren, wie sehr sie sich freute, wieder ein wenig Erdenzeit mit mir zu teilen. Ich setzte mich diesmal einfach neben sie ins Gras und strich ihr über den Rücken. Ich genoss Karsis Präsenz ohne mich zu fragen, ob und wie das überhaupt möglich war. Wichtig war nur, dass intensive, liebevolle Schwingungen mich trafen und durchdrangen. Ich hatte das Gefühl, dass auch Obilot diese Nähe mit mir teilte und, entgegen ihrer sonstigen eher spröden Freundlichkeit, sie genoss. Erec umrundete uns einige Male und vermittelte einen sehr zufriedenen Eindruck. Der Rest der Herde hatte sich wiederkäuend in Sichtweite auf der Wiese verteilt. Solche Momente ließen mich jeden Kummer über Karsis körperliche Abwesenheit vergessen; einen deutlicheren Beweis ihres Verständnisses für mein Heimweh nach ihr kann ich mir nicht vorstellen.
Einmal, es war ein überraschender Wintereinbruch gewesen, kamen wir bei der schneebedeckten Weide an und entdeckten Obilot, wie sie etwas abseits von den anderen, die gelangweilt und ein wenig genervt durch das kalte Weiß staksten, begeistert mit der Nase im Schnee wühlte und ein paar fröhliche Luftsprünge machte. Bei näherer Betrachtung stellten Beate und ich fest, dass es wohl Karsis Begeisterung war, die sich manifestierte. Zum einen hatte besonders sie immer den Schnee sehr geliebt, zum anderen benahm sie sich,

als habe sie dieses winterliche Erleben lange entbehrt und entdecke es gerade neu für sich. *Ach, so fühlt sich das an*, hörte ich innerlich. *Toll, gefällt mir!* Und Obilot nahm eine Schnauze voll pappigen Schnees und fraß die fragwürdige Köstlichkeit auf. Ohne die Seelenbegeisterung ihrer Mutter hätte Obilot sich nicht dazu verleiten lassen, denn außer Erec, der den Geschmack seiner Großmama teilte, mochte keines meiner Schafe dieses Eiskonfekt.

Es war berührend, das große Entzücken, die lebendige Freude mitanzusehen. Enite sprang auf Obilot zu und beschnüffelte sie ausgiebig. Dann sah sie uns fragend an und scharrte ein wenig verwirrt im Schnee. Obilot hüpfte unbeirrt durch die weiße Welt auf mich zu, stellte sich auffordernd neben mich, und ich kraulte gehorsam ihren Bauch, was sie wieder in typischer Karsimanier durch Hockstellung belohnte. Beate sagte hinterher zu mir, wir hätten wieder ein Bild abgegeben wie in alten, überglücklichen Tagen zu Karsis Erdenlebzeiten. Und fast so fühlte ich mich auch.

Von den vielen selbstlosen Einsätzen Obilots als Karsis Botschafterin der unsterblichen Seelennähe steht mir ein Frühsommernachmitttag ganz besonders lebendig vor dem Herzensauge. Es war bereits ziemlich heiß und wir alle, Beate, ich und die sechs wolligen Lieblinge, noch nicht geschoren, hingen recht lasch herum. Nachdem Wasser und frisches Heu bereitgestellt waren, legten wir Menschen uns auf die mitgebrachten Liegestühle und dic Schafe verteilten sich im Schatten unter den Bäumen, in Sichtweite und Zwiebacknähe. Ich war wohl eingedöst, als ich von einem feuchtwarmen Handkuss geweckt wurde. Ich öffnete die Augen und sah mich direkt Obilot gegenüber, die mich treuherzig ansah und wieder sehr karsiähnlich wirkte. Ich hatte das Gefühl, dass ich aufstehen und ihr folgen sollte. Hinter ihr standen in Reih und Glied die übrigen Herdenmitglieder. Also rappelte ich mich hoch und folgte meinem Leitschaf unter den großen doppelstämmig verzweigten Nadelbaum. Obilot blieb stehen und ließ mich spüren, dass sie am Bauch gekrault werden wollte. Gern kam ich dieser Bitte nach. Eine ungewöhnlich starke Energiewelle voller Glück und Leichtigkeit erfasste mich; der Kontakt zu Karsis und zugleich auch zu Obilots Seele war frei von Hindernissen durch meinen Verstand, es zählte nicht, dass ich mich noch in der materiellen Welt befand. Ich fühlte mich eins mit Karsi und Obilot. Plötzlich nahm ich aus dem Augenwinkel eine Bewegung wahr; als ich mich leicht zur Seite wandte, sah ich, dass Obie, Janti, Erec, Hälmchen und Enite versammelt einen geschlossenen Kreis um uns gebildet hatten. Jetzt kamen sie näher, lösten den Kreis auf und standen ganz dicht bei uns.

Enite beschnüffelte Obilot ausgiebig und wurde ebenfalls mit der Schnauze berührt. Die übrigen Mitschafe drängten sich abwechselnd an mich und Obilot, bis wir alle ein unentwirrbares, glückseliges Knäuel waren. Beate lag noch auf ihrem Liegestuhl und bedauerte, etwas zu spät wach geworden zu sein. Sie beobachtete uns und spürte die starke Energie bei sich selbst.

Nach einer geraumen Weile streckte sich Obilot und gähnte mehrfach. Ich empfing noch einmal eine liebevolle Präsenz tief in meiner Seele, dann zog sich diese langsam zurück. Obilot schüttelte sich ausgiebig, dann berührte sie kurz meine Hand mit der Nase und marschierte zielstrebig Richtung Birke, legte sich hin und begann mit dem Wiederkäuen. Ich wusste genau, dass mein Schaf jetzt wieder zu 100 Prozent Obilot war und Ruhe brauchte.

Gähnen, Schütteln, Strecken: Mit diesen Mitteln eroberte sich Obilot ihre Alleinherrschaft über Körper und Seele stets zurück. Ich hatte nie den Eindruck, dass sie sich danach schlecht oder auch nur unwohl fühlte. Müde, ja, das schon manchmal. Aber sie vermittelte mir immer einen durchaus zufriedenen, bisweilen sogar stolzen Eindruck.

Meine geliebte Obilot, ich möchte dir an dieser Stelle ganz herzlich danken für deine Bereitschaft zum Teamwork der besonderen Art. Und dir, meine geliebte Karsi, dir möchte ich danken für dein großes Mitgefühl mit meiner Sehnsucht nach dir. Ihr habt mir beide sehr geholfen und eine wundervolle Erfahrung geschenkt, die mich sehr glücklich macht. Ihr seid zauberhafte Wesen.

Fühlreden: Vom Zauber zwischengeschöpflicher Verständigung

Zu Karsis irdischen Lebzeiten war mein Herzensfokus auf sie gerichtet; immer galt ihr mein erster Blick, mein erstes Wort. Mir war diese Sonderstellung nicht bewusst, sie war mir selbstverständlich und natürlich, da unsere Beziehung eine intensive Annäherungsphase durchlaufen hatte, um sich dann zu einer einzigartigen Seelenverbindung zu entwickeln. Ich konnte mir nicht vorstellen, einem anderen Geschöpf derart nahe zu kommen. Und nach ihrem schmerzlichen Verlust wollte ich das eigentlich auch nie wieder. Zum Glück, zu meinem unbeschreiblich großen Glück, waren meine wunderbaren wolligen Weggefährten viel klüger als ich und machten mir schnell und unmissverständlich klar, wie sehr ich mich irrte.
Die unbeschwerte, sorglose Zeit meiner wachsenden Schafsliebe hatte durch Karsis Krankheit und irdischen Tod ein abruptes Ende gefunden; mir war plötzlich die Verletzlichkeit, die Bedrohtheit dieses besonderen Miteinanders deutlich geworden. Ich öffnete mein Herz weit für die verbliebenen sechs Goldschätze, hatte aber eine bleibende Scheu, mich innerlich tief mit ihnen zu verbinden. Ich liebte sie alle, sogar sehr. Aber ich hatte eben auch Panik, neuerlich zu leiden, wenn es zum nächsten Abschied kam. *Und was ist jetzt?* Erec stellte mir diese Frage immer wieder. Die Betonung lag stark auf dem *Jetzt*. Das war überhaupt sein Lieblingswort, ich sollte mich noch daran gewöhnen. Ich fragte zurück: „Was meinst du mit *jetzt?*“ Und geduldig fühlte er mir zu: *Wir sind hier bei dir. Alle. Jetzt, genau jetzt. Wovor hast du Angst? Du verpasst das Beste.* Er machte es mir so leicht! Bei jedem Treffen fühlte ich mich mehr und mehr zu ihm hingezogen, weil er so unglaublich sanft und zugleich bestimmt und nachdrücklich seinen Unterricht mit mir begann. Er war (und ist es eigentlich immer noch!) mein bester Freund. Ich nannte ihn oft „meinen Ritter“, denn Erec ist ursprünglich ein Ritter der Artusrunde.

Erecs Augen waren von einem leuchtenden, hellen Gelbgrün, klar und überaus klug. Er strahlte eine Ruhe aus, die auf mich überging, wenn er mich ansah. Ich wünschte mir, wirklich mit ihm reden zu können. Und da ergriff Erec die Initiative. Erfolgreich sandte er mir mental Bilder, wie ich es

teilweise ja schon von Karsi her kannte. Der nächste Schritt war die Bitte, auf Augenhöhe mit ihm zu gehen. Dies war wörtlich zu verstehen und auch im übertragenen Sinn: Ich setzte mich vor ihm ins Gras oder kniete hin, so dass wir uns direkt in die Augen sehen konnten. Zugleich anerkannte ich ihn als gleichberechtigten Gesprächspartner. Wir kommunizierten nicht von Mensch zu Tier oder von Tier zu Mensch, sondern von Geschöpf zu Geschöpf, geschaffen von der Einen lebenspendenden Kraft. Es war ihm wichtig, immer in der Liebe und im Einheitsbewusstsein zu bleiben. Er selbst hatte damit natürlich keinerlei Schwierigkeiten, seine innere Größe war in jedem gesandten Bild und jedem gefühlten Wort erkennbar.
Befanden wir uns dann auf Augenhöhe, sollte ich möglichst alle Gedanken ziehen lassen, um mich ganz auf seine Botschaft einlassen zu können. *Jetzt ist es gut* – wenn ich diese gefühlten Worte von ihm empfing, wusste ich, dass ich aufnahmebereit war und alsbald waren Erec und ich mitten im *Fühlreden* vereint, wie er ja unsere Zwiesprache sehr treffend nannte. Anfangs hatte ich vom Verstand her einige Probleme damit, seine Worte von meinen eigenen gedachten Worten und Sätzen zu unterscheiden und übersetzte mehrmals den größten Blödsinn. Mit unglaublicher Geduld und Nachsicht übte er mit mir weiter und entwickelte sogar eigens ein Bild, das mir immer sofort meinen Irrtum deutlich machte. Dann erblickte ich stets eine riesige, sahnig-cremige Hochzeitstorte. Warum gerade das? Die Erklärung ist einleuchtend: Ich verabscheue seit jeher Sahnetorten und zu heiraten hatte und habe ich nie die Absicht; ich verlor meinen einzigartigen Jungendfreund an eine tödliche Krankheit und habe meine Lebensaufgabe im Vollzeit-Herzensengagement für Tiere gefunden. Wenn also zwei für mich absurde Faktoren so schön zusammenkamen, wusste ich zweifelsfrei: Hier liegt ein Irrtum vor! Beim ersten Anblick der prachtvoll-furchtbaren Torte fragte ich meinen wolligen Lehrer fassungslos: „Aber Erec, woher weißt du denn so genau, wie ich darüber denke?“ Mein weiser Freund antwortete: *Ich bin mit dir in Liebe verbunden. Da weiß man alles.*
Nun, mein getreuer Ritter schien wirklich in der Tat immer alles über mich zu wissen. Eines Morgens erwachte ich mit allen denkbaren Grippesymptomen und fühlte mich dementsprechend äußerst mies. Der Kopf brummte und hatte fast schon Migränestärke erreicht, als ich dennoch schwankend aus dem Auto stieg, um Beate bei der morgendlichen Versorgung unserer Lieblinge zu helfen. Schließlich brauchten sie ihr Futter und die ersten Streicheleinheiten des Tages. Als mir dann auch noch schwindlig wurde, setzte

ich mich vor dem Stall ins Gras und lehnte mich an die Wand. Da löste sich aus dem Pulk der hungrigen Herde, die sich um Beate und das Futter geschart hatte, ein einzelnes Schaf und trabte auf mich zu. Es war Erec, mein treuer Ritter. Plötzlich stand er direkt vor mir, auf Augenhöhe. In unserer Startposition, sozusagen. Ich war aber gar nicht in der Lage, irgendeine Kommunikation zu versuchen. Mein geliebter Lehrer rieb seinen Kopf an meinem, drückte sich an mich und sah mich dann eine Weile unverwandt aus seinen klugen, hellen Augen an, bis er den Kopf hängen ließ und zwei, drei Schritte zur Seite torkelte. Ich erschrak darüber und stellte gleichzeitig fest, dass mein Kopfweh weg war und ich mich überhaupt schlagartig wieder ziemlich gesund fühlte. Erst begriff ich gar nichts und wunderte mich nur. Dann hörte ich eine schwache Stimme in meinem Inneren: *Hat es geklappt?* Ich rappelte mich hoch und nahm Erec in den Arm. „Was hast du gemacht, mein Schatz? Hast du mir die Krankheit abgenommen?“ Er fragte zurück: *Bist du wieder in Ordnung?* Ich erklärte ihm: „Ja, und ich danke dir sehr, wie auch immer du das gemacht hast; aber ich möchte nicht, dass du meinetwegen krank bist. Dann muss ich mich sehr um dich sorgen, das ist auch schlecht. Bitte tu das nicht! Ich liebe dich doch so sehr.“ Er fühlte mir zu: *Ich mache das gern. Aber wenn du traurig darüber bist, ist das freilich nicht gut.* Ich war sehr gerührt über diese Liebestat und wollte sie nicht schmälern; ich dachte bei mir, am besten wäre es, er nimmt mir nur einen Teil ab, damit er nicht zu viele Beschwerden hat und mir dennoch geholfen ist. Ich hatte kaum diesen Gedanken zu Ende gedacht, als leichtes Unwohlsein zu mir zurückkehrte und Erec seinen Kopf hob, wieder sicher auf seinen Beinen stand und mir nach einem langen Blick den Rücken zuwandte, um endlich zu seinem wohlverdienten Frühstück zu marschieren. Er bekam von mir danach noch einen Extrazwieback, was ihn mächtig freute. *Siehst du, hat sich gelohnt* spürte ich seinen zufriedenen Kommentar. Von diesem Tag an vertiefte sich meine Beziehung zu Erec stetig.

Ich dachte lange nach über dieses neue Erlebnis mit ihm und musste einsehen, dass mein Verstand damit nicht zurechtkam. Andererseits – war das nicht einerlei? Ich machte ständig unbegreifliche Erfahrungen mit meinen Tieren, was mochte noch alles passieren? Wieder setzte Erec meiner sinnlosen Grübelei ein Ende. Er empfahl mir, professionell an die Sache heranzugehen und mir Antworten bei Fachleuten zu holen. Im Klartext: Ich war jetzt von ihm im *Fühlreden* geschult und sollte als Weiterbildung die klassische Tierkommunikation erlernen. Meine vielen offenen Fragen auf diesem Gebiet trotz erlebter Antworten mussten geklärt werden. Auch in diesem Punkt verlor mein ritterlicher Lehrmeister nicht die Geduld mit mir. Schaf und Mensch oder Mensch und Tier überhaupt sehen die Großen Zusammenhänge unterschiedlich, nachsichtig erklärte er mir: *Menschen wollen immer Beweise, uns reichen die Tatsachen.*

Selbstverständlich befolgte ich Erecs Rat, doch bevor es soweit war, kam es zu einem kleinen Zwischenfall. Wir hatten einen der turnusmäßigen Weidenwechsel hinter uns, und die aktuell belegte Wiese besaß keinen Zaun mit Holzlatten, der den wackeligen Elektrozaun abstützte. Erec war vermutlich über irgendetwas erschrocken, losgerannt und im Zaun hängen geblieben. Jedenfalls erreichte uns eines Nachmittags ein dementsprechender Anruf des Hofbesitzers, woraufhin wir sofort zu unserem verhedderten Schafsbuben eilten. Erec hing jämmerlich verwickelt in den Laschen des Gott sei Dank wie immer ungeladenen Zauns und rührte sich nicht. Ihm war wohl klar, dass jede weitere Bewegung noch mehr Schaden anrichten würde. Doch als er Beate und mich entdeckte, fing er an zu zappeln, und ich drang mental einfach nicht zu ihm durch. Wir schafften es nach langen Minuten, ihn zu befreien, und wir sahen, dass er stark humpelte und augenscheinlich starke Schmerzen litt. Ich hatte großes Mitleid mit ihm und Angst, es könnte schlimmer sein, als es aussah. Er wollte erstmalig nicht mit mir *fühlreden;* ich vermutete, er stand noch unter Schock. Das ganze Elend der Unnahbarkeit im entscheidenden Moment erinnerte mich fatal an Karsis Verhalten im Notfall, doch ich versuchte meine aufsteigende Panik zu beschwichtigen: Wenigstens lag diesmal sehr wahrscheinlich keine Lebensgefahr vor. Nichtsdestotrotz musste Erecs Fuß medizinisch versorgt werden; oberhalb des Sprunggelenks hatte die Abschnürung durch den verwickelten Draht eine tiefe Furche in Fell und Haut geschnitten. Die Beweglichkeit war stark eingeschränkt. Meine wiederholten Versuche, Erec auf den notwendigen Einsatz des Tierarztes vorzubereiten schlugen fehl. Wir kannten aber seine eigene profunde Abneigung gegen Ärzte und Untersuchungen sowie die erfolgreiche Sabotage der Behandlung seitens aller Herdenmitglieder. Seiner Mutter Enite zum Beispiel war es geglückt, die Tierärztin unlängst mehr als eine halbe Stunde lang über die Weide zu jagen, bis sie unser Schaf fast erwischt hätte, stattdessen jedoch in den Matsch fiel und danach die Verfolgungsjagd aufgab. (Enite war nach der verpflichtenden Impfung gegen die Blauzungenkrankheit etwas unpässlich gewesen; sie wurde von selber wieder fit. Die Tierärztin aber erzählte uns später von sich, sie sei zwei Tage darauf vom Oberschenkel bis zum Knie knisterblau gefärbt gewesen.) Kein Wunder also, dass wir Erec gerne gnädig gestimmt hätten!

Ich begriff die innere Distanz meines Schafsfreundes nicht und überlegte, was zu tun war. Ich konnte ja noch keine klassische Tierkommunikation. Ich meinte, nur so etwas ausrichten zu können. Beate erinnerte sich dann zum Glück an einen Bekannten, der damit schon Erfahrungen gesammelt hatte. Sie rief ihn an, und er riet schlicht, Erec alles zu erklären: „Ganz normal, wie einem Menschen." Weiter führte er aus: „Immer mit Bitte und Danke arbeiten, Tiere wollen höflich behandelt werden, wie wir auch. Ob dann die Bitte erfüllt wird, hängt vom tierischen Gesprächspartner ab. Auch hier ist es wie bei uns Menschen. Also: nur Mut!" Trotz aller erstaunlichen Erlebnisse mit Erec und Co. hatten wir doch Zweifel, dass es so einfach sein würde.

Beate wollte es versuchen. Da ich mit meiner Methode, die ich ja schließlich von Erec selber gelernt hatte, keinen Deut vorwärts kam, bat sie ihn, ihr genau zuzuhören und dann zu tun, worum sie ihn im Anschluss bitten musste. Ich beobachtete die beiden bei ihrer ersten Unterredung, blieb aber bei der übrigen Herde und verteilte Beruhigungszwieback, da das Eintreffen der Veterinärin wie üblich für enorme Unruhe sorgte.

Beate und Erec befanden sich mittlerweile im Zelt und waren somit meinen Blicken entschwunden; ich erwartete halb und halb, dass jeden Augenblick das Zelt zu wackeln beginnt und ein aufgeregter Erec herausschießt, trotz Beinproblem. Aber alles blieb ruhig. Ich wunderte mich sehr. Umringt von den Mitschafen meines geliebten Patienten wartete ich auf das Auftauchen der Tierärztin im Zelteingang und das Ergebnis der Untersuchung. Nach einer gefühlten Ewigkeit kam sie dann heraus und nahm wortlos Kurs auf ihr Auto, entnahm dem Kofferraum eine weitere, kleinere Arzttasche und ging zum Zelt zu Erec und Beate zurück. Ich staunte maßlos: Erec floh nicht? Es gab keine Rangelei? Es drangen keine Laute aus dem Zelt? Ja, gab es das denn? Meine Neugier steigerte sich ins schier Unerträgliche: Was trieben die da drin? Es war alles so erstaunlich und unerwartet ruhig! Einige Zeit und etliche Zwiebäcke später für die Gesunden, Abwartenden (die ihrerseits nervös und unruhig waren, blökend Unmutslaute von sich gaben) kam Erec recht flink aus dem Zelt gelaufen und die Tierärztin hielt auf mich zu. „Alles in Ordnung", sagte sie, „in ein paar Tagen müsste sein Gelenk wieder belastbar sein. Er war fabelhaft, ich konnte es kaum glauben!"

Und ich erst! Ich fragte Beate genauestens aus und erfuhr das Unglaubliche: Erec hatte ihr zugehört und alles gemacht, worum sie ihn gebeten hatte. Er war ins Zelt gehumpelt, hatte sich hingelegt und der Tierärztin den kranken Fuß hingestreckt. Dann ließ er sich geduldig untersuchen, während ihn Beate locker im Arm hielt und ihm nebenbei jeden Handgriff der Veterinärin erklärte. Als diese sich erhob, um eine Spritze aus dem Auto zu holen, wollte mein Ritter ebenso aufstehen und gehen, doch als er begriff, dass er noch nicht fertig war, nahm er seine vorige Stellung wieder ein und wehrte sich auch nicht gegen die Spritze. Erst als Beate zu ihm sagte: „Jetzt bist du fertig, Erec, danke", rappelte er sich augenblicklich hoch und verließ das Zelt.
Da sollte noch einer sagen, Tierkommunikation sei Humbug! Ich war unbändig stolz auf meinen klugen, tapferen Freund. Und das sagte ich ihm auch. Er sah mich an, und da waren wir endlich zurück auf unserer Frequenz – das *Fühlreden* klappte wieder!
Ich wollte unbedingt herausfinden, weshalb die gewohnte Verständigung zwischen Erec und mir zu einem doch wichtigen Zeitpunkt nicht funktioniert hatte. Also fragte ich ihn in einer ruhigen Minute, völlig auf ihn und seine Aussage konzentriert. *Du hattest so viel Angst um mich, und Angst blockiert. Du warst nicht offen für meine Bilder, und ich habe ja jedes Wort verstanden, das Beate zu mir gesagt hat. Und jetzt geht mal beide los und lernt die Regeln der klassischen Tierkommunikation von Grund auf. Das erleichtert uns Tieren die Unterhaltung.* Er sandte sehr geduldige, liebevolle Schwingungen aus, als er mir dies mitteilte. Aber ich merkte deutlich, dass es ihm missfiel, wenn ich aus Angst nicht aufnahmebereit war.
Obilot kam heran, gefolgt von Janti und Obie. Auch Hälmchen und Enite schlossen sich an. Sie alle fühlten mir zu, dass es an der Zeit war, uns ganz und gar auf eine Erweiterung unserer Verständigungsmöglichkeiten einzulassen. Also suchte ich im Internet nach Tierkommunikatoren in relativer räumlicher Nähe, damit bei mehrtägiger Dauer eine abendliche Heimfahrt zur Haustierversorgung machbar war. Ich wurde fündig, und das Abenteuer begann.
Wir waren in der Gruppe der Lernenden von Anfang an die Exoten. Die übrigen Teilnehmerinnen - es fand sich kein einziger Mann darunter – waren Pferde-, Hunde- und Katzenhalter. Das Erstaunen vonseiten der Anwesenden über das Ansinnen von Schafsliebhabern, mit ihren Tieren sprechen zu wollen, war schmerzlich groß. Schmerzlich deshalb, weil einmal mehr deutlich wurde, dass die sogenannten „Nutztiere" nicht als „richtige" Tiere

oder gar Haustiere betrachtet und wertgeschätzt werden. Ich finde es immer besonders unerträglich, wenn Tier**freunde** selektiv ihre Gunst und Freundschaft verschenken und sich die Liebe (die eigentlich keine ist) auf bestimmte Rassen beschränkt. Kommentare wie „Warum ausgerechnet Schafe?", oder „Ja, kann man denn die als Haustiere sehen?", oder gar „Aber Schafe sind doch dumm!", zeigen klar eine eingefleischte (!) Ignoranz und Unüberlegtheit. Solche Aussagen ertrage ich nur schwer, und es ist nur wenig tröstlich, dass es auch Menschen gibt, die Hunde und Katzen für dumm halten. Kein einziges Tier ist wirklich dumm, es ist der Mensch, der oft zu dumm für die Herzensklugheit seiner Mitgeschöpfe ist. Mir fehlt es noch immer an der Toleranz gegenüber solchen Tierverächtern; meine Schafe waren da viel großmütiger als ich: *Du musst Mitleid mit solchen Leuten haben, sie sind arm dran. Ihr Herz ist nicht wirklich glücklich. Aber das merken die gar nicht, und das ist dann schon dumm für sie.*

Die Kursleiterin selbst war zum Glück aufgeschlossener, sie zeigte echtes Interesse, einmal mit Schafen zu arbeiten anstatt nur immer mit den üblichen Haustieren. Als sie alle Teilnehmenden nach der Motivation für ihre Anmeldung befragte, sagte ich frei heraus, dass unser Erec mich und Beate darum gebeten habe. Ich erntete keinen kritischen Kommentar sondern eine erfreute Miene; schon öfter hatten Tiere eine derartige Bitte geäußert. Hierbei war ich also nicht unglaubwürdig, was mich erleichterte, denn manchmal zweifelte ich an meiner Intuition, die mich mit meinen Lieblingen so vertraut und zugleich so unalltäglich umgehen ließ.

Mit Spannung vernahm ich, dass mit Tieren zu sprechen eine intuitive Art der Unterhaltung ist, die Sprache alles Lebendigen. Demnach lag ich richtig – Bilder, Gefühle, Gerüche, was immer vom Tier gesendet wird, muss nur übersetzt, in Sprache gebracht werden. Im fortgeschrittenen Stadium geht das so reibungslos, dass es tatsächlich wie ein fortlaufendes Gespräch wirkt, Frage vom Menschen mit Antwort vom Tier. Die Kursleiterin brachte uns vorbereitende Konzentrationsübungen und Verbindungsrituale bei. Wir lernten weiter, uns mental zurückzunehmen und auf Empfang einzustellen, immer mit der reinen, guten Absicht, uns liebevoll und wertschätzend auf unser tierisches Gegenüber einzulassen. Für Gespräche mit den eigenen Tieren braucht man keine besonderen Rituale der Verbindung, mit ihnen ist man automatisch verbunden. Es ist nur enorm wichtig, eine Gesprächsmöglichkeit voll und ganz zu akzeptieren, sich daran zu erinnern, dass die

Fähigkeit der Kommunikation mit anderen Lebewesen angeboren ist und vom modernen Menschen schlicht verlernt wurde. Ich war folglich in einer guten Ausgangsposition dank meines wunderbaren Freundes Erec und meiner geliebten Karsi. Es machte mich stolz, einen so vortrefflichen Privatlehrer wie Erec zu haben, der mir vieles vom nun Gehörten bereits beigebracht hatte.
Im Kurs wurde uns zusätzlich gezeigt, wie man z.B. mittels Foto Kontakt aufnimmt, wenn das Tier nicht vor Ort ist; wichtig sind hier besonders absolute Konzentration und Reflexion, um das Empfangene vom eigenen Gedankengang zu trennen.
Im Laufe der Lerneinheiten, die alle durchgeübt wurden am eigenen und vor allem am fremden Vierbeiner, zeigte sich deutlich die Notwendigkeit seriös praktizierter Tierkommunikation. Es besteht bei einer Vielzahl der Haustiere ein erhöhter Bedarf an Aussprache, an Klarstellung, an Mitteilung. Die Tierbesitzer wissen meist nicht, welche Probleme ihre Tiere beschäftigen, vor allem nicht, solange keine körperlichen oder verhaltensrelevanten Symptome auftreten. Dann ist es aber oft schon zu spät, um Schaden abzuwenden. Tiere spiegeln bisweilen auch ihre Halter und wollen auf diese Weise deren Fehlverhalten aufzeigen. Dies tun sie nicht aus Jux und Spaß, sie tun es aus Liebe. Sie spüren schneller als der Mensch, wenn etwas in Disharmonie gerät und zu Konflikt und Krankheit zu werden droht. Sie übernehmen pathologische Zustände und wollen nichts als Gutes für ihren Menschen. Nahezu jedes Tier ist gesprächsbereit, egal mit welcher Methode es angesprochen wird. Aber bitte zuerst anfragen, und bedanken nach der Unterhaltung. Tiere möchten ebenso respektiert werden wie wir.
Mir persönlich fällt es bis heute noch leichter, Erecs Variante der „Augenhöhe", des *Fühlredens*, erfolgreich einzusetzen; es ist für mich die schönste und freundschaftlichste Art, mit dem Tierkameraden zu reden.
Nach der ersten Fortbildungseinheit erzählte ich Erec sofort, wie es gelaufen war, und ich fragte ihn ernsthaft: „Warum war es so wichtig, diesen Kurs zu belegen? Du hast mir ja vieles davon längst erklärt!" Mit leisem Seelenlächeln antwortete er: *Du weißt jetzt, dass ich recht habe. Und du weißt jetzt, dass du weitermachen musst.* Ich umarmte ihn und fühlte ihm eine Überdosis dankbarer Liebe zu. *Schon machst du Fortschritte!*, kam die zufriedene Antwort.
Meiner kurzen Unterhaltung mit Erec folgte ein aufgeregtes Seelenstimmengewirr, denn die ganze kleine Herde war darauf aus, uns etwas mitzuteilen. Wir wunderten uns nicht darüber, denn die Kursleiterin hatte uns allen nach

der Heimkunft eine wahrscheinliche Gesprächsabsicht sämtlicher Tiere prophezeit – sie hätten schließlich mitbekommen, dass ihre Halter und fremde Menschen viele Kilometer entfernt mental mit ihnen geübt hatten!
Wir versuchten, dem Gelernten getreu, jeden eigenen Gedanken hintanzustellen und immer auf eine oder einen Gesprächswillige(n) konzentriert zu bleiben. Beate sprach mit Enite und Hälmchen; ich wandte mich an Obie, Janti und Obilot. Erec beobachtete uns alle wohlwollend dabei.
Die ersten Gehversuche der Verständigung waren sehr holprig, und das lag nicht an unseren Schafen; diesmal waren wir nicht entspannt genug und wollten alles besonders gut und richtig machen. Von Obie kam aber ein deutliches, langgezogenes *Jaaa* auf meine Frage, ob ich verständlich für sie sei, Janti schenkte mir ein mentales, schüchternes Lächeln mit einem zarten *Hallo* für meine Bemühungen und Obilot spürte mir mit vertrauter Doppel-Schwingung *weiter so, bitte* zu. Ein Anfang war gemacht, und sehr bald klappte es viel, viel besser. Beate hatte Enite und Hälmchen die üblichen Komplimente und Liebeserklärungen gemacht; freundlich und zufrieden hatten beide sich bedankt. Es war auch wunderbar, wie alle dicht um uns herumstanden und ganz offensichtlich stolz auf uns waren. *Ich bin gespannt, wie es weitergeht*, war Erecs Schlusskommentar, dem ich mich anschloss.
Im Laufe der darauffolgenden Wochen musste das Gelernte natürlich weiter geübt werden; als Hausaufgabe galt es, möglichst viele Tiere zu befragen, immer mit der Erlaubnis ihrer Besitzer. Dies ist ein Punkt des Ethik-Codes, an dem sich Tierkommunikatoren verpflichtend orientieren. Am besten ist es, anfangs Fragen zu stellen, die ein nachprüfbares Ergebnis zeigen, so z.B. „Welche Farbe hat das Sofa im Wohnzimmer?“, oder „Wie viele Tiere leben bei euch im Haushalt?“ Stimmen die Antworten, kann man getrost auf komplexere Fragen und Themen eingehen. In erster Linie aber war ich damit beschäftigt, die Wünsche, Sorgen und Ängste meiner Schafe noch besser kennenzulernen und ihre besonderen Freuden oder Anregungen für unser Miteinander zu erfahren. Erec blieb mein getreuer Lehrer, der u.a. bei Missverständnissen mit seinen besonderen Hochzeitstorten meine Lernerfolge begleitete. Ganz habe ich nie verstanden, weshalb ich mich mit ihm schon vor dem Kurs so gut verständigen konnte, es ist aber wohl Erecs Verdienst, denn in Karsis Erdenendzeit fing er mich bei meinem Sturz in die Verzweiflung durch seine empathische Nähe und Kraftübertragung auf, was eine enge Verbindung ermöglicht hat.

Mit Obilot machte ich rasche Fortschritte in der Gesprächsführung; begünstigt durch ihre Aufgabe als Botschafterin ihrer Mutter Karsi fanden wir uns schnell sehr gut zurecht. So war es mir bald ein Leichtes, Karsis Seelenpräsenz zu erfragen, ohne dass zuvor typische Anzeichen vonnöten waren. Ich stand eines Morgens noch ziemlich verschlafen vor dem Stall, als ich eine sanfte Berührung am Knie verspürte. *Du, sie möchte mal wieder ein Gedicht von dir bekommen*, hörte ich Obilots Stimme in meinem Herzensohr. *Sie weiß schon, dass du an sie denkst, aber ein Gedicht ist etwas Besonderes. Ich finde das auch.* Gerührt fragte ich: „Du meinst, Karsi gefallen meine lyrischen Gedanken an sie? Bekommt sie das denn mit, wenn ich für sie dichte?" *Aber ja, selbstverständlich. Hast du vergessen, dass sie sich durch mich daraufhin erstmalig gemeldet hat?* kam die Antwort. Obilot hatte Karsis Namen nicht genannt, vielleicht weil klar war, wessen Bitte sie mir überbrachte.
Ich kam diesem Wunsch unverzüglich nach und schrieb ihr:

Es ist so schön, mir vorzustellen,
wie es mit dir war;
die Erinnerung daran
schmerzt nicht mehr so sehr -
sie lässt der Dankbarkeit
und dem Glücksgefühl deiner erlebten Nähe Raum…
Ich erkenne,
dass ich meine Trauer und meine Sehnsucht
loslassen muss,
um dich
in neuer Verbundenheit unsterblicher Liebe
mir immer nahe zu wissen.

Am nächsten Tag war ich ein wenig gespannt, ob ich irgendwie eine Reaktion bekommen würde. Ich nahm mir vor, Obilot nichts zu fragen, denn ich wollte nicht manipulativ sein. Nach der begeisterten Begrüßung, die uns alle Schafe angedeihen ließen und die großteils dem Frühstückszwieback geschuldet war, ließ ich Obilot nicht aus den Augen, aber ich erhielt keinerlei Anhaltspunkt für Karsis Anwesenheit oder Obilots Gesprächswunsch. Kleinmütig begann ich an meiner Kommunikationsfähigkeit und, schlimmer noch, an Karsis unsterblicher Seele und deren Möglichkeit, mit mir verbunden zu bleiben, zu zweifeln. *Wie viele Beweise brauchst du denn noch?* Es war Erec, dessen Stimme m ich das fragte. Er selbst stand unweit

von mir am Baum und sah mich, wie es mir vorkam, traurig an. Ich stotterte herum: „Es ist schwierig, das alles zu begreifen. Ich -" Weiter kam ich nicht. *Du sollst ja gar nichts begreifen. Du sollst glücklich darüber sein, dass es ist, wie es ist.* Beschämt legte ich meine Stirn an seine und besänftigend fühlhörte ich ihn sagen: *Ich weiß schon, Menschen sind sehr kompliziert. Wir müssen mal länger reden, du und ich. Aber jetzt dreh dich nur um.* Das mentale Lächeln in seinen Worten veranlasste mich, sofort den Kopf zu wenden. Hinter mir stand Obilot, stupste mich an die Hand und ich wusste, Karsi war anwesend. Ich spürte, dass es nur kurz war und stellte mich intensiv auf Empfang ein. *Danke* fühlte ich, *nun wisse und lass los. Ich bin nicht tot. Wisse. Wisse. Wisse.*
Zuhause las ich mein Gedicht nochmals durch und erkannte, wie stark Karsi Bezug auf meine Worte genommen hatte. Sogar mein hinderlicher weil skeptischer Verstand musste das akzeptieren.
Nach und nach festigte ich meine neu gewonnene, mir wesentlich gewordene, kommunikationsbezogene Beziehung zu jedem einzelnen Herdenmitglied. Interessant und faszinierend war für mich dabei, dass die Empfindungen häufig mit Farben verbunden waren. Erst Jahre später, als ich spirituell etwas geübter und bewusster geworden war, entdeckte ich den Zusammenhang zwischen diesen erfühlten Farben und der Aura des jeweiligen Schafes. Ich begriff aber frühzeitig, dass ich die Chance erhalten hatte, ähnlich beglückende Erfahrungen mit Karsis Herdenfamilie zu machen wie zuvor mit ihr selbst. Die Wahrnehmung verlief dabei immer unterschiedlich; was ich bei Karsi als goldenen Punkt gesehen hatte, manifestierte sich für mich bei Obilot als fein schimmerndes Geflecht. Trug sie Karsis Seelenanwesenheit in sich, erfühlte ich mittig den goldenen Punkt, jedoch kleiner als gewohnt. Bei Janti empfing ich eine rosafarbene Zärtlichkeit, bei Obie eine sonnengelbe Neugier; Enite wechselte von helleren zu dunkleren Rottönen und vermittelte auch wechselnde Gefühle. Hälmchen, unser kleiner Charmeur, ließ meist an die Farbe Pastellblau denken und fühlte mir vor allem naive Lebensfreude zu. Mein Ritter Erec war die personifizierte Weisheit und Gelassenheit, seine Fühlfarbe war von reinem, mit Gold durchwirktem Weiß. Freilich war selbst er nicht frei von negativen Regungen, sein Lernfeld war die Überwindung von Eifersucht. Diese plagte ihn von Zeit zu Zeit, doch sie äußerte sich niemals unkontrolliert aggressiv. Es genügte, ihn herzlich zu kraulen und viel mit ihm zu sprechen, um ihn wieder in seine gewohnte Souveränität zurückzulieben.

Was immer durchschimmerte, was immer unmissverständlich vermittelt wurde, war Liebe. Selbstlose, geduldige, menschenfreundliche Liebe. Zwar befragte ich meine Lieblinge hauptsächlich über ihre eigenen Belange, doch hin und wieder nahmen sie Bezug auf allgemeine Themen, die sie beschäftigten. Im Sommer nutzten viele Spaziergänger und Radwanderer den Feldweg, der an der Weide vorbeiführt. Mir wäre niemals in den Sinn gekommen, dass unsere Schafe Gesprächsfetzen (oder gar Gedanken!) der Passanten aufnahmen und sich davon beunruhigen ließen! Und doch war es so.
Die wollen uns essen! Ich habe Angst. Jantis süße Stimme erreichte mein inneres Ohr, und ich beeilte mich, zu ihr zu laufen und mich mit ihr zu unterhalten. „Nein, Liebling, niemand will euch essen, und das geht auch überhaupt nicht! Ihr seid vollkommen beschützt hier bei uns, hab keine Angst! Wie kommst du denn darauf?" *Die Leute da, die herumlaufen, die denken sich uns auf den Teller. Die sehen uns gar nicht als Geschöpfe.* Oh je, was sollte ich darauf sagen? Ich wusste nur zu gut, wie viele meiner Artgenossen wirklich so denken. Obie bestätigte Jantis Worte und fügte hinzu: *Die ahnen nicht, dass wir das sehr wohl wissen. Wir sind nicht blöd, nur weil wir keine Menschen sind.* „Zum Glück seid ihr das nicht", rutschte mir heraus. Erec trat dicht an Janti heran, und wir spürten seine beruhigende Schwingung. *Mut, Kleines, denken und reden bringt uns Gerettete nicht in Gefahr, auch wenn es unangenehm und ungerecht ist.* Ich fragte in die Runde: „Fühlt ihr euch bedroht?" *Nein, aber gefährdet. Für alle gefährdet.* So Obies Gruppensprecher-Antwort. Ich bekam Stück für Stück heraus, dass unsere Schafe das große Kollektiv vertreten und miterleben, was den Artgenossen überall widerfährt. *Wir vertrauen euch, ihr macht eure Sache sehr gut, und was ihr für uns tut, nützt allen. Danke!* Diese Stellungnahme kam abermals von Obie, und ich erfühlte deren Bestätigung von der ganzen Herde. *Ihr dürft euch nicht um die Meinung der anderen kümmern, die mit der herzlosen Haltung mögen nicht, was ihr macht. Hört aber nicht auf, bitte.* Ich küsste Janti auf die bewollte Stirne und versicherte ihr: „Wir wollen, dass es euch bestmöglich geht und wir lieben euch über alles. Wir hören nie auf, für euch da zu sein."
Derartige Sorgenworte unserer geliebten Schützlinge kamen schon zu einem Zeitpunkt, als eigentlich noch kein offensichtlicher Grund dafür erkennbar war. Später dann, als sie in die Jahre kamen und man ihnen alterstypische Energieeinbußen ansah, waren solche Problemgespräche zwischen uns an der Tagesordnung. Wir wurden wiederholt von Fußgängern angesprochen, die es z.B. unhaltbar fanden, Tiere mit Gehproblemen leiden zu lassen. *Woran*

leiden wir? Davon merke ich gar nichts! Ich freute mich herzlich über Obies Aussage. *Was interessiert die das? Die helfen uns sicher nicht, wenn wir mal leiden sollten. Aber ich glaube, das tun wir nie. Das tut doch vor allem in der Seele weh. Und die ist gesund mit euch.* Hälmchen sah direkt erwachsen aus, als er das sagte. Gar nicht wie unser harmlos dreinblickendes Babyface. Ich musterte Erec, der sich nicht dazu geäußert hatte. Ich ging zu ihm, um auf Augenhöhe seine ehrliche Meinung zu erfahren. *Sie verstehen es jetzt noch nicht, diese Menschen. Vielleicht nie. Aber sie sind zum Glück nicht für uns verantwortlich. Hör nicht auf sie.*

Ich hörte nur auf mein Herz, bei allem, was ich für unsere Schafe, für alle unsere Tiere tat. Ihr langes Leben und viele wundervolle Beziehungen gaben mir tausendmal recht dafür.

Erec hatte natürlich nicht vergessen, dass er mir ein längeres Gespräch in Aussicht gestellt hatte. Samstags und sonntags blieb für Beate und mich bekanntermaßen mehr Zeit, um nicht nur Weidenpflege und Fütterung vorzunehmen, sondern auch mit den Lieblingen ausgiebiger zu schmusen, falls sie denn Lust und Laune dazu verspürten. Enite und Hälmchen ließen sich gewöhnlich von Beate hätscheln, Obie kam bisweilen zu mir, Obilot genügten ein paar Krauler, es sei denn, Mama Karsi war anteilig, dann gab es wieder seelenselige Momente und innigen Gefühlsaustausch. Janti getraute sich oft nicht recht nahe, da sie schon häufig von eifersüchtigen Herdenmitgliedern weggedrückt worden war. Ich nahm dann mental liebevoll Kontakt zu ihr auf, den sie ebenso liebevoll erwiderte. Erec gesellte sich gerne und oft zu mir, wir hatten immer etwas zu *bearbeiten* – so nannte er unsere Unterredungen. Und das unlängst angekündigte Gespräch begann er recht unvermittelt. *Jetzt in die Vollen,* erklärte er mir, was ich als ziemlich kryptisch empfand. „Wie meinst du das?“, fragte ich etwas dümmlich, denn ich hatte keine Ahnung, wovon er redete. *Das alte Problem, die alte Leier, wie ihr das nennt.* Oh! Na ja, da gab es sicher etliche alte Leiern, welche er wohl im Sinn hatte? *Na, die wesentliche, die Ur-Leier. Das Sein, das nicht fragt, vor allem nicht zweifelt. Wer nicht zweifelt,* ***ver****zweifelt auch nicht. Du musst unbedingt lernen, einfach nur zu sein, und im Jetzt alles anzunehmen. Ganz einfach also.* Einfach? Aha, für ihn vielleicht. *Nein, für alle.* Man durfte nicht einmal kurz etwas Persönliches denken, ihm entging nichts. Er insistierte weiter: *Versuch es doch wenigstens, es ist wirklich leicht und ungemein wohltuend. Es entspannt. Du bist arg verkrampft, meine Liebe.* Das wurde ja immer besser. War er unter die Therapeuten gegangen? *In gewisser Weise, ja. Aber ich bin wirksamer.*

Das stimmte, definitiv. Er lebte mir seine Ratschläge tagtäglich vor, und seine Reaktionen bezeugten, wie richtig er es machte. *Du wirst sehen, es gibt immer weniger Schwierigkeiten, als du meinst. Ihr Menschen erfindet oft welche, und dann beschwert ihr euch. Ihr beschwert euch mit Worten, zugleich aber mit dem selbst erschaffenen Problem. Leben, gutes Leben will und braucht Leichtigkeit.* Sein Blick war unverwandt auf mich gerichtet; dass ich jedes seiner Worte notierte, amüsierte ihn: *Befürchtest du, vergesslich zu werden?* „Nein, ich bewahre jede deiner Weisheiten im Herzen, mein Freund. Aber du hast mich zur Tierkommunikatorin geschickt, und die hat uns beigebracht, alles zu notieren, genau so, wie es kommt von euch.“ Ich empfing ein herzliches Seelenlachen und fragte meinen wolligen Lehrer erstaunt: „Lachst du? Es heißt doch immer, Tiere können das nicht.“ Erecs Lachen wurde noch deutlicher. *Wieder so eine Binsenweisheit! Anatomisch gesehen mögt ihr ja recht haben, aber wir Tiere verfügen über einen gesunden, herrlichen Humor. Wir lachen nicht mit der Schnauze oder dem Schnabel, sondern mit dem Herzen.* Ich spürte, dass Erec Spaß an dieser Unterhaltung hatte und auch ich genoss seine klugen Worte. *Jetzt* (ohne sein Lieblingswort ging gar nichts) *jetzt genieße erst einmal die Luft, das Gras, das Heu, uns…* „Bin ich ein Schaf?“, versuchte ich zu scherzen. Aber er fand es nicht komisch. *Ihr seid beide Teil unserer Herdengemeinschaft, oh ja,* antwortete er ernsthaft, *aber so meinte ich das nicht. Ich möchte, dass du jetzt nur bist; riechend, sehend, fühlend, ohne zu denken und ohne dein übliches Gegrübel.* Er schaffte es, freundlich und anteilnehmend zu klingen. *Legt euch beide auf eure langen Faulstühle. Wir laden euch zum Sein zu uns ein.*

Ich richtete Beate folglich aus: „Jetzt ist Zeit für unsere Liegestühle, Erec möchte, dass wir relaxen.“ Ich musste gehörig über seine langen Faulstühle grinsen, manchmal basteln die tierischen Gesprächsteilnehmer seltsame oder lustige Wortkreationen, die aber meistens leicht zu erfassen oder zu übersetzen sind. Und: Es stimmt ja, dass die Liegestühle lang sind und wir faul darauf herumliegen. Genau das taten wir dann, die schafige Einladung annehmend. Es wurde ein angenehmer Nachmittag, voller kleiner Wortgeplänkel, geteiltem Zwieback und Keksen und lebendigem Gemeinschaftsgefühl. Hektik und Zeitmangel sind Untugenden, die Tiere nur von ihren Menschen kennen; unsere Schafe reagierten immer mit extremem Verhalten darauf. Sie ignorierten auf diese Weise etwas, das für sie nicht existent war. Kein lautes Rufen konnte sie herlocken; sie trödelten herum, anstatt wie üblich zum Fressenfassen unverzüglich herbeizupreschen. Kurze Streicheleinheiten wurden gar durch Kopfschütteln abgewehrt. Sie machten deutlich, dass sie von unserer gelegentlich praktizierten Schnellschnell-Prozedur partout nichts hielten. Wir hätten selber gerne Tag und Nacht bei ihnen zugebracht, und wir nahmen uns so viel Zeit wie irgend möglich. Aber manchmal pressierte es eben doch. Wir riskierten dabei, abnormes Verhalten präsentiert zu bekommen, bis hin zu scheinbarem Appetitmangel. Es kam vor, dass die sensible Janti, die unter Hektik besonders litt, von Hand gefüttert werden musste, da sie sonst nicht gefressen hätte. Auch Enite, die sich bei Eile durch mangelnde Beachtung beleidigt fühlte, musste persönlich bedient werden. Es dauerte lange, bis mir der Zusammenhang zwischen derartigen Vorkommnissen und unserem Zeitmanagement begreiflich wurde. Wieder einmal war es Erec, der mich belehrte. *Wir zeigen euch lediglich, wozu die Pressiererei führt, nämlich zu noch mehr Zeitdruck. Der Reihe nach und in gesammelter Aufmerksamkeit flutschen die Dinge wie von selbst. Probiert es aus.*

Die generelle Schnelllebigkeit war einer der Punkte, die unsere Lieben nicht begriffen und nicht gutheißen wollten. Zwar gestanden sie uns zu, dass wir weitaus bewusster, achtsamer und herzensorientierter lebten als das Gros unserer menschlichen Artgenossen, dennoch bemängelten sie – in aller Liebenswürdigkeit – unsere fehlende Stressresistenz. *Langsam heißt nicht langweilig. Alles Wichtige will sorgsam beachtet und getan sein. Und überhaupt: Überlegt euch mal, was echt wichtig ist,* riet Obie, *dann seht ihr, was man alles weglassen kann oder nicht beachten.* Nun, das Allerallerwichtigste waren für mich diese redseligen, wunderbaren Wolleträger. Das sagte ich auch zu Obie. *Ja, das dachte ich mir schon, und warum bist du dann trotzdem gestresst?* Ich hätte gute Gründe nennen können, angefangen damit, dass mir vielerlei gerade in Bezug auf Gesundheit, Sicherheit und optimaler Versorgung der kleinen Herde Sorgen machte, mich eben stresste. Aus purer Liebe. Obie spürte prompt meine unausgesprochenen Einwände, sie war nicht minder aufnahmefähig als Erec. *Sorgen machen alt,* erklärte sie weise, *und alt wird man auch ohne sie. Wie wir.* Bingo. Sie brachte es in aller Unschuld auf den Punkt: Aus den jugendlichen Übermütigen wurden allmählich ältere Herrschaften. „Echte Veteranen!", lautete unlängst der Kommentar der Tierärztin. Das allerdings hielten die so Bezeichneten und ich für übertrieben; ich hatte Enite nach einer ihrer seltenen Unpässlichkeiten versichert, sie hätte das Zeug zum Zwanzigwerden; sie zählte, als Älteste, 15 Jahre. Janti, unsere Jüngste, war gerade mal knappe Elf. Unsere artgerechte und zudem liebevolle Haltung waren gute Voraussetzungen für das Erreichen eines hohen Alters.

Und doch gab es bald Anlass für mich, leise und wachsende Besorgnis zu verspüren. Die letzten Monate waren ein wenig turbulent verlaufen. Ein heißer Sommer verlangte einen täglichen Mehrfacheinsatz von uns auf der Weide, da nicht genügend frisches Wasser vorrätig war und die Schafe zudem teilweise unter der Hitze zu leiden hatten, wogegen ich selbstverständlich etwas unternahm. Ich unterstützte ihren Kreislauf erfolgreich mit Dr. Bachs Rescue Remedy-Tropfen. Da ich freiberuflich unterrichtete, konnte ich eher als Beate zwischendurch zur Weide fahren; allerdings war dies mit erheblicher Zeitnot verbunden und es kam wieder zu ungewollter und nachteiliger Hektik. Aber ich konnte und wollte meine Liebsten nicht unnötig auf Erleichterung warten lassen. Des Weiteren brachte die heiße Jahreszeit Sorgen um Erec. Wir fanden ihn eines frühen Morgens abseits von der Herdenfamilie stehend, mit tief gesenktem Kopf und starker Flankenatmung. Mir blieb beinahe das Herz stehen und ich geriet augenblicklich in helle Panik. Während ich für die Fütterung der fünf Mitschafe sorgte, kümmerte sich Beate um Erec. Sie behielt eher die Nerven als ich, und meine Riesenangst um den geliebten Freund verhinderte ohnehin erneut ein hilfreiches *Fühlreden.* Ich drehte dann auch prompt schier durch, als Beate rief: „Oh Gott, er ist zusammengebrochen!" Ich kniete neben ihm nieder und versuchte, ihn innerlich zu erreichen. Es lag nicht an ihm, dass es nicht funktionierte! Das konnte ich an seinem Augenausdruck erkennen. Beate fürchtete mittlerweile ebenfalls das Schlimmste, da Erec nur noch flach atmete und zu kollabieren drohte. „Du kannst gehen, Liebling, wenn deine Zeit jetzt gekommen ist", sagte sie, und ich wiederholte es. „Wir lassen dich los." Aber irgendwie drang Erec nun doch zu mir durch (nicht umgekehrt, wohlgemerkt) und ich fing auf: *Erst mal was anderes, au, au. Handeln, bitte.* Ich begriff, dass er ärztliche Unterstützung erbat. Ich kannte mich damals mittlerweile mit Bachblüten aus, aber medizinisch hatte ich noch keinerlei Ausbildung und konnte ihm nicht helfen. Also sorgten wir dafür, dass er die notwendige Hilfe bekam.

Wir durften ihn noch behalten, der Moment des Abschieds war vertagt. Es war aber nötig, ihn gut zu beobachten und im Bedarfsfall erneut den Tierarzt zu rufen. Auch vertrug er das Antibiotikum schlecht und reagierte mit Durchfall. Nach drei bangen Tagen waren wir uns nicht sicher, ob Erec nochmals den Arzt brauchte oder nicht. Da meine Sorge um ihn nach wie vor an Panik grenzte, war eine eindeutige Verständigung nicht machbar. Ich musste aber richtig handeln! Ich ging auf Augenhöhe mit dem geliebten Kranken und sagte zu ihm: „Schatz, du siehst, ich bin noch zu ängstlich und

blockiert, tut mir leid. Bitte hilf mir, damit ich das Beste für dich tun kann. Wenn du nochmals den Tierarzt brauchst, geh bitte in den Stall und warte dort. Wenn nicht, kannst du hier draußen liegen bleiben." Mit `Stall´ war jene umgebaute Bude gemeint, die klein und ein Notbehelf war, aber besser als nichts. Ich erhob mich, streichelte ihn kurz und trat ein paar Schritte zurück. Erec sah mich an, stand auf und ging in den Stall. Er war so klug.
Nach einer weiteren Woche war er genesen. Zwischenzeitlich war noch einmal die Frage aufgetaucht, ob Arzt oder keiner, und ich hatte die Entscheidung abermals meinem wolligen Freund überlassen. Da es ihm zu jenem Zeitpunkt schon viel besser ging, funktionierte unser *Fühlreden* wieder problemlos. *Ach nein, danke. Das reicht jetzt.* Und als wollte er mir seinen Sinn für Humor demonstrieren, fügte er hinzu: *Schau genau hin, damit es keine Missverständnisse gibt.* Er marschierte zum Stall, ging hinein, zog sich genüsslich ein paar Heuhälmchen aus der Raufe und trat wieder hinaus in die Sonne.
Die Diagnose für seine überstandene Krise lautete Harngrieß, zum Glück in noch gemäßigter Menge, sonst hätte es tödlich enden können. Seine Mithilfe durch Kommunikation hatte ihm das Leben gerettet. Er war wirklich unheimlich schlau. Sein Wunsch, ich selber solle ihm und den anderen im Krankheitsfall helfen, war mir bewusst, aber noch hatte ich keine Idee, wie ich das bewerkstelligen sollte. Da bekamen Erec und seine Herdenfamilie unerwartet Unterstützung von Henni, einem großartigen Meerschweinchenbuben.

Unser letztes Meerschweinchen war etwa zur selben Zeit gesundheitlich nicht auf der Höhe. Wir hatten nur noch unseren Henni, der nach dem Tod seiner Jenny und der vier Kinder sehr kränkelte und häufige, schmerzhafte Arztbesuche hinter sich hatte mit Spritzen und einer Zahn-Operation. Er vertrug weder die Spritzen noch die allopathischen Medikamente, auch seine Familienmitglieder hatten nicht gut darauf angesprochen. Zuchtbedingt waren sie sehr empfindlich und krankheitsanfällig. Schon die Qualen seines Söhnchens Harry, der keine tierärztliche Behandlung gewollt hatte, und den ich trotzdem behandeln ließ, hatten mich nachdenklich gestimmt. Henni war nun an der Schwelle zum Gehen, und als er trotz einer Stärkungsspritze rasch verfiel, trug er mir deutlich sein letztes Anliegen vor: *Bitte lerne, uns zu helfen. Es gibt die Gottesapotheke, da findest Du alles Nötige. Manchmal ist das Einfache das Große. Danke.* Plötzlich wusste ich genau, was ich zu tun hatte. Ich gab ihm mein festes Versprechen. Am Tag nach seinem irdischen Abschied schrieb ich mich für den Fernlehrgang zum Tierheilpraktiker ein.

Von diesem Augenblick an verspürte ich ein neues, umfassendes Verantwortungsbewusstsein und ich bin Henni zutiefst zu Dank verpflichtet, denn ohne ihn hätte ich meinen Schafsenioren nicht halb so erfolgreich beistehen können. Ein herzliches Danke an dich, geliebter Henni!

Auch Hälmchen, der treuherzige kleine Bruder Erecs, hatte Probleme und versetzte uns immer häufiger in Angst und Schrecken. Es gab Tage, an denen er ruhelos allein die Weide auf und ab wanderte, ohne sich für Gras, Baum oder Mitschaf zu interessieren. Das war alarmierend ungewöhnlich, denn normalerweise gab es ihn nur im Doppelpack mit Erec, wenn es ums Grasen oder Schmusen ging. Auffällig war, dass er vermehrt über Maulwurfshügel stolperte und auf seine Schaffreunde rumpelte, wenn sie vor ihm auftauchten. Ich vermutete richtig, dass seine Sehkraft nachließ. Als ich ihn fragte, ob er schlecht sehe, meinte er sorglos: *Ich finde genug zu essen, auch im Nebel. Ich weiß bloß nicht, weshalb der nicht weggeht. Es ist noch gar nicht Herbst.* Er glaubte, seine verwaschene, unscharfe Sicht sei nebelbedingt, er begriff nicht, dass es seine eigenen Augen waren, die ihn narrten. Ich versuchte es ihm zu erklären, doch so ganz leuchteten ihm meine Worte nicht ein. *Ach so, meinst du? Aber vielleicht ist es ja doch bloß das Wetter, dann geht's wieder weg. Keine Bange.* Doch, mir war bange um ihn. Ich liebte ihn schließlich.

Er sah leider zweifellos recht wenig. Dies wurde ihm eines Nachmittags zum Verhängnis, und er muss einen überaus wachsamen Schutzengel gehabt haben, der ihn vor dem Verderben bewahrte: Ein schlecht beaufsichtigter, freilaufender Husky war über den Zaun auf die Weide gesprungen, hatte die panischen Schafe gejagt und Hälmchen erwischt und gebissen, der vermutlich weder ein Hindernis noch den Hund rechtzeitig und klar erkennen konnte. Ich regte mich fürchterlich über die Sache auf, als wir nach einer Benachrichtigung an Ort und Stelle ankamen und das verletzte Schafsbübchen sowie die verschreckte, verstörte Herde in Obhut nahmen. Alle Tiere atmeten schnell und unregelmäßig, ließen sich nur langsam beruhigen. Ein derart unverantwortliches, rücksichtsloses Verhalten von Hundebesitzern finde ich unverzeihlich.

Trotz rascher medizinischer Versorgung erholte sich Hälmchen nie mehr ganz von diesem Horrorerlebnis. Seine Sehkraft verschlechterte sich rapide, der Schock verstärkte den bestehenden Grauen Star erheblich. Wochenlang war er ängstlich und scheute vor jedem Geräusch und jedem Schatten zurück. Ich war glücklich, als ich ihm mit einer unterstützenden Bachblütenmischung wieder zu ein wenig mehr Selbstbewusstsein verhelfen konnte. Ich sprach ihm Mut zu, wenn wir uns unterhielten, und er meinte kleinlaut: *Der Angreifer hat noch mehr Nebel gemacht, da kann der sich drin verstecken. Ich fürchte mich. Kommt der wieder?* „Nein, Liebling“, versicherte ich ihm fest, „ich habe das ein für alle Male geklärt. Und wir passen auf dich und alle anderen jetzt noch schärfer auf. Der Eindringling kann dir nichts mehr tun.“ Seine Angst vor Hunden war aber dennoch nicht mehr ganz zu kurieren, wenngleich er gut auf eine langfristig angelegte homöopathische Behandlung ansprach und mithilfe neu zusammengestellter Bachblütenessenzen wirksam unterstützt und seelisch gestärkt wurde.

Die gefährliche Husky-Episode blieb auch mir als Schreckensvision in Erinnerung – trotz Hälmchens Bisswunde und seelischer Narbe hätte das Ganze noch weitaus böser enden können. Hätte der jagende Hund, der in seiner Blutgier gerade noch durch Eingriff von Menschenhand gestoppt werden konnte, Obie oder Janti erwischt, wäre jede Hilfe zu spät gekommen. Die beiden waren als Folge einer unvermeidbaren (aber völlig unnötigen) Impfung schnell erschöpft und zeigten auffällige Ganganomalien. Ich dankte inwendig allen guten Geistern, die hier trotz großem Schrecken unseren Liebsten Schutz gewährt haben.

Überhaupt entwickelte sich unser Schaf-Projekt (denn ein solches war es von Anfang an, da wir neue Wege gehen wollten in der Schafhaltung und auch gingen) mehr und mehr zu einem geführten, segensreichen Unterfangen. Jede durchlebte Krise enthüllte uns im Nachhinein ihre dargebotene Chance zur inneren Weiterentwicklung; trotz mancher Fehler, die wir gemacht haben mögen – irren ist menschlich – überwiegt der Anteil an *erlangter weiser Herzensliebesstärke*, die Obie uns während einer besonders chancenreichen Zeitspanne bescheinigte. Es ist nicht leicht, die gemachten Erfahrungen in adäquate Worte zu bringen, die Sprache stößt hier an ihre Grenzen. Das weite Feld des Wunderbaren jedoch kennt solche Beschränkungen nicht.

Entgrenzungen

Aufbruch in ein neues Wir: Segensreiche Lebensgemeinschaft mit Janti

Durch das *Fühlreden* und eine regelmäßige, intensive und achtsame Beschäftigung mit jedem einzelnen Tier, war ich im Laufe der Jahre seit Karsis Erdenabschied sehr gut Freund mit allen meinen Schafen geworden. Das heißt, ich hatte - ganz entgegen meiner Vermutung – eine tiefe Beziehung zu ihnen entwickelt, eine Liebe, die täglich weiter wuchs und gedieh. Beate beschäftigte sich am liebsten mit Enite, ihrem erkorenen Liebling. Hälmchen war ebenfalls meist in ihrer Nähe. Freilich wuselte auch ich um die beiden herum, sprach und schmuste mit jedem Herdenmitglied. Schwerpunktmäßig konnte ich mit Erec die differenziertesten und auch komplexesten Gespräche führen; Obilot näherte sich mir meist dann, wenn Karsis Seele etwas zu überbringen wünschte und Obie amüsierte mich mit erstaunlichen, teils frech-flotten Kommentaren zu allem, was ihr gerade einfiel. Janti hielt sich zu meinem Bedauern fast immer sehr zurück und blieb im Hintergrund, sie sagte dann bescheiden: *Ach, ich bin keine, die sich aufdrängt.* „Das tust du auch gar nicht, und du bist mir ebenso lieb und wert wie die Plappertaschen!“, versicherte ich ihr. Es war mir ein übergroßes Herzensbedürfnis, enger mit ihr in Verbindung zu kommen, und ich spürte, dass auch sie sich das innig wünschte. Jantis und mein Seelenplan sahen die Erfüllung dieses Wunsches durch ein ungewöhnliches Geschehen für uns vor.
Nicht lange nach Hälmchens Hundebiss und der damit verbundenen Schockerlebnisse für die ganze Herde, trafen wir eines Morgens frühzeitig bei der Weide ein und fanden Janti festliegend in der Nähe ihres Lieblingsschlafplätzchens. Sie lag hilflos auf der Seite und atmete kaum. Ich erschrak fast zu Tode, und die aufgerissenen Augen der schreckerstarrten Mitschafe erhöhten meine aufsteigende Panik. Ich kniete neben ihr nieder und fragte: „Herzenskind, was ist passiert?“ Janti war zu schwach (und ich zu panisch), um eine klare Kommunikation zu führen. *Da war ein Blitz in meinem Kopf,*

bin einfach umgefallen. So müde. Und übel. Mehr begriff ich nicht. Erec beobachtete uns und sagte: *Mitnehmen!*

Ich war mittlerweile im zweiten Ausbildungsjahr zur Tierheilpraktikerin und somit in der Lage, einige Untersuchungen selbst durchzuführen und erste Diagnosen zu stellen. Ich hatte mich natürlich außerhalb des Lehrplans, der „Nutztiere" so gut wie ignoriert, zusätzlich intensiv mit der Anatomie, der Physiologie und den häufigsten Krankheiten der Schafe beschäftigt sowie mit deren Behandlung auf naturheilkundlichem Wege. Dennoch wollte ich nichts riskieren, was Janti schaden könnte und beabsichtigte, tierärztlichen Beistand zu holen. Jantis kaum wahrnehmbares *Nein, ach nein* und Erecs vehementes *Unnötig. Falsch. Mitnehmen!* ignorierte ich aus Angst um das süße Geschöpf, das ich mittlerweile im Arm hielt. Beate telefonierte also per Handy (das kaum noch geladen war) nach einem Tierarzt, doch die Vorsehung, oder Jantis Schutzengel, wollte es anders und gab Erec recht: Unsere Tierärztin war nicht zu erreichen. Nach diesem Anruf war der Akku des Handys leer. Beate nahm meines, das ebenfalls kaum noch funktionierte und schaffte damit noch zwei weitere unproduktive Gespräche, bis auch hier nichts mehr ging: Unsere andere Tierärztin, die wir der Meerschweinchen wegen immer wieder aufsuchten, kannte sich nur mit Kleintieren und Pferden aus, sie weigerte sich, zu kommen. Sie nannte den Namen eines Kollegen, doch dieser war nicht zu Hause, seine Frau bestellte uns für den Nachmittag(!) in seine Praxis. So lange durfte Janti nicht ohne Hilfe bleiben! Was tun? Erecs mentale Stimme brüllte mittlerweile beinahe in meinen Herzensohren sein *Mitnehmen!*, und ich begriff endlich. „Wir nehmen sie mit heim!", sagte ich entschlossen, „ich helfe ihr einfach selber." *Endlich, was eiert ihr denn so herum?*, brummte Erec weitaus weniger freundlich als sonst. Es stimmte. Es gab keine Alternative; für eine Krankenstation war der Pseudo-Stall einfach viel zu klein. Es war schlicht unmöglich, dort eine Liegestatt einzurichten. Auch war es zu kalt; wir hatten bereits ersten Nachtfrost, es war Spätherbst. Und überdies: Wie viele Zeichen brauchte ich denn noch, um zu sehen, dass eine höhere Liebeskraft am Werk war, die Janti und mir jetzt eine Gelegenheit schenkte, unverlierbar zueinander zu finden? Erec kommentierte meine Gedanken – die er wieder problemlos erfasst hatte - mit erleichtertem *Gut so, und nicht schwächeln.* Dies bezog sich eindeutig auf mich, auf meine Erkenntnis, die noch auf unsicheren Füßen stand, und nicht etwa auf Jantis Zustand. Das wenigstens hatte ich schon mal kapiert.

Ich träufelte Janti wiederholt Rescue-Tropfen auf das Schnäuzchen, bis ihr Atem regelmäßiger und kräftiger kam und wir es wagen konnten, sie vorsichtig, auf eine Decke gelegt, zu zweit zum Auto zu tragen, um sie in unsere Wohnung zu bringen. *Viel Erfolg, meine kleine Zwiebel, und machs gut.* Erec nannte Janti oft sehr zärtlich seine *kleine Zwiebel,* warum, habe ich nie erfahren. Aber weshalb wünschte er ihr Erfolg? Ich dachte damals, ihn falsch verstanden zu haben. Aber heute weiß ich, dass er genau das gesagt und gemeint hatte. Und Janti war sehr, sehr erfolgreich.
Die Frage nach Tierarzt ja oder nein stellte sich uns vorläufig nicht mehr, es war ganz eindeutig, dass Janti hier und jetzt allein meine Hilfe brauchte und wollte. Es war aufschlussreich für mich, Erecs bestätigende Ansicht zu kennen. Beate unterstützte mich natürlich, denn nun sahen wir uns vor die Aufgabe gestellt, auf unbestimmte Zeit auch noch mit einem Schafsmädchen unser Zuhause zu teilen. Wir hatten vor einiger Zeit beschlossen, trotz unterschiedlicher Gewohnheiten und Vorlieben gemeinsam eine Wohnung zu mieten, als unsere tierische Familie immer mitgliedsstärker wurde und es mal Kaninchen, mal Hamster, mal Meerschweinchen oder Mäuse waren, die gerettet werden mussten. Eine allein war damit überfordert. Zudem ließ sich so die Miete halbieren und der Zeitplan für die Schafsversorgung war leichter zu erstellen. Momentan wohnten nur Hamster Goldi und Schildkröte Archie bei uns. Warum also nicht ein liebes, pflegebedürftiges Schäfchen in die Wohngemeinschaft aufnehmen! Das genaue Wie stand in den ersten Tagen noch im Hintergrund, da zunächst einmal Jantis Lebenskraft gestärkt werden musste. Die ersten Stunden bei uns zu Hause waren daher geprägt von der alles verdüsternden Sorge um den Zustand der süßen Patientin. Ich diagnostizierte eine leichte Tympanie, einhergehend mit Verstopfung und sistierendem Wiederkauakt. Letzteres war, konnte ich nicht schnellstens erfolgreich etwas dagegen tun, lebensgefährlich. So hatte ich Karsi verloren! Es musste mir gelingen, Jantis Verdauung zu aktivieren. Alles andere, die Ursache für den Zusammenbruch und die nötige Behandlung, konnte noch warten. Ich fürchtete allerdings, den Kampf um ihr Leben zu verlieren; sie sah so zerbrechlich und kraftlos aus. Es war ihr nicht möglich, den Kopf zu heben oder gar sich aufzusetzen. Ob sie wusste, dass Beate und ich bei ihr waren, oder ob sie uns nicht erkannte, war ungewiss. Zu einem dies abklärenden Gespräch war Janti viel zu schwach und wirkte nicht recht wie bei vollem Bewusstsein. Wir hatten sie in eine warme Decke gewickelt, etliche weitere alte Decken untergelegt und sie vorerst im Bad untergebracht, da der Boden

gefliest und gut zu reinigen war. Durch Fußbodenheizung war gewährleistet, dass sie nicht an Unterkühlung litt. Ich zog ein paar Fachbücher zu Rate, um mir sicher zu sein, dass meine Mittelwahl die bestmögliche wurde; ich setzte große Hoffnungen in die Homöopathie, und ich war kein Neuling mehr in puncto Anamnese, Symptome und Simile. Hennis Vertrauen in die Gottesapotheke teilte ich also voll und ganz, ich wusste nur noch nicht sicher, ob Jantis Seelenplan für sie vorsah, von mir ein zweites Mal gerettet zu werden – im Hinblick auf diese neuerliche Herausforderung erschien mir die damalige erste Rettung einfach. Das war sie von meiner Seite aus ja auch gewesen, Liebe war ausreichend. Janti hatte es schwerer gehabt, sie hatte ihren eigenen Weg gehen müssen, von dem sie nicht wusste, wohin er führen mochte. Aber - vielleicht lag hierin ein Denkfehler: Womöglich fühlte mein Schatz genau, was zu tun war. Ich lernte bei der Fortbildung für Tierkommunikation nämlich auch, dass Tiere ihre Bestimmung weit eher kennen als der Mensch. Die Tatsache, dass Karsi mir vor Jantis Auftauchen mental Bilder von ihr gesandt hatte, lässt eine solche Überlegung durchaus zu.
Ich versuchte alles, was mir einfiel, um meine geliebte Patientin zu stärken. Ich verabreichte ihr in unregelmäßigen Abständen, aber mindestens alle 20 Minuten, Rescue-Tropfen, denen ich die Bachblüte Walnut beimischte. Erfahrungsberichten zufolge wird so entweder der Übergang in die Geistige Welt oder die Rückkehr ins irdische Sein erleichtert. Erste Reaktionen, die ein wenig zur Hoffnung beitrugen, zeigten sich bereits am Nachmittag desselben Tages, als Janti den Kopf wieder heben konnte und offensichtlich Beate und mich erkannte. Vorsichtig begann ich ein Seelengespräch mit ihr. „Hallo, mein Liebling. Kannst du mit mir sprechen?" – *Ja. Bin ich krank? Mir ist sehr eigenartig. Aber hier ist es gut.* Ich war froh, so klare Aussagen zu empfangen. Ich erklärte ihr, was passiert war soweit wir es wussten und fragte sie dann noch: „Warum bist du umgefallen? Du sagtest etwas von einem Blitz. Aber es gab kein Gewitter." *Nein, kein Wetterblitz, ein Kopfblitz die Wirbelsäule runter. Ganz schnell und stechend, und da wars dann dunkel und ich konnte nicht mehr aufstehen. Oh, das geht immer noch nicht.* Bei diesen Worten versuchte sie, sich hochzustemmen. Auch wenn das nicht klappte, so deutete ich dies doch als ein Zeichen der Besserung. „Wo tut es dir jetzt weh?", wollte ich noch unbedingt erfahren. *Mein Bauch*, sagte sie. Das hatte ich vermutet, denn sie hatte noch nicht mit Wiederkäuen begonnen. Es eilte. Ich entschied mich für zwei verschiedene homöopathische Mittel in Tiefpotenz. Ich glaube noch heute fest an ein Wunder der Vorsehung, denn nur

wenige Minuten nach der Eingabe durchzuckte es Jantis Körper, sie streckte sich und begann zu wiederkäuen. Ich stieß einen Jubelschrei aus und musste mich zugleich ermahnen, die weiterhin bestehende Schwere der Erkrankung nicht zu vergessen. Aber trotzdem: Eine erste Hürde war genommen. Ich verspürte eine neue Begeisterung für meinen beginnenden Tierheilerstatus und ein keimendes Selbstvertrauen. *Das ist genau richtig, das brauchen wir alle beide.* Aha. Meine kleine Janti besaß die Eigenschaft Erecs, Gedanken geliebter Mitgeschöpfe zu kennen. Das hätte ich mir zweifelsfrei denken können. Und wieder einmal stimmte, was sie sagte: Wir beide zeigten zu wenig Selbstsicherheit. Wir wollten das jetzt zusammen einüben, auf unsere ganz persönliche Weise: Im gemeinsamen Heilungsprozess der besonderen Art.
Nach einer unruhigen ersten Nacht, die wir alle drei im Badezimmer verbrachten, sagte Janti zu mir: *Es ist noch kein Ruf gekommen.* Diese Antwort gab sie mir in all der Zeit ihres Wohnungsaufenthalts immer wieder, wenn ich schon glaubte, sie gehen lassen zu müssen. Sie wusste ganz genau, wie es jeweils um sie stand, und sie gab mir oft Tipps, was ich ihr zuliebe tun konnte.
Da Janti also keinen Ruf bekommen hatte, im Moment aber auch nicht ihr gewohntes Weidenleben wiederaufnehmen konnte, beratschlagten Beate und ich, wie wir unsere neue Misch-WG am besten durchführten. Zunächst einmal brauchte unsere Janti ein bequemes, einigermaßen artgerechtes Lager, um sich dort einzugewöhnen und es auf unbestimmte Dauer zu bewohnen. Sie konnte nicht im Bad bleiben, es war zu eng und die Waschmaschine wagten wir nicht zu benutzen, solange das Schafsmädelchen direkt daneben lag und durch Lärm und Vibrieren sicherlich fürchterliche Angst bekäme. Nach drei oder vier Tagen kam mir die rettende Idee: Ich besorgte ein Jumbo-Planschbecken und stellte es in mein Schlafzimmer, das ich zuvor kräftig um- und ausgeräumt hatte. Ich füllte das blau-weiße Riesenteil mit Heu und Stroh, legte eine Matte unter und schichtete stützende Kissen für Jantis Rücken auf. Dann trugen wir unsere geliebte neue Mitbewohnerin vorsichtig zu zweit wieder in einer Decke und wie in einer Hängematte liegend zu ihrem ungewöhnlichen Refugium. Wir erklärten ihr so gut es ging, was wir da machten und sie sagte gottergeben: *Ist schon recht, ich sehe alles ein. So ist das jetzt eben. Bleibt ihr in meiner Nähe?* Na, das wenigstens konnten wir ihr besten Wissens und Gewissens versichern!

Der gewohnte Tagesablauf musste ebenso umstrukturiert werden wie die Raumnutzung; die kritischen ersten beiden Wochen, die das Überleben Jantis als Kernfrage zum Thema hatten, fielen zu unser aller Glück in Beates Urlaub. Während dieser Übergangszeit regelte ich meine Termine für die Unterrichtseinheiten neu; als Freiberuflerin konnte ich ziemlich flexibel einteilen und verlegte mich primär auf späte Nachmittags- und frühe Abendstunden, wenn Beate wieder zu Hause war. Meine Schüler, von denen manche auf zweitem Bildungsweg für ihren Abschluss lernten, hatten keine Einwände. Beate und ich wagten noch nicht, Janti allein zu lassen, wir fragten uns, ob das überhaupt mal möglich war. Die Versorgung der Weidenfamilie übernahmen wir damals getrennt, immer nur eine von uns sah nach dem Rechten. Erec und die anderen Schafe nahmen dies etwas beleidigt zur Kenntnis. *Wo ist denn Nummer Zwei?* Das fragte Erec stets mit einem leisen Tadel, wenn eine von uns bei den Weidenlieblingen aufkreuzte. „Hör mal, Goldschatz“, redete ich meinem Ritter bei Gelegenheit ins Gewissen, „du selber wolltest, dass wir deine süße Zwiebel ins Haus holen.“ Er drückte seinen Kopf in meine Hand und meinte nachdenklich: *Ja, da gibt es auch keine bessere Idee. Aber es macht mehr Freude, wenn wir alle beisammen sind. Mit der kleinen Zwiebel, natürlich. Zwar sind wir alle immer vereint, nur ist es doch ein Unterschied, solange wir leben. Aber gut, ich sorge für allgemeine Akzeptanz und Einsicht.*

Ach, geliebter Erec! Ich hätte auch lieber von Euch allen sechs Schafen umringt auf der Weide *im langen Faulstuhl* gelegen, oder besser noch mit Karsi obendrein! Dann wäre niemand krank und keiner gestorben gewesen.

Man hatte uns im Tierkommunikationskurs eine Warnung mitgegeben, die mir einfiel, als es darum ging, von Janti möglichst klare Aussagen zu bekommen, um ihre Wünsche erfüllen zu können und ihre Bedürfnisse zu kennen. Die Warnung lautete: „Ihr lernt jetzt alles, was ihr für eine funktionierende Kommunikation wissen müsst. Aber wenn es um das eigene Tier geht, ist es manchmal schwierig, die richtige Mitteilung auf eine Frage zu empfangen. Es spielen die Emotionen der Tierhalter, also eure eigenen, mit herein. Vor allem dann, wenn das geliebte Tier krank ist und ihr euch unter Umständen vor der Antwort fürchtet. Scheut euch nicht, in diesem Falle Kollegen um Hilfe zu bitten, die an eurer Stelle das Gespräch führen.“ Ich war zwar davon überzeugt, Jantis Wünsche ziemlich gut zu erfassen, aber um ihretwillen wollte ich mir ganz sicher sein. Ich erklärte Janti, dass noch jemand mit ihr sprechen wolle, und sie könne alles sagen, was ihr auf dem Herzen lag. *Mach ich, aber so viel liegt da gar nicht. Das weißt du ja.* Wie gerne hörte ich das! Nun musste nur noch mein Selbstzweifel beseitigt werden, der mich beschuldigte, Scheuklappen zu tragen. Ein sanftes Lachen erreichte mein Herz: *Aber du bist doch kein Pferd. Und kein Pirat.* Das wiederum fand ich erheiternd. Ich kontaktierte also eine mir persönlich bekannte Tierkommunikatorin, die zudem energetisch arbeitete und erfuhr im Prinzip nicht viel Neues, dafür aber eine Rundumbestätigung dessen, was ich von meiner geliebten Schafspatientin via *Fühlreden* empfangen hatte. Das ermutigte mich, so fortzufahren. Es war interessant für mich zu hören, dass Janti wieder von einem Blitz sprach, der vom Kopf ausgegangen war. Doch mehr als Mutmaßungen konnte man nicht anstellen, was das genau zu bedeuten hatte; vielleicht waren es Sehstörungen aufgrund extremer Kreislaufbeschwerden, oder es hing mit den Kopfschmerzen zusammen, über die Janti geklagt hatte. Auf die Frage, ob sie denn noch Freude am Leben habe trotz der so artfremden Unterbringung und der eingeschränkten Beweglichkeit, antwortete Janti erstaunt: *Ja, natürlich! Ich mache lauter neue Erfahrungen, und das Futter und die Betreuung sind ganz prima. Außerdem habe ich noch viel zu erreichen mit meinen lieben Menschen. Ich bin sehr gespannt.*

Um Janti die allerbesten Chancen für eine Genesung oder zumindest andauernde Erleichterung zu erwirken setzte ich mich immer wieder mit Heilern und Therapeuten in Verbindung. Janti spürte es jedes Mal, wenn eine Fernbehandlung durchgeführt wurde, und nicht immer war sie damit einverstanden. Es schien, als wisse sie mehr über ihre Krankheit und deren Sinn als wir oder ihre Behandler. Aber sie wusste ebenso, dass ich aus liebevoller Sorge um sie nichts unversucht lassen wollte. Sie mahnte mich sanft: *Ich brauche nur Zeit. Auch für dich und Beate. Und ich brauche ganz viel Liebe, die möchte ich von euch. Bitte macht einfach so weiter, es ist gut so, es ist gewünscht und gewollt. Es liegt ein großer Segen darauf.* Diesen konnten wir spüren; die Unschuld und Herzensreinheit Jantis heiligte jeden Augenblick, den wir mit ihr verbringen durften. Schon bald nach ihrem Einzug bei uns veränderte sich das Beziehungsklima; wir gaben uns automatisch mehr Mühe, ruhiger und geduldiger miteinander umzugehen und überhaupt eine Atmosphäre zu schaffen, die Jantis hohe Empfindsamkeit nicht verletzte. Sie litt nämlich mehr unter Disharmonie als unter ihren körperlichen Beeinträchtigungen. Letztere waren anfangs vielfältig; sie spürte ihre Beine kaum und den Druck ihres Körpers auf der Matte gar nicht. Zudem hatte sie sich durch den Sturz und wiederholte verzweifelte Versuche von dem harten Wiesenboden aufzustehen ohne erneut umzufallen eine Verletzung am Ellbogen zugezogen und eine weitere an der Schulter, die wir erst später unter der Wolle entdeckten. Trotz guter Wundversorgung heilte der Ellbogen nicht, und ich befürchtete schon eine entstehende Nekrose. In meiner Ratlosigkeit fragte ich meine eigene Humanheilpraktikerin was zu tun wäre, denn ganz offensichtlich verspürte Janti ziemliche Schmerzen trotz des eingeschlafenen Gefühls in ihrem Beinchen. Sie scharrte unruhig, zuckte bei der kleinsten Berührung und sagte: *Es bohrt und ist böse im Bein.* Ich führte ein längeres, intensives Gespräch mit der Heilkundigen, und es folgten noch weitere, in deren Verlauf ich einige wertvolle Ratschläge erhielt. So streute ich tagelang mehrmals Traubenzucker auf die Wunde am Ellbogen und sorgte für die Stärkung von Jantis Immunsystem. Es dauerte nicht lange, und die Wunde verheilte. Nur eine winzige Narbe auf einer wenig bewollten Stelle blieb zurück. *Das Pulver hat mir sehr geschmeckt.* Ich musste ein wenig lachen – Janti hatte also das Angenehme mit dem Notwendigen verbunden, denn sie leckte sich mit Hingabe den Traubenzucker vom Bein, wann immer ich es bestäubte.

Die Schulterwunde entdeckten wir erst, als Janti wieder ein bisschen beweglicher wurde und sich bequemer hinzusetzen versuchte. Sie drehte den Oberkörper zur Seite, und da sahen wir es: Durch Druck war die unbehandelte Verletzung zu einem Dekubitus geworden. Einen Verband konnte man an dieser Stelle unmöglich anlegen, auch verspürte mein an sich sehr geduldiges Schaf den unwiderstehlichen Drang, die wiedergewonnene, wenngleich noch geringe Beweglichkeit voll auszukosten: *Oh, da geht ja ein bisschen was! Und ich muss mich doch fit halten. Wer sich nicht freiwillig bewegt, der kann sich dann mal gar nicht mehr bewegen.* So argumentierte sie, als ich sie bat, vorsichtig zu sein, die Schulter nicht so oft am Kissen zu schubbern bei der Turnerei. Was sie sagte, stimmte natürlich, aber es war eben auch fatal, wenn zum Druck auch noch Reibung hinzukam! Das Ergebnis bestand in einer immer größer und tiefer werdenden Wundfläche. „Schmerzt es denn nicht?“, fragte ich erschüttert. *Schon, aber es ist besser es tut weh, als ich spüre mich nicht.* Ich begriff, dass der überstandene Zustand der Gefühllosigkeit für Janti ein Schreckgespenst war, dessen mögliche Rückkehr sie fürchtete. Wieder brachte ich Traubenzucker zum Einsatz, der aber an dieser Stelle schlecht aufzutragen war und herunterrieselte. Ich beriet mich mit jener energetisch arbeitenden Tierkommunikatorin, die zuvor bereits einmal mit Janti gesprochen hatte und ihre Situation kannte. Sie empfahl mir, es mit kolloidalem Silber zu versuchen. So sprühten Beate und ich jeden Tag die

Stelle ein und versuchten, die stark geschädigte Haut durch extraweiche, weitere Kissen zu schützen. Tatsächlich erwies sich der Vorschlag, kolloidales Silber anzuwenden, als die perfekte Heilmethode: Die Wundfläche wurde fast täglich kleiner. Ich stäubte dann zusätzlich wieder Traubenzucker darüber, bis nach ungefähr vier Wochen alles sauber verheilt war. „Hast du noch Schmerzen?“, fragte ich Janti. *Nein, und es juckt auch nicht mehr. Darf ich jetzt wieder turnen?* Ich bat sie um Vorsicht, denn es stand nicht fest, ob die verheilte Stelle auch heil blieb. Wir kontrollierten den Zustand der Schulter jeden Abend, bis wieder feine Wolle darübergewachsen war. Es bildete sich während Jantis gesamter Planschbeckenzeit kein Dekubitus mehr.

Irgendwann kam mir die sorgenvolle Überlegung in den Sinn, ob die Trennung von ihrer Herdenfamilie schädlich für Jantis Seelengesundheit war – ich fragte etwas besorgt nach. *Ach sieh mal, wir sind ja nicht wirklich getrennt. Ich weiß, was die anderen so machen, und sie wissen, dass ich hier herumliege und Zimmerservice habe. Freilich wäre ich gerne mit ihnen im Grünen, aber es gibt eben große Gründe für mein Hiersein und meinen Zustand. Das geht in Ordnung.* Stirn an Stirn teilten wir einen Moment inniger Einheit. Ich konnte die einzelnen Herdenmitglieder fühlend sehen, so seltsam das klingt. Ich hatte die Empfindung, zugleich bei Janti im Planschbecken und auf der Weide bei den anderen Schafen zu sein. Im selben Augenblick zog ein sehnsüchtiges Gefühl nach Freiheit, gepaart mit heiligem Wissen um einen göttlichen Auftrag durch meinen Geist, der mit Jantis eng verbunden war. *Verstehst du nun?* Es klang mehr nach einer Feststellung als nach einer Frage. Ja, jetzt verstand ich und bedankte mich herzlich bei meinem tapferen *Stubenlamm* – so hatte Obie in ihrer kess-liebenswerten Art Janti getauft, als sie zu mir ins Schlafzimmer gezogen war, das sich so zu einem Schafzimmer gewandelt hatte.

Auf einem meiner Alleingänge zur Weide beschloss ich, auch Erec und die anderen zu fragen, wie sie mit der neuen Situation zurechtkamen oder was sie darüber dachten. Mein Ritter freute sich, seine Meinung äußern zu dürfen. *Hey, lange kein Fühlreden mehr gehabt! Kannst du es überhaupt noch?* Ich war empört, denn schließlich praktizierte ich genau das jeden Tag mit seiner geliebten Zwiebel! *Aber nicht mit mir!* War er etwa wieder mal eifersüchtig? *Nein, bedürftig, und zwar, weil du Bedarf hast.* Ich befürchtete, er könnte mir eine Rüge erteilen wollen. *Sei bitte nicht immer derart negativ, ich wollte was ganz anderes sagen. Kurz, aber wesentlich.* Man durfte wirklich nichts denken oder meinen, er kam auf alles! Ich nahm hinter seinen Worten eine

liebevolle Sorge wahr, weit entfernt von Kritik. „Ich bin ganz Ohr und Aufmerksamkeit!“, versprach ich ihm und kraulte seinen langwolligen Nacken. *Es geht euch gut miteinander. Ich spüre ein wachsendes Begreifen, das ist sehr schön. Kommst du mit dieser Aussage klar?* Ich wusste genau, was er meinte – ob ich begriff, dass es um mehr ging als um Jantis Gesundheitsproblem. „Wir haben einen super Draht zueinander, ja“, antwortete ich ihm, „und ich bemühe mich, immer besseren Durchblick zu bekommen.“ Erec sah mich mit seinen klugen Augen lange an. Dann fühlte er mir zu: *Du hast eine wunderbare Chance für inneres Wachstum bekommen, nütze sie. Meine kleine Zwiebel ist dir dabei eine große Hilfe. Ihr seid erst am Anfang. Aber schon sehr weit.* Obwohl dies nach einem Widerspruch klang, erfasste ich die Botschaft: Ich sollte offen sein für alles, was noch kam. Aber ich hatte auch die richtige Entscheidung getroffen, damit es nach höherem Plan weitergehen konnte.
Obilot ließ mich Karsis Nähe und Zufriedenheit intensiv spüren. Sie selbst zeigte sich neuerdings erstaunlich zugänglich und nahm gerne vermehrt Streicheleinheiten entgegen. Sie sagte auf meine Frage nach ihrer Ansicht: *Es ist genau so, wie es sein soll. Wir haben das alle jetzt verstanden.* Obie machte wie gewohnt kein Geheimnis aus ihrer Meinung: *Es gefällt mir ausgesprochen, dass du so lernfähig bist! Bei Menschen eine Seltenheit. Prima. Ihr seid lieb. Und wir unterstützen euch dabei.* Ach, meine einzige Obie! Wie vermisse ich manchmal deine flotten Sprüche!
Hälmchen hatte genug mit seiner Sehschwäche zu tun; vertraute Pfade schienen ihm wie fremde Wege, er tat sich schwer im Alltag. Dennoch wollte selbst er mir Mut in der gegebenen Situation machen: *Bei mir ist auch alles neblig, da merkt man erst, wie viel Glück man braucht. Das wünsche ich dir, das viele Glück.* Ich war sehr gerührt und knuddelte ihn. Enite philosophierte regelrecht: *Wer weiß schon, was kommt. Aber was kommen soll, das kommt halt. Bloß gut, dass ihr schon da seid.* Wieder kapierte ich sofort, was sie mir klarmachen wollte: Es war richtig, was wir taten. Ich fühlte mich von der ganzen Herdenfamilie bestätigt. Es gab mir Mut, den eingeschlagenen Weg weiterzugehen.
Es war eine Herausforderung, die veränderte Alltagssituation in den Griff zu bekommen; zwar hatten wir uns leichten Herzens daran gewöhnt, seit 18 Jahren nicht mehr (gemeinsam) zu verreisen, höchstens einmal ein bis maximal zwei Nächte auswärts zu verbringen, wenn die Versorgung der Schafe gewährleistet war, doch nun musste jeder Einkauf, jeder Termin doppelt abgesprochen und koordiniert werden. Irgendwelche ungeplanten Aktivitäten

oder gar spontane Ideen, die uns außer Haus hielten, verboten sich von selbst. Solange Janti nicht ganz eingewöhnt war und sich unsere Gesellschaft wünschte, wollten wir sie nicht allein in der Wohnung wissen – es war bereits eine Wissenschaft für sich, die Nächte für alle Beteiligten erholsam zu gestalten. Durch die traumatische Erfahrung, im Dunkeln umgefallen zu sein, hatte Janti eine Angst vor der Dunkelheit entwickelt, die sich durch extreme Unruhe mit Herumwerfen, Scharren und Schlaflosigkeit zeigte. *Es ist unheimlich ohne eine Sonne, sie war auch damals nicht da. Ohne Licht ist man so ausgeliefert.* Sie äußerte sich ähnlich wie Hälmchen, der in seinem persönlichen Nebel ebenfalls Angst hatte, da er den Feind nicht sah. Als Fluchttier empfand Janti die Situation bestimmt manchmal als unerträglich. Mir fiel ein, unsere Salzlampe könnte hilfreich sein und stellte sie in der Nähe des Planschbeckens auf. Sie konnte zugleich für eine verbesserte Luftqualität sorgen und somit zweifach gute Dienste tun, da Janti zeitweise unter Atemnot litt. Unser Schafsmädchen liebte das orangefarbene, sanfte Licht bald sehr und war etwas getröstet, doch erst meine und Beates Anwesenheit brachte ihr die Seelenruhe, die auch uns gute Nächte schenkte. *Beide dableiben, bitte beide, die Herde muss komplett sein!* Diese Bitte erreichte mein Herzensohr, als Beate eines Abends nach dem Gute-Nacht-Wünschen aus der Türe ging. Ich erkannte mit einiger Überraschung, dass Janti Beate und mich als ihre neue Herde akzeptierte. Drei Individuen sind nötig, um Herdenstärke zu erreichen. Ich fühlte mich als ganz tolles Schaf, wirklich eingebunden in Jantis momentane Welt. „Unser Schatz braucht uns beide hier bei sich", erklärte ich meiner müden Freundin, „jetzt muss uns was einfallen!" Die immer größer und tiefer werdende Schafsliebe kam auf die rettende Idee: Einer unserer *langen Faulstühle,* der im Bad in den ersten Nächten zum Einsatz gekommen war, wurde aus der Garage geholt, mit Bettzeug beladen und in Jantis Sichtweite aufgestellt. Zwar büßte mein Sch(l)afzimmer dadurch seine Begehbarkeit und optische Eleganz ein, aber für Jantis Wohl tat ich mittlerweile alles! Ihr zufriedener Blick und ihr glücklicher Ausruf: *Jetzt ist alles gut! Danke, oh, danke!,* machten auch mich glücklich. Müßig zu sagen, dass von nun an für einige Zeit Beates Bett leer blieb und sie ihren Schlafraum vornehm als extra Ankleidezimmer nutzen durfte. Was mich anging, so erlernte ich rasch akrobatische Verrenkungen, um noch an Schrank, Kommode oder Fenster zu gelangen, denn es war reichlich eng geworden. Es kam vor, dass ich einen falschen Schritt machte und bei Janti im Planschbecken landete, wobei ich höllisch aufpasste, nicht auf sie draufzufallen. *Ich habe ja Platz, du kannst gerne bei mir wohnen,* bot sie mir an. „Das ist lieb von dir, aber du brauchst Freiraum für deine Übungen“, erinnerte ich sie.

Ich besitze erfreuliches Talent im Umräumen, das zu jener Zeit seine Vollendung erfuhr. Janti beobachtete jeden meiner Handgriffe mit Interesse und ich erklärte ihr, warum ich was machte, weil sie zu Beginn schnell verunsichert war, wenn wieder eine Veränderung eintrat, egal ob durch Umstellen der Möbel, geänderten Tagesablauf oder ein Geräusch. (Den Staubsauger zum Beispiel konnte sie nicht leiden, fürchtete ihn aber schon bei der zweiten Begegnung nicht mehr! Im Sch(l)afzimmer kehrte ich mehr, als ich saugte – ich wollte die armen Schafsöhrchen nicht unnötig quälen.)

Der Grundriss meines Schlafzimmers verlangte eine Möbelanordnung entlang der Wände, damit eine Art Gasse blieb. Nun: Bett – Planschbecken – *langer Faulstuhl* auf der einen Seite klang sinnvoller, als den Letztgenannten weiterhin vor dem Schrank auf der anderen Seite, schräg gegenüber von Janti, stehen zu lassen. Ich stellte demzufolge erneut um, was etwas Platz schuf und am selben Abend für unerwartete Heiterkeit sorgte. Wir hatten beschlossen, uns abzuwechseln, wer im Bett und wer auf dem *langen Faulstuhl* nächtigen sollte, da dieser altersschwach und ziemlich unbequem war. Am Premierenabend der umgestellten Liegestatt richtete sich Beate auf dem *langen Faulstuhl* ein, ich durfte mich ins (mein!) Bett legen. Wir machten das Oberlicht aus und die Salzlampe an, gaben Janti den obligatorischen Gutenachtkuss auf die wolllockige Stirn und schauten, ob auch alles passte bei ihr, sprich, genug Heu vor ihrem Schnäuzchen lag und sie trocken und sauber saß. Dann setzte sich jede auf ihr Schlaflager. Janti drehte ihren Kopf wie gewohnt in Richtung Bett, dann wanderte ihr Blick zum ehemaligen Faulstuhlplatz, wo jetzt aber nur zwei Schranktüren ohne mich und ohne Beate zu sehen waren. Ich verspürte eine leise Panik im Herzen, die von Janti ausging. Auch Beate bemerkte ihr Unbehagen und rief Janti beruhigend zu: „Ich bin hier drüben, auf deiner anderen Seite!“ Unser Schafschatz wandte prompt das Köpfchen nach links und entdeckte ihr drittes Herdenmitglied. Sie schaute wieder zu mir, dann zu Beate und wieder in meine Richtung, etliche Male hintereinander. Ihr Gesichtsausdruck sprach Bände, es hatte nicht einmal des *Fühlredens* bedurft, um zu wissen, was sie dachte: *Da sind sie ja! Aber das ist heute irgendwie alles anders.* Wir mussten lachen, als Janti so fassungslos hin und her schaute, bis sie von der Richtigkeit der Sache überzeugt war. Dieses sich Vergewissern nach beiden Seiten hin wurde von Stund

an zum allabendlichen Ritual, das uns allen dreien unseren Zusammenhalt, unseren außergewöhnlichen Herdenfamilienstatus im Bewusstsein hielt.
Weil Jantis Befinden stark schwankte und ich mittlerweile wusste, dass sie eine Rückenmarksschädigung hatte, zeichnete sich ab, dass ihr häuslicher Aufenthalt bei uns wohl längere Zeit andauern würde. Wir wollten keine Kündigung riskieren aufgrund verschwiegener veränderter Wohnverhältnisse und unterrichteten unseren Vermieter von Jantis Anwesenheit. Es gab keinerlei Probleme, denn die geniale Planschbecken-Lösung fand seinen aufrichtigen Beifall; es war offenkundig, dass der Wohnung keinerlei Gefahr drohte. Janti war sehr sauber und zudem hygienisch versorgt, und aus dem Becken hüpfen konnte sie sowieso vorerst nicht. Sie durfte unbegrenzt bei uns wohnen bleiben. Wir waren sehr erleichtert, dass diese Angelegenheit so undramatisch geklärt werden konnte.
Obwohl ich mittlerweile in Schafsbelangen zur Fachfrau gereift war, sorgte Jantis wechselnder Zustand fast täglich für neue Fragen. Ich konnte mir beispielsweise ihre seltsame, schubweise Atemnot nicht erklären, da sie weder eine Erkältung hatte noch nachweisbare Herzbeschwerden oder irgendeine Krankheit, die die merkwürdigen Symptome rechtfertigte oder erklärte. Eines Morgens krabbelte ein – wie ich dachte – Mottenwurm am Rand des Planschbeckens herum, kurz darauf ein zweiter. Ich vermutete, mit dem Heu welche eingeschleppt zu haben. Allerdings waren die Dinger fetter und größer. Ich warf sie kurzentschlossen auf die Wiese hinter dem Haus. *Das waren Gäste* glaubte ich, Janti sagen zu hören. „Schöne Gäste, die dulden wir nicht!“, brummte ich ärgerlich. Ich war sehr verblüfft über diese Aussage. Es kam noch besser. *Ich habe Gäste, die machen mich so kurzatmig.* Verständnislos sah ich meine Kleine an. „Wie meinst du das? Betrachtest du Mottenwürmer als Gäste? Und wieso atmest du derentwegen schlecht?“ *Andere, große, gefräßige Gäste. Kannst du sie vielleicht wegschicken?* Es kam wirklich selten vor, dass ich keinen blassen Schimmer von Ahnung hatte, was meine Tiere mir sagen wollten. Aber das hier war so ein Fall. Ratlos kraulte ich Jantis Stirnlocke und sagte: „Das würde ich ja gerne, aber – “ Ein gewaltiger Nieser unterbrach mich. Aus Jantis Nase flog ein XXL-Mottenwurm. Mir ging ein Kronleuchter auf: Nasendasseln!
Es waren also diese biestigen, unnützen, grässlichen Östruslarven, die Janti quälten! Und sie bezeichnete diese üblen Schmarotzer freundlich als *Gäste*! Das war ein sehr, sehr liebenswürdiger Name für sehr, sehr unliebenswürdige Kreaturen. Ich verfrachtete das Ding in ein Glas mit Schraubdeckel, wo

ich es, ganz entgegen meiner sonstigen Vorgehensweise, sterben ließ. Hätte ich sie freigelassen, hätte sich die Larve eingegraben und im Erdboden verpuppt; es wäre eine Nasendasselfliege entstanden, die erneut ihre winzigen Junglarven im Flug absetzen würde, welche sich in die Riechregion des Siebbeins von Schafen vorarbeiten, um sich in der Nasenschleimhaut festzuhaken. Ich versprach Janti, genau aufzupassen, um jeden ausgeniesten *Gast* zu erwischen und unschädlich zu machen. Des Weiteren unterstützte ich ihre arme Nase, die Schleimhäute und das Immunsystem mit homöopathischen Mitteln. Der Erfolg war gut; Jantis Atemnot verlor sich und die Larven verließen nach und nach ihre unfreiwillige Gastgeberin. Ich konnte nicht sicher sein, wann alle weg waren, aber Janti wusste es wohl, sie sagte eines Tages zufrieden: *Jetzt gehört mir meine Nase wieder ganz allein, das mag ich. Ich will keine Gäste mehr!* Nun, solange sie bei mir im Schlafzimmer wohnte, konnte jedenfalls kein dasseliger *Gast* sie heimsuchen. Die ersten Larven, die ich aus Unkenntnis ihrer Identität lebend nach draußen befördert hatte, waren sehr wahrscheinlich zu unfertig gewesen, um sich zu einer erwachsenen Fliege und somit zu einer neuerlichen Gefahr für Janti zu entwickeln. Ich brachte aber zur Vorsicht ein Fliegennetz an, sodass jeder Anflug ausgeschlossen werden konnte.

Solchen Schutz genossen die Weidenbewohner leider nicht; die tränenden Augen und Niesanfälle ließen mich vermuten, dass auch sie unter den ekligen Kreaturen zu leiden hatten. Ich fand die Larven im hohen Gras nicht, der Kreislauf konnte nicht unterbrochen werden. Ich bedauerte meine Lieblinge heftig, unterstützte ihre Abwehrkräfte und fand einen kleinen Trost darin, dass Janti trotz ihres nicht artgerechten Stubendaseins wenigstens vor weiteren Angriffen sicher war, im Gegensatz zur Herdenfamilie. Ich war immer wieder unglücklich darüber, Janti nicht schnell und effektiv helfen zu können, da kam mir jeder Vorteil, den sie genoss, gerade recht. Erec gesellte sich mitten in diesen Gedanken zu mir und ein Moment innigen *Fühlredens* erleichterte mein Herz: *Du musst nicht traurig sein, du musst sogar glücklich sein. Meine kleine Zwiebel ist es nämlich auch. Ihr seid zusammen, ihr seid auf dem Weg. Bald wirst du es besser verstehen. Und jetzt lass uns Zwieback essen, du hast doch welchen dabei?* Na, aber klar doch.

Ein anderes gesundheitliches Phänomen war, dass bei Janti lange keine kontinuierliche Besserung feststellbar war, jedoch Phasen eines für ihre komplizierten Verhältnisse guten Allgemeinbefindens sich mit teils heftigen Krisen abwechselten, die aus dem Nichts zu kommen schienen. Ich zweifelte an

meinen wachsenden medizinischen (Er)Kenntnissen und erbat Jantis Meinung: *Ich bin Stellvertreterin und ein gutes Beispiel. Es gibt eine Unmenge zu bemerken und zu bearbeiten, nicht nur körperlich. Denke mich nicht krank, denke mich heil. Wir lernen so viel voneinander.* Ja, das taten wir.
Ich war fasziniert von Jantis Anpassungsfähigkeit. Unglaublich leicht und schnell gewöhnte sie sich an künstliches Licht und Geräusche wie Klospülung, Türklingel, Telefonläuten, Musik und dergleichen mehr. Einzig CD-Hörbücher verunsicherten sie längere Zeit, da sie hierbei Stimmen hörte, die sie niemandem zuordnen konnte. Mit großen, erschreckten Augen sah sie mich an und fragte schließlich: *Wo sind denn all die Leute? Was wollen sie von mir? Wohnen sie auch bei uns? Ich sehe keinen.* Ich kam mir zwar ein bisschen seltsam vor, als ich Janti eine CD zeigte und ihr erläuterte, woher die Stimmen stammten, doch ich sollte noch viele seltsame Gelegenheiten und Gefühle durchleben, bis ich rein gar nichts mehr verwunderlich fand, was meine Schafe mir boten und wie ich darauf reagierte. In jedem Falle aber war es eben Jantis großartige Anpassungsfähigkeit, die eine zeitweilige Abwesenheit ihrer beiden menschlichen Herdenfamilienmitglieder wider Erwarten doch erlaubte. Wir blieben nie länger als maximal zwei Stunden weg, und wir erzählten Janti vorher genau, wo wir hingingen und wann wir in etwa zurückkamen. War es Abend, schalteten wir die Salzlampe ein und zusätzlich die Nachttischlampe, damit unter keinen Umständen das Licht ausging, weil eine Birne kaputt war und Janti dann allein im Dunkeln saß. Bei unserer Rückkehr riefen wir schon an der Haustür ihren Namen, und manchmal blökte sie eine Antwort. Ihre Freude, uns wieder bei sich zu haben, war immer offensichtlich. Und ehrlich gesagt: Obwohl ich ihr ein Leben in Gesundheit auf der Weide bei den Mitschafen zutiefst wünschte und gegönnt hätte, war ich selber seelenvergnügt und froh, ein solch liebevolles, wollig-wonniges Wesen nahe zu haben. Auch hier musste ich einsehen, dass Erec das alles richtig beurteilte, wenn er von unserem gemeinsamen Weg sprach. Da Beate und ich also wieder zu zweit kommen konnten, wenn es nicht gerade einer von Jantis Problemtagen war, blieb für Erecs und meine *Fühlreden*-Praxis wieder ein wenig mehr Zeit, wenn Beate die Grundversorgung aller übernahm. Obie nutzte diese Gelegenheiten zum Reden auch und lehrte mich noch größere Offenheit und Aufmerksamkeit. *Da geht noch mehr, du musst alle deine Potenziale ausschöpfen. Auch die, die du noch gar nicht kennst. Schau genau hin, wie wir leben, wir haben es drauf! Nütze die Chance mit dem Stubenlamm, sie ist der Schlüssel!* Ich begann es zu ahnen.

Ich liebte Janti immer inniger. Sie wurde für mich der Inbegriff einer liebevollen, zärtlichen und doch so starken und tapferen Persönlichkeit, zu einem unverzichtbaren, wundervollen Seelen-Du. Sobald ich vom Unterricht oder einer Besorgung nach Hause kam, zog ich mich um und kletterte zu Janti ins Planschbecken. Wir machten ausgiebig unsere *Fühlreden*-Sitzungen (die wir perfekt beherrschten) und teilten uns manchmal eine kleine Tüte Zwieback oder aßen ein paar Apfelringe, Shaun-das-Schaf-Butterkekse und sonstige Leckereien, die mein Liebling bevorzugte. Als Hauptnahrungsmittel bekam sie gutes Heu, Salat, geschnittenes Gras, Müslimix aus Karotten, Äpfeln und Haferflocken sowie hin und wieder eingeweichte Zuckerrübenschnitzel. Zudem hatte ich ihr einen eigenen runden Salzleckstein besorgt, wie ihn die Weidenbewohner im Stall hatten. Von zwei verschiedenen Minerallecksteinen, die ebenfalls im Stall angebracht waren, schabte ich ihr gelegentlich eine Dosis ab, da sie hiervon nur Spuren zu sich nehmen sollte. Besonders glücklich konnte ich sie machen, wenn ich ihr ein Schüsselchen mit Gänseblümchen brachte, die ich aus dem Garten holte. Diese verputzte sie mit wohligem Grummeln in Sekundenschnelle. Rosinen versetzten sie gleichermaßen in euphorische Fresslaune. Es tat mir in der Seele gut, wenn ich Janti schmausen sah, sie beim genüsslichen Futtern beobachten durfte. Jene Erlebnisse waren es, die mich in meiner Auffassung bestärkten, dass ich Janti nicht quälte, sondern ihr unter den gegebenen Umständen ein Höchstmaß an Lebensfreude und Lebensqualität erhalten konnte. Das war sehr wichtig für mich, denn die wenigen Leute, die von meinem *Stubenlamm* wussten, standen in der Mehrzahl kritisch bis ablehnend meiner Pflege gegenüber. *Sie kapieren es nicht, sie hören auf ihren kalten Verstand und glauben, sie hätten ein warmes Herz, das Mitleid mit mir hat. Aber so ist das nicht. Und ich bin gerne bei euch, ganz, ganz gerne. Das ist alles richtig so. Ich sage es dir, wenn ich einen Ruf bekomme. Es ist aber noch lange nicht Zeit.* Ich vertraute Janti vollkommen, dass sie genau wusste, was gut für sie war. Und für mich. Dieses Vertrauen wurde zur Basis unseres Herzensbündnisses.

Ich musste natürlich neben Jantipflege, Weiden-Schafversorgung und Beruf auch meine tierheilpraktischen Lektionen durchackern, was ich mitunter an einem kleinen Tisch im Jantizimmer machte, wie ich mein Schlafzimmer jetzt nannte, damit sie mich in ihrer Nähe wusste. Allerdings merkte ich rasch, dass das keine gute Idee war. Handelten die Kapitel von Untersuchungsmethoden oder Tipps zur Behandlung mit Heilkräutern und homöopathischen Mitteln, blieb mein *Stubenlamm* ganz ruhig und fraß Heu, ohne groß Interesse für etwas anderes zu bekunden. Stand jedoch spezielle Krankheitslehre auf dem Programm, wobei diverse schwere Krankheiten in ihrer Symptomatik anschaulich erläutert wurden, rutschte Janti unruhig hin und her, scharrte mit den Beinchen, übte mit seltsamen Verrenkungen das Aufstehen und warf ihr Heu in der Gegend herum, anstatt es zu fressen. Vereinzelt zeigte sie sogar beschriebene Symptome: Sie hatte zum Beispiel erweiterte Pupillen, als ich „Mydriasis" auf dem Blatt vor mir stehen hatte. Mir war das ein Rätsel; ich las ohne vor mich hinzumurmeln, sie konnte also nicht wissen, was ich da lernte. Weil ich herausfinden wollte, ob ein tatsächlicher Zusammenhang zwischen meinem Lernstoff und Jantis Befinden und Verhalten existierte, versuchte ich es mit einem Test. Gerade vertiefte ich mich in Nierenerkrankungen, als Janti zu krampfen begann und sich besonders wild drehte und wand. Sie sah mich mit erschreckten, fast angstvollen Augen an. *So schlimm ist es aber noch nicht!*, glaubte ich zu fühlhören. Ich legte die betreffenden Unterlagen zur Seite und studierte stattdessen eine ausführliche Abhandlung über die Bachblütentherapie bei Tieren. Es wurde ruhig im Zimmer: Janti hatte aufgehört mit ihrem verzweifelten Bewegungsdrang und widmete sich seelenruhig ihrem Heuberg vor der Nase. Eine ähnliche Beobachtung machte Beate unabhängig von mir und meiner Entdeckung. Wir nahmen oft ein Buch oder eine Zeitschrift mit ins Planschbecken und lasen manches laut vor, weil wir bemerkt hatten, dass Janti das sehr gern mochte und aufmerksam zuhörte. Es war nicht gerade wie bei „Glennkill", jenem beliebten Schafskrimi, in dem der Schäfer seiner Herde regelmäßig ganze Bücher vorliest, aber, wie gesagt, wir taten es bisweilen. Ich war noch nicht zu Hause und Beate saß bei Janti mit einem Bericht über diverse Enthüllungen in Bezug auf die Pharmaindustrie und andere Konzerne, las aber lautlos. Sie war sehr empört, und Janti gebärdete sich unruhig und wollte nicht fressen. Erst, als Beate Jantis Aufregung mit ihrer eigenen in Verbindung brachte und zu harmonischerer Lektüre wechselte, zu „Jetzt! Die Kraft der Gegenwart" von Eckhart Tolle, beruhigte sich Janti wieder und begann zufrieden ihr Heu zu schnabulieren. Beate erzählte mir das Vorkommnis, und ich war einmal mehr davon überzeugt, dass Tiere viel, viel mehr mitbekommen, als wir Menschen ahnen. Wir zogen aus dem Erlebten die Konsequenz, in Jantis unmittelbarer Nähe nur positive oder jedenfalls harmlose Texte zu lesen. Ich ging zum Lernen in mein Wohnzimmer hinüber, damit keine Krankheitsbilder durch meinen Geist waberten, die Janti mitfühlen konnte. Ich möchte an dieser Stelle weit vorgreifen und eine fast unglaublich anmutende, dennoch erlebte traurige Erfahrung einfügen: Nie hat Janti derart heftig und ängstlich auf meine Lektüre reagiert wie bei dem Kapitel über die Nierenerkrankungen – gegen Ende ihres Erdenaufenthaltes versagten ihre Nieren. Vielleicht spürte sie lange im Voraus, was auf sie zukam.

Bebilderte Bücher oder gar die bunten Zeitschriften liebte unser *Stubenlamm* ganz besonders; sie schob dann neugierig ihren Kopf dicht an die Seite heran und knabberte auch mal prüfend am Papier. Reine Textpassagen waren für Janti freilich nicht interessant, Buchstaben mussten ihr nichtssagend und langweilig vorkommen. Meine Vorliebe für Wohnzeitschriften teilte sie und beäugte und beschnüffelte alle ausgiebig; sie sind besonders reich an farbigen Bildern von Dekoobjekten, meiner drittgrößten Leidenschaft nach Schafen und Autos. Ich erklärte ihr, was auf den Bildern zu sehen war, und was ich auch gerne für Möbel oder Accessoires hätte. *Sind Möbel so etwas wie Hindernisse?*, fragte sie mich. Nach einer kurzen verblüfften Denkpause antwortete ich ihr, mich im wahrlich hinderlich vollgestellten Raum umsehend und die Einrichtung der restlichen Wohnung bedenkend: „So habe ich das noch nicht gesehen, aber ja, ich glaube, du hast es erfasst."

Weil ich Jantis hohe Anpassungsfähigkeit lobte, muss ich auch noch ihre Geduld und Unerschrockenheit erwähnen, die sie besaß, wenn ich meine Wände umdekorierte und dabei mit dem Hammer einen für das empfindliche Gehör der Schafe grässlichen Lärm produzierte. Meine Begeisterung für neue Wandgestaltung hat mein *Stubenlamm* zwar nicht begriffen, aber liebevoll toleriert: *Gefällt dir dein Stall nicht mehr, oder möchtest du ihn vergrößern? Und hast du keine Angst, dass er mal zusammenkracht, wenn du ihn zu stark abklopfst?* Ich gab zu, dass es schon kleine Löcher gab, dass aber keine Gefahr für einen Zusammenbruch bestand und entschuldigte mich für den Krach. *Das Klopfen ist nicht so schlimm. Aber die Menschenwelt ist wirklich sehr laut, deshalb hören sie auch nicht immer, was das wahre Sein ihnen sagt.* Ich versprach, gut hinzuhören, vor allem, wenn ich *Fühlreden* oder „normale" Tierkommunikation praktizierte.

Ich hatte Erecs und Obies hinweisende Worte in Kopf und Herz gespeichert: Die innige Nähe zu Janti als eine einmalige Chance zu innerem Wachstum zu nutzen und mein Potenzial voll auszuschöpfen, auch das mir noch unbekannte – das waren die Aufgaben, die ich bestmöglich erfüllen wollte. Nur – wie sollte das funktionieren? Ich kannte zwar einige meiner persönlichen Schwachstellen und Lernfelder, aber gerade diese schienen mir zur

Zusammenarbeit mit Janti ungeeignet: Ich war zu schnell nervös und entmutigt, manchmal allzu temperamentvoll (väterlich/großelterliches Erbe!) und ich wollte alles zu 150 Prozent gut erledigen. Die tapfere, sanfte und genügsame Janti schien in manchem mein komplettes Gegenteil, das musste sie doch erschrecken. Und überhaupt: Erec und Obie, ja sogar die anderen Mitschafe, hatten deutlich durchblicken lassen, dass es ein gemeinsamer Weg war und wir beide lernen und uns weiterentwickeln würden durch gegenseitige Unterstützung. Was musste Janti denn noch bewältigen? *Zum Beispiel fürchte ich die Menschen immer noch, weil die meisten von ihnen uns Schafe und unsere Leidensgenossen als seelenlose Dinge einstufen. Sie nehmen uns unser Leben, weil sie glauben, es gehöre ihnen. Ich sollte aber keine Angst haben sondern stark sein und ein Beispiel geben, zeigen, dass wir zwar keine Menschen, aber dennoch ebenso beseelte Lebewesen sind.* „Das machst du doch schon großartig!", rief ich aus, „und es ist sehr verständlich, dass du Angst hast. Die Menschen sind wirklich oft zum Fürchten." Und zu verabscheuen, wenn sie euch quälen und als Sache abtun, dachte ich bei mir. Ich wusste, dass mit *Leidensgenossen* die anderen „Nutztiere" gemeint waren, und ich kam später auch noch mit Obie ins Gespräch zu diesem Thema. Was mich berührte, war, dass Janti trotz aller Furcht und Missbilligung keinen spürbaren Groll oder gar Hass empfand. Sie verströmte immer ein mir unerklärliches Grund-Wohlwollen allem gegenüber, das zu reiner, tiefer Liebe wurde, wenn sie mich oder Beate in ihr Fühlen einbezog. „Gibt es sonst noch etwas, das du lernen musst?", fragte ich sie, weil ich hoffte, so etwas über meine eigenen Soll-Punkte zu erfahren. *Oh ja, ich bin hier, um mit dir, mit euch ein Abenteuer zu bestehen.* Sie fühlte mir ein schelmisches Lächeln zu und fuhr fort: *Ich habe zugestimmt, so wie jetzt zu leben, damit was in Bewegung kommen kann, aber wir brauchen Hilfe, und ich suche noch nach einer Möglichkeit, euch klarzumachen, wie diese aussieht.* Eine Woge zärtlicher Anteilnahme traf mich, denn ich war mittlerweile restlos verwirrt. *Weg mit dem Denken, weg mit dem Zweifel, her mit dem vergessenen Herzenswissen!* Sie klang beinahe schon wie Erec, ich war auf dem besten Wege, eine Lehrmeisterin zum ritterlichen Lehrer hinzuzubekommen.

Von da an entwickelte die Situation eine gewisse Eigendynamik. Es war bezeichnenderweise Beate, die den ersten Schritt in die von Janti gewünschte Bewegung tat. Sie war wie ich schon lange an alternativen Heilmethoden interessiert, und da ich die tierheilpraktische Schiene fuhr und somit auch Homöopathie, Bachblüten und andere gängige Verfahren abdeckte, wollte sie etwas anderes ausprobieren: Sie entschied sich für Reiki. Nachdem sie

sich einige Male hatte behandeln lassen, beschloss sie, eine Ausbildung zu machen und erhielt bald den ersten Reiki-Grad, der sie befähigte, sich selbst und anderen eine Behandlung zu geben. Janti kam in den häufigen Genuss einer Reiki-Anwendung, denn Beate musste nun viel üben. Es war wirklich ein Genuss für unser *Stubenlamm*, das konnte man spüren. Janti hielt ganz still, genoss die Energie und hatte hinterher stets einen gesunden, großen Appetit. Manchmal schlief Beate nebenher ein, dann bekam sie von Janti einen Schubs, damit sie weitermachte. *Das ist herrlich. Das tut richtig gut.* Ich freute mich, jetzt eine weitere gesundheitsfördernde Maßnahme für sie zur Hand zu haben. Alles, was auch nur eine kleine Verbesserung versprach, sollte ausprobiert werden. Und durch Reiki stellte sich eine wachsende Nähe zwischen Janti und Beate ein, was beiden wohl tat. Las Beate bei Janti im Reiki-Magazin, tat sie es bevorzugt laut, denn allem Anschein nach hörte unser *Stubenlamm* gerne dabei zu und biss bei einem wohl besonders interessanten Artikel kräftig in die betreffende Seite, als bleibenden Beschäftigungsnachweis. Wir haben das solchermaßen fachkundig gekennzeichnete Exemplar natürlich aufgehoben.
Mit Reiki als erstem Schritt kam es automatisch zu einem zweiten, wesentlichen. Beates Lehrerin hat ein Faible für alles, was mit spirituellen Erfahrungen zusammenhängt und führt ihre Schüler nicht nur in Reiki ein. So arbeitet sie viel mit Engeln, und Beate begann bald, sich für dieses Thema zu erwärmen. Seltsamerweise faszinierte auch mich spontan die Vorstellung, Engel um Hilfe zu bitten. Den letzten Anstoß dazu gab niemand anderes als unsere Janti! *JA! An solche himmlische Hilfe habe ich gedacht, als ich mit dir darüber sprach. Jetzt kommt das Herzenswissen ins Spiel.* Wir fingen an, unterschiedlichste zeitgenössische Literatur über Engel zu durchforsten, und manches davon lasen wir Janti vor. Sie blieb bei allen Texten ruhig, reagierte aber auf den einen oder anderen mit besonderer Aufmerksamkeit, indem sie den Kopf aus dem Heuberg vor sich hochhob und uns ansah. Durch *Fühlreden* bekam ich meist heraus, ob wir uns näher mit einem Buch beschäftigen sollten oder nicht. *Nochmals: Nehmt euer Herzenswissen ernst, es zeigt euch, womit ihr arbeiten sollt. Ich bin sehr froh, dass es vorwärtsgeht!* Ich wusste zwar noch nicht recht, wie das Vorankommen konkret aussehen würde, aber die Beschäftigung mit Engeln zeigte schnell ihre heilsame Wirkung – ich war mehr als überrascht, als ich gelassener und ruhiger wurde, positiver dachte und auch in Bezug auf Jantis langwierigen Genesungsprozess weniger negativ urteilte, sogar die mir bislang verborgen gebliebenen Zusammenhänge

zu erkennen begann. Mein süßes *Stubenlamm* war regelrecht glücklich über meine veränderte Geisteshaltung, die sie schneller noch als ich selbst spürte.

Vielleicht hätten mich meine alten Zweifel wieder eingeholt, wäre es nicht zu einem wundersamen Erlebnis gekommen, das mich vollends überzeugte. Janti hatte eine ihrer gesundheitlich kritischen Phasen und erschreckte mich durch unkoordinierte Bewegungen, wenn sie sich aufsetzte oder streckte. Sie zeigte wechselhaften Appetit und träumte schlecht, war nervös und unruhig. Wir getrauten uns nicht, sie in diesem Zustand auch nur eine oder zwei Stunden unbeaufsichtigt zu lassen. Die herausgesuchten homöopathischen Mittel wirkten nicht in der gewünscht-erwarteten Weise, auch Reiki und Bachblüten halfen nur teilweise. Auf meine besorgten Fragen hin sagte Janti: *Nein, es ist kein Ruf gekommen. Ich bin aber sehr durcheinander. Ich möchte rennen und hüpfen, was ja nicht klappt. Aber ich sitze auch schlecht, ich rutsche weg.* Das war leider wahr; sie konnte sich nicht aufrecht halten, was doch schon äußerst gut funktioniert hatte. Ich fürchtete, sie könnte dadurch wieder einen Dekubitus bekommen und besorgte ihr eine Matratze für Hunde, die eine spezielle Füllung hatte und ähnlich gearbeitet war wie Matratzen in Pflegebetten für Menschen. Nach langer Suche im Internet hatte ich die passende Größe gefunden, mit genau richtigen Maßen für das Planschbecken. Als sie nach längeren logistischen Missverständnissen endlich bei uns angekommen war, standen wir vor der Schwierigkeit, Janti umzusiedeln. Das alte Planschbecken ließ Luft und musste sowieso ersetzt werden, also legten wir die Matratze gleich in ein neues. Aber wie sollten wir unser *Stubenlamm* hinüberschaffen? Janti konnte nicht stillhalten, sie gab zu, sich dauernd bewegen zu müssen. Hinzu kam, dass Beate nicht bei Kräften war und ich von Geburt an schwache Muskeln habe. Janti war zwar kein großes und relativ leichtes, da zartes Schaf, aber in der gegebenen Situation bedeutete das Unterfangen einen enormen Kraft- und Nervenakt für uns. Ich drohte, in alte Panik zu verfallen. Aus purer Not rief ich die Engel um Hilfe und bat um Unterstützung, damit unser Schatz heil und gut im neuen Bett landet. Janti wurde ruhiger, wir auch. Noch immer unschlüssig standen Beate und ich herum, als ich innerlich Jantis Worte empfing: *Jetzt! Jetzt holt mich bitte heraus.* Ich gab Beate ein Zeichen, und wir hoben Janti hoch. Wie es weiter ging, bekamen wir gar nicht wirklich mit. Mit unvorstellbarer Leichtigkeit setzten wir Janti wenige Sekunden danach im neuen Planschbecken ab – es kam uns fast vor, als sei sie geschwebt, oder getragen worden. Nicht von uns.

Die Atmosphäre im Jantizimmer war ebenfalls eine bislang noch nie erfahrene, wir spürten eine unsichtbare Anwesenheit, die uns alle drei stärkend und tröstlich umgab. Es war der Beginn einer wachsenden Wahrnehmung jener Helfer aus der Geistigen Welt, die uns die ganze Zeit schon beigestanden hatten, ohne dass wir es wussten, oder besser gesagt: ohne, dass wir uns dessen **be**wusst gewesen waren. Jantis glückliches *Danke!* galt nicht nur ihren zwei menschlichen Helferinnen. Wir schlossen uns ihr aus tiefstem Herzensgrund an.

Eine weitere Bestätigung dafür, dass wahrhaftig Engel uns bei der Ausübung unserer Liebespflichten halfen, bekamen wir überraschend von einem guten Freund, der im Bereich des geistigen Heilens für Mensch und Tier tätig ist und den ich für Jantis Mitbehandlung ins Boot geholt hatte. Er schrieb in einer Mail: „Und die Engel sind auch da." Ich zeigte Janti den Ausdruck der Mail, wie ich ihr so ziemlich alles vor die Nase hielt, was mir wichtig war, und las ihr die Mitteilung vor. *Oh ja, das stimmt. Da hat er recht. Ich mag ihn überhaupt gern, den Günter, er versteht uns alle sehr gut. Und er arbeitet sehr bekömmlich!*

Es war eine hilfreiche Maßnahme gewesen, Janti die Spezialmatratze unterzulegen. Sie konnte sich wieder aufsetzen und rutschte nicht mehr ab, der Untergrund gab ihr Halt, ohne hart und unnachgiebig zu sein. *Das ist so bequem wie eine Wiese!* Ein schöneres Lob hätte ich nicht bekommen können. Ihre Gesundheit besserte sich ebenfalls wieder, ich schaffte es, die nächtliche Unruhe in ihren Beinchen homöopathisch zu kurieren, gleichzeitig schwand auch das sie tagsüber quälende Ameisengefühl in allen Gliedern. *Ich habe schon gedacht, womöglich habe ich da auch komische Gäste, aber das stimmt nicht. Das hast du toll hinbekommen, vielen Dank. Kannst du vielleicht auch noch meinen Geruchssinn aufwecken? Alles riecht und schmeckt nach nichts.* Also deshalb schnüffelte sie so intensiv an jedem Salatblättchen, bis sie es zögerlich fraß! Sonst schnappte sie nämlich vehement nach jedem Blatt und riss es uns begeistert aus der Hand. Ich war wieder einmal sehr froh, dass wir uns so deutlich verständigen konnten, denn auf pure Vermutungen hin wollte ich den geschwächten Organismus meines *Stubenlamms* nicht mit zu vielen verschiedenen Impulsen konfrontieren: Janti bekam bereits drei Einzelmittel über eine längere Zeitspanne, und manchmal griff ich auch zu einem bewährten Komplexmittel. Äußerte Janti aber einen Wunsch, wie ich ihr helfen könnte, reagierte ich sofort. Meine Freude war riesig, als ich zwei Tage nach ihrer Bitte von ihr gelobt wurde: *Alles schmeckt wieder wie es soll, fast noch besser! Mir gefallen deine Ideen sehr gut.* Dankbar rieb sie ihr wuscheliges Köpfchen an meiner Hand.

Im Zuge unserer Beschäftigung mit alternativen Heilmethoden und verschiedenen Diagnoseformen kam auch die Einhandrute (Tensor) zum Einsatz; sie leistete hervorragende Dienste wenn es darum ging, die Verträglichkeit eines Mittels oder dessen geeignete Potenzhöhe auszutesten. Ich überließ diese Arbeit primär Beate, da sie bald gute Ergebnisse erzielte und oft nach Reiki oder Meditation sich besonders befähigt fühlte, meine Vorschläge auszupendeln. Sie gewöhnte sich auch an, für ein sicheres Ergebnis den Engel der Heilung, Raphael, um Hilfe zu bitten. Ging es um Jantis Gesundheit, was meist der Fall war, setzte Beate sich neben sie und pendelte in ihrer unmittelbaren Gegenwart. Unser Schafsmädchen liebte den Tensor sehr, sie nannte ihn *Zauberstab*. Er endet in einer Holzkugel, die eine enorme Anziehungskraft auf Janti ausübte, man konnte so schön hineinbeißen oder mit dem Huf danach schlagen. Solch ein außergewöhnliches Spielzeug kennen wohl nicht viele Schafe!

Aller Sorge und allen Komplikationen zum Trotz gab es viele heitere, fröhliche Planschbecken-Erlebnisse; ich erinnere mich noch heute mit großem Amüsement an Jantis Eigenheiten, wenn es um ihre Fütterung ging und sie gut drauf war. Sie hatte ihre eigenen Schüsselchen, ein großes rosafarbenes, worin sie die bereits erwähnten Futtermittel wie Getreideflocken, kleingeschnittenes Obst und Gemüse und so weiter bekam sowie ein kleineres blaues für Wasser oder Kräuterteemischungen. Normalerweise akzeptierte sie sie ohne Trara, doch an manchen Tagen trat sie ohne Vorwarnung in den Schüsselstreik. Vor allem beim Pelletbrei - den eingeweichten Zuckerrübenschnitzeln - der nass war und demnach schwierig zu füttern. An derartigen Streiktagen bot man ihr ohne Erfolg den Brei erst in der Schüssel, dann von Hand an. Der dritte Anlauf erfolgte im Handtuch: Es wurde wie eine Picknickdecke vor ihr ausgebreitet, der Brei als Häufchen aufgeschichtet und nach dem Aufschlabbern ein neues Häufchen mittig platziert. Dies wiederholte sich so oft, bis Janti die vorgesehene Portion vertilgt hatte. Dann nahm eine von uns das Handtuch, schüttelte den Restbrei zusammen und wartete, bis Janti auch das allerletzte Fitzelchen mit der Zunge aufgetupft hatte. Erst dann durfte man das Handtuch, die Schafs-Picknickdecke, zusammenrollen und waschen. Janti hatte Spaß an dieser Zeremonie, und ich hatte nichts dagegen, so ihrem Appetit auf die Sprünge zu helfen. Auf meine Frage, warum sie das so wollte, ließ sie mich wissen: *Das ist für mich wie von verschiedenen*

Tellern essen, nicht immer nur aus der gleichen Schüssel. Du nimmst doch auch jeden Tag eine andere Tasse. Tja, da hatte sie den Nagel auf den Kopf getroffen. Ich trank jeden Morgen dicht bei ihr sitzend meinen Kaffee, wenn sie ihre Frühstücksleckereien bekam. Sie schnüffelte immer sehr neugierig und sah nicht recht ein, weshalb ich ihr vielerlei zu kosten anbot, Kaffee aber für sie tabu blieb. Mir wäre allerdings nie und nimmer eingefallen, sie könnte merken, dass ich viele verschieden Tassen (meist mit Schafmotiv) benütze! Es ist ein Kuriosum, was tierische Mitbewohner alles registrieren!
Der absolute Favorit unter den Futter-Extras waren Brezeln. Üblicherweise tropften wir Janti ihre Medikamente auf kleine Brot- oder Knäckebrotstückchen, aber gelegentlich auch auf Brezelrädchen. Nach der ersten Brezelprobe stand schon fest, dass Janti für dieses Extra alles wagte. Ich wusste ja anfangs nicht, dass mein geliebtes *Stubenlamm* mir im Hinblick auf das Salzgebäck an leidenschaftlicher Vorliebe in nichts nachstand. Doch kaum hielt ich das Probestück in der Hand und wollte gerade Bachblüten aus der Pipette darauftropfen, als mit einem Schwupps die Kostprobe auch schon aus meinen Fingern in Jantis begeistertem Mäulchen verschwand. Beim zweiten Anlauf, nur wenige Sekunden später, war ich so leichtsinnig, das Brezelteil auf meinem Knie zwischenzulagern, was Janti sofort erfasste und sich ihr Leckerli von dort wegschnappte. Es war in der Folgezeit ein untrüglicher Indikator für Jantis Wohlbefinden oder Unwohlsein, in welchem Tempo sie sich selbst bediente. Ähnlich lief die Sache bei Butterkeksen und Rosinen ab; aber Brezeln blieben der Hit. War ich bereits vor diesem netten Erlebnis ein Brezelfan, so bin ich es seitdem noch um einige Grade mehr – ich kann keine Brezel essen, ohne an Jantis Herzensfreude zu denken und sie neu zu fühlen. Übrigens entwickelten auch die anderen Schafsenioren eine ähnliche Fressneigung.
Gleichermaßen unterhaltsam war Jantis gespannte Aufmerksamkeit, wenn ich jene Schublade aufzog, die ich für sie persönlich reserviert und eingeräumt hatte. Es waren die Tagesrationen an Brotstückchen sowie getrocknetes Obst und diverse Leckerlis darin gelagert. Janti konnte sie vom Planschbecken aus sehen, und falls sie gerade mit Wiederkäuen oder Im-Heu-Wühlen beschäftigt war und nicht hinsah, registrierte sie augenblicklich das schabende Geräusch beim Öffnen der Lade. Dann schnellte ihr Kopf in die Höhe und sie sah mich erwartungsvoll an. War ich dann nicht fix genug (wie sie meinte), ruckelte sie sich ein wenig in meine Richtung und blökte auch mal anfeuernd. Ich wusste, nun folgt unweigerlich ihr Lieblingsspruch, ihre Kurzformel für

Dringlichkeit: *Oh, bitte gibs her!* ***Jetzt gleich!*** Bei aller Geduld, bei aller Hingabe: Mein *Stubenlamm* favorisierte das Wort *jetzt* ebenso wie Erec, und ein *Jetzt gleich* deutete auf enorme Wichtigkeit der Sache hin. Beate und ich haben diese Jantiformel übernommen und verwenden sie täglich, ganz im Sinne unseres Lieblings ohne Hektik, aber mit Prioritätsanspruch.

Lamm hats schwer! Auch dieser Janti-Spruch ist bei uns ein beliebtes geflügeltes Wort geworden. Sie hat ihn mal mit einem kleinen Seufzer, mal mit einem mentalen, spitzbübischen Lächeln eingesetzt, wie sie es gerade für notwendig hielt. War zum Beispiel Beate beim Reiki-Geben eingeschlafen und Janti wollte, dass es weiterging oder sie etwas zu fressen bekam, dann erreichte der Spruch seufzend meine Herzensohren und ich sah zu, dass rasche Abhilfe geschaffen wurde. Saß eine von uns bei ihr im Planschbecken und erklärte ihr, dass wir nun leider für eine Weile außer Haus mussten, klangen ihre drei Worte selbstironisch-lächelnd. Auch sie bewies uns fast täglich, dass Tiere durchaus Humor haben; ich wusste das ja bereits von Erec. Interessant finde ich auch, dass sie sich als *Lamm* bezeichnete und auch so sah, obwohl sie mittlerweile dreizehn Jahre zählte. Wenn man sie allerdings so sitzen sah, mit ihren weißen Kruschellöckchen an der Stirn, dem langen, fedrig-leichten Nackenschopf und den olivfarbenen, ausdrucksstarken Augen wirkte sie in der Tat sehr jung und zudem so unschuldig, wie sie tatsächlich auch war. Sie besaß eine reine, liebevolle Seele, die verletzlich und zugleich sehr stark war.

Janti vertraute uns tief, das spürten wir und sie ließ es uns auch wissen. *Ich bin vollkommen sicher bei euch, an Leib und Seele. Das ist ein großer Trost in all der Gefahr für die Vielen meiner Art.* Sie zeigte mir mental Schafe, Schweine, Rinder und andere Tiere, um mir klarzumachen, dass sie damit alle „Nutztiere" meinte. *Bitte hilf mit, damit auch sie glücklich werden können.* Ich war gerührt über ihr Vertrauen in mich, so viel Macht zu haben, aber bei aller Mühe konnte mir derlei gewiss dennoch nicht gelingen. *Doch, du denkst da ganz klein, du musst anders denken! Ich weiß schon, dass du nicht alle retten und herholen kannst, aber segne sie, liebe sie und pflege mich weiter so zärtlich, das ist der Weg, um allen neues Vertrauen in die Menschlichkeit zu schenken. Weißt du, gerechtfertigtes Vertrauen macht glücklich. Da bin ich jetzt Expertin drin.* Was anderes konnte ich da tun, als mein geliebtes *Stubenlamm* zu herzen und zu küssen! *Fein! Kriege ich noch ein paar Rosinen? Bitte jetzt gleich!* Gerne, Goldschatz!

Jantis Vertrauen erstreckte sich auch auf unsere kurzen Abwesenheiten, sie wusste genau, dass wir schnellstmöglich zu ihr zurückkamen und sie frisch versorgten. Dennoch, zu unserer Erheiterung, schickte sie manchmal einen kleinen Seelenruf los, selbst wenn wir uns nur ein paar Zimmer weiter weg befanden: *Mal wieder keiner da!* Das klang nie verzweifelt, ängstlich oder gar vorwurfsvoll, es sagte uns einfach, dass sie uns gerne bei sich hätte. Waren wir im Haus, so riefen wir: „Doch, doch, Jantischatz! Alle da!" Und natürlich eilte eine von uns – oder auch beide – zu ihr, um nach dem Rechten zu sehen. Erreichte mich ihr *Keiner da!,* wenn ich de facto nicht in ihrer physischen Nähe war, sandte ich ihr liebevolle Herzensgedanken und beeilte mich, heimzukommen. Es war schön, ihren Wunsch nach unserer menschlichen leib-seelischen Nähe zu spüren, da sie mit den meisten Zweibeinern nicht eben auf vertrautem Huf stand. Wir beide waren ihre Lieblingsausnahme. Es gelang Beate und mir aber, ihre generelle Angst und Unsicherheit zu verringern, wobei passende, umsichtig ausgewählte Bachblüten eine unschätzbare Hilfe darstellten.

Im Allgemeinen war Jantis Verhalten während unserer Abwesenheit vorbildlich; sie fraß ihren Vorrats-Heuhügel auf, wiederkäute, verdaute und schlief vor sich hin, bis wir wieder nach Hause kamen. Manchmal jedoch wurde ihr ein wenig langweilig – verständlich für ein kluges, wissbegieriges Schaf – und wir konnten dann eine Sonderschicht beim Aufräumen einlegen. So konnte es z.B. sein, dass sie ihre Hygiene-Unterlage in viele weiße Papierfitzelchen zerlegt hatte, die dann auf ihr und um sie herum lagen und sich auch vor dem Planschbecken auf dem Boden verteilten. Einmal hatte sie sich etwas Besonderes für mich ausgedacht. Ich war im Auto unterwegs Richtung Heimat, als ich Jantis Gefühle empfing – Unternehmungslust, Neugier und wachsendes Erstaunen. Zugleich kribbelten meine Beine und ich entwickelte einen – für Autofahrende höchst unpassenden – Bewegungsdrang. Dies kam öfter vor, wenn Janti mir intensiv ihre Empfindungen und Bedürfnisse vermittelte; ich konnte also davon ausgehen, dass sie sich sportlich betätigte. Soweit es meine Konzentration auf den Verkehr erlaubte, spürte ich den mentalen Botschaften meines Lieblings nach und vernahm im Herzensohr: *Oh! Das ist ja interessant! Da sind noch mehr! Wie geht das bloß auf? Ah, gut. Das macht Spaß!* Ich gab ein wenig mehr Gas und war heilfroh, nur noch wenige Kilometer vor mir zu haben. Mich erreichten weitere Wellen der Hochstimmung und der Selbstzufriedenheit. „Janti, Süße, ich bin jetzt dann gleich da!", dachte ich ihr zu, „sei bitte brav, Spatz!" Prompt fühlte ich die

Antwort: *Alles in Ordnung, aber schön, dass du kommst!* Mittlerweile hatte ich gelernt, dass *alles in Ordnung* bei meinen Schafen nicht unbedingt identisch sein muss mit meiner eigenen Vorstellung. Ich bog schwungvoll in die heimatliche Seitenstraße ein, parkte mehr schräg als elegant (Hauptsache schnell!) vor der Garage und eilte zu meinem verdächtig frohgelaunten Goldschatz. Ich kapierte nicht gleich, was ich sah: Überall Wolle! Das gesamte Planschbecken und Janti selbst waren mit cremefarbener, rötlicher und brauner Wolle bedeckt. Das weiße, kruschellockige Köpfchen meines geliebten *Stubenlamms* ragte nur wenig heraus. Zuerst dachte ich entsetzt, sie habe sich ihre Wolle ausgerupft, bis ich mich besann – die Farben stimmten ja nicht! Beim näheren Hinsehen entdeckte ich teilzerfetzte Plastiktüten, aus denen weitere Wolle quoll. Der Groschen fiel: Janti hatte Teile der Auspolsterung ihres Refugiums auseinandergenommen - und sah recht befriedigt drein. Ihr süßes Gesicht brachte mich wie immer dazu, vor lauter Liebe beinahe überzufließen. Dennoch war nun Zeit für ein ernstes Wörtchen. „Kind! Was hat das zu bedeuten? Macht das ein braves Mädchen?“ Ich wagte nicht, mir vorzustellen, welch potenzielle Gefahr die Plastiktüten für Jantis Gesundheit darstellen mochten, wenn sie womöglich Teile davon verschluckte! Wir hatten zur Vorsicht alte Decken und Handtücher über die wollgefüllten Tüten gebreitet und sie an der Seite festgestopft, sowie alles mit Stroh abgedeckt, geradezu vergraben, wie wir geglaubt hatten. Diese wohlüberlegten Maßnahmen hatten bis heute für ein weiches und sicheres Lager gesorgt. Was war dem Schatz nur eingefallen? Janti sah mich von unten herauf an und meinte treuherzig: *Du bist mir nicht böse, gell?* Ich seufzte. „Nein! Natürlich nicht. Es ist aber gefährlich, wenn du mit Plastik spielst, mach das bitte nicht noch mal. Was ist dir denn dabei eingefallen? Du musst ja ordentlich Beinarbeit geleistet haben!“ (Ich dachte an meinen Bewegungsdrang.) *Ja, ich habe schwer geschuftet, mir war ein wenig langweilig. Und als ich auf diese unerwarteten Wollreserven stieß, war es ein bisschen wie in der Herde. Es roch so vertraut.* Ich schluckte. „Ach Schatz, vermisst du deine Herdenfamilie sehr?“, fragte ich bang. Janti fühlte mir beruhigende Liebe zu: *Nein, aber manchmal wäre es schon lustig, mit den anderen zusammen rumzuspazieren. Ich bin aber sehr gern bei euch!*, versicherte sie mir und legte ihr Köpfchen in meine Hand. Ich begann, die Wolle einzusammeln und neu zu verpacken, um unserem *Stubenlamm* wieder ein weiches, warmes Plätzchen für einen sicheren Sitz im Planschbecken zu schaffen. Als ich fertig war, nahm ich Janti das Versprechen ab, künftig keine solchen Ausgrabungen mehr vorzunehmen. Dann fiel mir etwas ein. „Oder ist das eine zu große Versuchung für ein Schaf, das mit Menschen lebt und wir sollten besser ein anderes Material suchen?" Janti aber meinte: *Oh! Nein, nein! Das ist das beste Füllmaterial der Welt. Eine gute Idee. Ich hatte heute viel Spaß, und jetzt liege ich einfach weiter zufrieden darauf herum, weil ich Bescheid weiß.* Ich beschloss, ihr zu vertrauen; ich hatte keinerlei Grund, es nicht zu tun. Nach dieser für uns beide anstrengenden Aktion kuschelten wir ausgiebig und dösten dabei vor uns hin. So fand uns Beate, die eine Stunde später kam, und sie staunte nicht schlecht, als sie die Geschichte hörte.

Jantis Turnübungen brachten es mit sich, dass sie mit den Hufen ihre Beinchen zerkratzte, wenn sie arg wild strampelte und ihre Sitzposition (mittlerweile selbstständig und erfolgreich) verändern wollte. *Ich glaube, ich habe zu viele Beine!*, ließ sie mich halb scherzhaft, halb verdattert wissen. *Zum Sitzen jedenfalls!* Ich zog ihr Schutzschuhe über, wie Hunde sie gegen Schneematsch und Streusalz bekommen, die weichste und leichteste Sorte. Sie waren schwarz und hatten einen Klettverschluss. Janti mochte die Farbe Schwarz zwar nicht, aber es gab keine bunten und mit dem Klettverschluss wurde sie in null Komma nichts fertig: Ich musste zusätzlich mit Leukoplast die strumpfleichten Schuhe an der Wolle der Beinchen festkleben, so locker wie möglich, so fest wie nötig. Dennoch baumelte alle paar Tage ein schwarzes Stoffteil mal zerfleddert, mal mit Loch oder Laufmasche wenig damenhaft an Jantis hübschen Füßen. Ich versuchte es zwischendurch mit einer grauen Babysocke, die ein Calimero-Küken-Print als Muster hatte, was der Trägerin weit besser gefiel, sich jedoch als ebenso kurzlebig erwies. Janti sah entzückend aus mit Hundeschuh oder Babysocke, und die Zerlegung dieser so notwendigen Accessoires bereicherte ihr Freizeitprogramm. Zur Ehrenrettung unseres Lieblings muss ich sagen: Manche der Schuhe hielten auch mal einen Monat durch; und für fehlende Qualität ist Janti nicht haftbar zu machen!

In die Zeit von Jantis Planschbeckenaufenthalt fielen auch mancherlei Feste und Feiertage. An Weihnachten, genauer gesagt an Heiligabend, waren wir gewöhnlich bei Einbruch der Dunkelheit mit Laterne und Zusatzleckereien für die Schafe zur Weide gefahren, um ein bisschen zu feiern. Um Janti jedoch nicht zu lange bei künstlichem Licht alleine zu lassen, gab es die Weiden-Bescherung diesmal etwas frühzeitiger und wir feierten anschließend im Planschbecken weiter. Zum Glück hatte es Jumbo-Größe, sodass wir alle drei darin Platz fanden und unter Weihnachtsklängen aus dem CD-Player aßen, tranken und den kleinen Metallweihnachtsbaum mit LED-Lichtern betrachteten, den ich extra für Janti ins Zimmer gestellt hatte. Es war sehr stimmungsvoll und ein ganz besonderes Erlebnis. „Du bist unser Christkind!", sagten wir liebevoll zu unserem süßen *Stubenlamm*, und das weißlockige zarte Wesen antwortete: *Oh, das ist aber schön! Und viele Engel beschützen uns!* Ja. Dessen bin ich mir sicher.

Silvester ist grundsätzlich ein harter Tag für Tiere, denn sobald die Knallerei losgeht – was immer noch früher der Fall ist, manchmal schon am 30. Dezember, spätestens aber am Nachmittag des 31. – erschrecken sie und fürchten sich. Unsere sechs Lieblinge hassten das Zischen und Pfeifen und erschraken immer entsetzlich, rasten herum und beruhigten sich nur schwer wieder. Es war uns klar, dass wir dieses Mal zwei Gruppen bilden mussten, die den Jahreswechsel getrennt voneinander verbringen; Beate würde bei der Weidentruppe im Stall stehen und ich mit Janti im Planschbecken sitzen. Wir beschlossen, bereits am Spätnachmittag gemeinsam zur Weide zu fahren und die Herdenfamilie in den kleinen Stall zu locken, denn hierzu musste man zu zweit sein und tausend Tricks anwenden. Es gelang mit viel Mühe und noch viel mehr Heu, Zwieback mit Bachblüten und Apfelringen. Erec war ein bisschen beleidigt: *Bitten und erklären reicht doch, wieso die unhöfliche Hintertücke?* Ich entschuldigte mich: „Es sind hier nicht alle so vernünftig wie du, mein treuer Ritter! Sorry, dass es dich auch trifft." Er lenkte sofort ein: *Nun ja, das stimmt schon. Meine Mama hat es arg bunt getrieben damals.* Er spielte auf das Intermezzo an Beates Geburtstag an, als der Wetterbericht bis zu minus 20 Grad in der Nacht ankündigte und wir vier Stunden lang bei bereits minus 14 Grad Kälte versuchten, Enite als sechstes und letztes Schaf in den Stall zu bekommen, wo es immerhin ein wenig wärmer war als draußen und sie sich auf relativ engem Raum gegenseitig wärmen konnten. (Was ihnen nie so ganz behagte!) Irgendwie hatte es dann am fortgeschrittenen Abend noch geklappt. Doch an diesem Silvester kam es zum Glück zu keinen derartigen Turbulenzen und ich verabschiedete mich von jedem Schaf einzeln mit „Machs gut, Schatz, bis nächstes Jahr, gleich morgens!" Hälmchen fragte erschrocken: *Warum bleibst du so lange weg?* Ich erklärte ihm nochmals, wie es gemeint war und er brummelte zufrieden: *Ach so, ja, das ist in Ordnung. Das hält man aus.* Ich knuddelte jede und jeden nochmals und wir kehrten schnell nach Hause zurück zu Janti, die ihr sehnsüchtiges *Mal wieder keiner da!* eindringlich in mein Herz gerufen hatte.

Ungefähr zwei Stunden vor Mitternacht machte sich Beate dick vermummt und mit Zwieback und Rescue-Tropfen bepackt wieder auf zur Weide. Ich saß bereits bei Janti im Planschbecken, wir hatten es uns mit Heu, Rosinen, Salat, Wohnzeitschriften und einem Buch bequem gemacht, Hamster Goldi im Käfig war auch im Zimmer und leistete uns Gesellschaft. Falls er sich fürchtete, würde ich ihn aus dem Käfig herausnehmen. Janti betrachtete ihn neugierig, als er unentwegt am Gitter hochkletterte und sich immer wieder hinunterplumpsen ließ. *Was macht er denn da? Ist das auch ein Sport?* Sie klang aufrichtig interessiert. „Ja, Liebling, aber keiner für dich! Das fehlte noch, dass du dich irgendwo runterplumpsen lässt!" Janti rieb ihr Köpfchen an meiner Hand und murmelte mental: *Ach nein, das ist bloß was für winzige Wuselige.* Wir wurden bald beide ziemlich müde und dösten vor uns hin, eng aneinandergekuschelt. Von ferne hörten wir die ersten Raketen zischen, als es noch eine halbe Stunde bis Mitternacht war. Unser Haus lag ziemlich abseits in einer Seitenstraße, die relativ verschont blieb von dem vor-silvestrigen Krachen. Ich las ein paar Sätze, Janti mümmelte Heu und Goldi raste im Rennrad herum. Ich genoss die vollkommene Nähe zu Janti, dieses Gefühl von Ruhe und Harmonie. Kurz vor Jahreswechsel ließ mich Janti am Silvestergeschehen im Stall bei Beate und den fünf Schaffreunden teilhaben; in *Fühlreden*-Stellung konnten wir erleben, wie tapfer diesmal alle waren, wie entspannt nach anfänglicher Aufregung. *Es geht allen gut, so wie uns,* bestätigte Janti. Ein, zwei enorme Knaller gab es in unserer Nähe, sie erschreckten mich mehr als mein *Stubenlamm.* Goldi hatte sich in sein Schlafhäuschen verzogen und raschelte darin herum. Alles in allem war es ziemlich unspektakulär, und Janti und ich waren fast eingeschlafen, als gegen ein Uhr 30 Beate mit Grüßen von der Herdenfamilie das Schafzimmer betrat und uns ein gutes neues Jahr wünschte. *Es ist so gemütlich, bleib doch bitte hier bei mir!* Ich fand es auch sehr angenehm, mit Kissen und Decke, den Arm um Jantis weichwollige Schulter gelegt. Ihr Köpfchen ruhte in meiner Armbeuge. Wir waren sehr müde und sehr, sehr glücklich.

Ein anderer, großer Festtag, der feierlich begangen wurde, war der jeweilige Geburtstag unsrer Lieblinge, den wir stets inniger und intensiver begingen als unseren eigenen. Jantis tatsächlichen Geburtstag wussten wir nicht, da sie nicht bei uns geboren wurde, also feierten wir traditionell jenen Tag im Januar, an dem sie uns vom Himmel geschenkt worden war. Schon bei Karsi hatten wir den Tag ihrer Eingliederung in die neue Herde am 12. Dezember jedes Jahr als Geburtstag dankbar begangen. Unser geliebtes *Stubenlamm* wurde also am 26. Januar herzlichst befeiert, mit Extraleckereien schon zum Frühstück und einem von Beate und mir dargebrachten Ständchen. Später hörten wir Jantis bevorzugte Reiki-Musik beim Kaffeestündchen zu dritt im Planschbecken und betrachteten die herzbedruckten Luftschlangen, die von der Lampe baumelten und nur knapp über Jantis neugierig-experimentierfreudigem Mäulchen endeten. *Kann man das essen?* Diese Lieblingsfrage all meiner Schafe musste ja kommen! „Nein, Schatz. Das ist Deko, für deinen Ehrentag!" *Oh, braucht man da solche Hängewürmer?* Ich lachte schallend, was selten passiert. *Findest du das komisch? Also, ich finde es nett von euch.* Um meiner Liebe zu diesem entzückenden Geschöpf gebührend Ausdruck zu verleihen, hatte ich Janti auch ein Gedicht geschrieben, das ich ihr vortrug. Sie lehrte uns so viel Wunderbares, hatte uns mit Engeln vertraut gemacht und trug ein so großes Liebespotenzial in sich, dass ich das alles unbedingt für sie in Worte fassen wollte. Auch nahm ich Bezug auf ihre momentane gesundheitliche Situation, der ich himmlischen Segen und Beistand wünschte. Janti sah mich beim Vorlesen unverwandt an und ich hatte das deutliche Empfinden, dass sie wirklich jedes Wort verstand und alles begriff:

Ich liebe dir einen Engel,
der dich auf seinen Schwingen trägt,
bis deine eigenen Füße
dich wieder tragen;
Ich liebe dir einen Engel,
der dir heilenden Odem einhaucht,
bis dein eigener Atem
dich wieder kraftvoll durchzieht;
Ich liebe dir einen Engel,
der schützend an deiner Seite weilt,
wenn du genesen bist,
damit du heil und ganz bleibst.
Ich liebe dir einen Engel und all meine Liebe zu,
weil du für mich
der Engel der Liebe bist.

In heiliger Einheit eins: Heilworte einer lichtvollen Seele

Als ich fertig war mit dem Vorlesen, küsste ich Janti liebevoll auf die Stirn und beglückwünschte sie mit Herzworten nochmals ausgiebig zu ihrem Festtag. *Intensives Fühlreden, bitte! Jetzt gleich!* Die sanfte Aufforderung war unmissverständlich. Ich war gespannt, was mein Goldschatz mit mir besprechen wollte.

Ihr habt lauter schöne Sachen gemacht, vielen Dank! Dein Gedicht hat einen Wunsch in mir geweckt: Ich möchte mit dir eigene Gedichte vom Fühlen ins Menschenwort bringen, hilfst du mir dabei? Ich kann zwar nicht schreiben, aber dir zufühlen, was ich gerne schreiben würde. Machen wir das? Ich empfing bei diesen Worten eine zartrosa Freude, die Jantis Seele umfloss. „Selbstverständlich!", rief ich überrascht und erfreut zugleich, „aber wie merke ich, dass es wirklich deine Worte sein werden und nicht meine Interpretation oder gar Ausdrucksweise?" Ein silberhelles Lachen umhüpfte meinen Geist. *Oh, da gibt es keine Verwechslungen, ich fühle stark, bunt und deutlich! Und ich helfe dir natürlich, so, wie du mir. Das wird wunderschön!*

Ich traute Janti wirklich sehr viel zu, dennoch konnte ich mir nicht recht vorstellen, wie wir zusammen dichten würden. Ich merkte dann sehr schnell, dass mein süßes *Stubenlamm* hier aktiv die Führung übernahm und mich etliche Vorübungen absolvieren ließ. Zweifellos war sie der Ansicht, dass ich eine gründliche Vorbereitung und Einführung brauchte. Was stimmte und mir eine Zeit schenkte, die unvergesslich ist und tiefe, lichte Spuren bei mir und jenen hinterlassen hat, die diese auf außergewöhnlichem Wege entstandenen Texte kennen.

Janti begann, mich vermehrt um themenspezifisches *Fühlreden* zu bitten, und sie fühlte mir nachdrücklich ihre Meinung darüber zu. Sie durchlief zwischenzeitlich eine turbulente Phase gesundheitlicher Probleme, wie Husten durch häufiges Verschlucken und Erkältung mit Geruchsverlust, als die Heizung ausfiel. Ich schaffte es, ihr wirksam und relativ rasch Abhilfe zu schaffen. Neben der Homöopathie und Reiki, das ihr natürlich Beate gab, setzte ich auf den Beistand der Engel, insbesondere bat ich Erzengel Raphael, ihr Genesung zu schenken. Bei einem nächtlichen Hustenstoß rief ich, neben ihr liegend und sie beruhigend, laut aus: „Ach, wenn du Raphael doch sehen könntest!" Ich dachte, das wäre sicher tröstlich für sie. Janti sah mich erstaunt an, und ich hörte in meinem Kopf eine kraftvolle, wohltönende Stimme, die nicht Jantis war, sagen: **Sie sieht mich.**

Ich musste mich in jenem Augenblick nicht fragen, ob ich wachte oder träumte; verstandesgeborene Zweifel kamen erst später. Janti meinte überaus verblüfft: *Siehst du ihn denn nicht? Er ist so schön!* „Nein, Liebling, ich sehe ihn leider nicht. Aber ich freue mich für dich!" *Siehst du die anderen Engel auch nicht? Warum nicht?* Was sollte ich ihr für Gründe nennen? Sie antwortete sich selber und ersparte mir so die Peinlichkeit eines nichtssagenden Gestotters. *Menschen schlafen meistens auf dem dritten Auge, wir Tiere nicht. Ich bin auch froh, dass ich keinen Verstand habe. Ich sehe mit Schrecken, was er mit dir macht. Er hindert dich am reinen Sein. Da muss ich noch besser dran arbeiten mit dir.* Und das tat sie!
Ihr Schwerpunkt bei den gezielten Übungen des *Fühlredens* zur Gedichtsvorbereitung war die Liebe. Sie strahlte dabei eine warme, beglückende Zärtlichkeit aus und ich konnte ihre Aura erahnen – sie richtig zu sehen und zu deuten war ich noch immer zu unwissend. Die zartrosa Färbung jedoch war klar und identisch mit jener, die ich einige Zeit zuvor schon auf der Weide bei ihr wahrgenommen hatte. Mittlerweile weiß ich, dass dieser Farbton für sämtliche Nuancen von Liebe steht, vor allem auch für die selbstlose. Keine andere Farbe passte besser zu Janti, und auch heute noch denke ich sofort an sie, wenn ich mit etwas Rosarotem in Berührung komme.
Liebe – Janti lebte sie mir vor und ich war heilsam gezwungen, meine persönliche Definition zu überdenken und neu zu formulieren. Ich sagte tief empfunden und oft zu Janti: „Ich liebe dich!" Ich bekam als Reaktion jedes Mal eine zärtliche Welle von ihr zugefühlt, einmal jedoch zusätzlich eine Aussage: *Das weiß ich. Du liebst mich mit allem, was ich bin. Du hast erfasst, wie eng wir verbunden sind. Untrennbar, für alle Seelenzeit. Ich liebe dich auch.* Ich erschrak. Das klang so endgültig, fast verabschiedend – *Nein, nein! Ich habe noch keinen Ruf bekommen! Sei ganz glücklich mit mir, jetzt und hier!* Das war mein Wunsch und Bestreben auch, denn ich genoss jede Sekunde in Jantis Nähe mehr als alles andere; ich hatte aber noch Schwierigkeiten, mich vorbehaltlos in den jeweiligen Glücksmoment fallen zu lassen, ohne Befürchtungen zu hegen, die sich bewahrheiten könnten. Solche Ängste hatten in Jantis Jetzterfahrung, die immer absolut war, keinen Raum. *Komm mit mir ins vollkommene Gefühl und verweile!* Und ohne Vorwarnung hatte ich plötzlich den Drang, Block und Stift ins Planschbecken zu holen. *Ja! Jetzt gleich!* Der große Augenblick war gekommen: Jantis Debüt als Dichterin.

Wir brachten uns in die bewährte *Fühlreden*-Position, ich leerte meinen Kopf so gut ich konnte von allen Gedanken und Vorstellungen, verband mich mit Janti und schrieb ihre lyrische Botschaft auf.
Ohne nachzukorrigieren gebe ich hier ihre Botschaft weiter:

Liebe haben
Liebe geben
Liebe leben
Liebe sein
bis alles, was ist
ist heil und ganz
genesen vom Gewesen
in heiliger Einheit eins.

Als sie fertig war, rieb sie abschließend ihr Köpfchen an meiner Stirn, und ein zufriedenes, stolzes Gefühl breitete sich in mir aus. Ich las Janti vor, was ich notiert hatte, und sie sagte fröhlich-aufgeregt: *Das hat toll funktioniert, ich danke dir! Das wiederholen wir, nicht wahr?* Ich bestätigte: „Ja, ganz bestimmt! Auch ich danke dir, mein Schatz! Du kannst mindestens so gut dichten wie ich!"
So oft ich nur konnte, verbrachte ich von da an intensive Stunden im Planschbecken bei Janti, sah ihr beim Fressen und Wiederkäuen zu. Ich achtete genau auf die Gefühle und Bilder, die sie mir sandte und gab mich ihr beim *Fühlreden* völlig hin, verbannte erfolgreich eigene Gedanken, so weit ich das bewusst kontrollieren konnte. *Oh, das machst du mittlerweile aber gut!* Jantis Lob baute mich auf. Wann immer ich auf der Weide die Herdenfamilie aufsuchte (täglich natürlich), war Erec sofort zur Stelle und wir tauschten uns aus über alle möglichen Dinge. Bei einer dieser Gelegenheiten sagte er, spürbar erstaunt: *Na, da hat die kleine Zwiebel bei dir ja einen Quantensprung erreicht, das ging aber flott! Ich bin sehr zufrieden mit euch!* Ich kam mir vor wie mit höheren Weihen versehen.
Das musste ich unverzüglich Janti berichten. *Gut, gell? Erec hat mir das bereits vermittelt. Er ist sehr lieb und weit entwickelt, ich bewundere ihn.* Ich auch. Und Jantis Unterricht fruchtet bis heute. Ich erinnere mich, als wäre seit damals die Zeit stehen geblieben, obwohl so vieles inzwischen wuchs und wurde. Sobald ich mich zu meinem liebevollen Schafsmädchen setzte oder legte (ja, wir kuschelten so manche Nachtstunde durch...) wurde die irdisch

messbare Zeit außer Kraft gesetzt. Ich konnte auf die Uhr sehen, ohne zu erfassen, wie spät es wirklich war – und es kümmerte mich auch nicht. Ob ich eine Stunde oder drei im süßen Seelenland mit Janti verbrachte: Es kam mir immer wie ein Augenblick, wie ein Lidschlag des Herzensauges vor. Wir fühlten uns beide wunderbar wohl miteinander, waren eins. Wir beschützten uns gegenseitig vor den leisen Schatten diffuser Ängste. Janti, mit der tiereigenen Fähigkeit, die Gesetze der Geistigen Welt zu verstehen, war sich sicher, dass alles gelenkt und gesegnet war. Doch meine Menschenunruhe übertrug sich leider ein wenig auf sie, sodass auch sie gelegentlich um Vertrauen ringen musste. Als ich diesen Zusammenhang bemerkte, gab ich mir verstärkt Mühe, hinter die Dinge zu schauen und das Unmögliche für wahrscheinlich zu halten. Obie hatte mir wortwörtlich dazu geraten, als ich eines Morgens mit ihr *Fühlreden* praktizierte und sie gefragt hatte, was ich ihrer Meinung nach als nächstes lernen sollte. Sie fügte hinzu: *Das ist nämlich normal, das scheinbar Unmögliche. Ihr definiert normal aber verkehrt, weil ihr falsche Normen habt, ihr Menschen. Ach, es ist so schwierig, euch Wesentliches zu erklären!* Ich machte aber Fortschritte darin, und weil ich Janti damit helfen konnte, strengte ich mich gewaltig an.

Es ist bemerkenswert, dass ich die vielen zeitentzogenen Planschbeckenaufenthalte in Jantis unmittelbarer Gegenwart nie mit realer Zeitnot danach bezahlen musste – ich kam mit dem Lernen gut voran und erzielte Bestnoten bei den monatlich eingesandten Teilprüfungsfragen der Studienbriefe meines Fernlehrinstituts. Auch verhalf ich meinen Schülern weiterhin zu erfreulichen Erfolgen. Jantis Nähe und zärtliche Liebe stärkten mein Selbstbewusstsein.

Nähe – auch eines der Top-Themen meines *Stubenlamms.* Wir verbrachten viele Gespräche und geteilte Gefühlseindrücke damit, Nähe immer wieder neu und noch umfassender zu definieren. Sowohl Janti als auch ich waren in gewisser Weise Einzelgänger und hielten generell lieber einen kleinen Sicherheitsabstand zu anderen. Was uns beide jedoch verband, verbot von sich aus jegliche Form der Distanz zueinander, machte sie unmöglich – wir genossen unsere Nähe, wir wollten und brauchten sie.

Im Vorfeld des nächsten Gedichts zeigte mir Janti Bilder aus ihrer Seele, die die Zeit ihrer schmerzlichen Verlassenheit widerspiegelten, als sie beim Verkauf ihrer Herkunftsherde während der Flucht, völlig auf sich gestellt, durch eine ihr fremde, bedrohliche Welt geirrt war.

In weiteren, leicht deutbaren Bildern vermittelte sie mir eine vage Sehnsucht nach der Weidenheimat, ein Heimweh, das durch schützende Nähe erträglich wurde. *Ich kann das alles aushalten und sogar überwinden, weil ich nicht alleine bin!*

Nähe – ein großes, ein wichtiges Thema also zwischen Janti und mir, eines, das als zweites gemeinsames Gedicht in seiner Kürze ein Resümee bietet:

Nähe heilt Verlassensschmerzen,
Nähe ist, wo Liebe spricht;
Nähe birgt den Heimatfernen,
Nähe nährt die Zuversicht.

Auch zu Erec und den anderen Herdenmitgliedern wuchs die Nähe immer weiter; die Grenze zwischen Mensch und Tier war nicht mehr relevant, ohne, dass dabei der eine den andern vermenschlicht bzw. zum Tier gemacht hätte: Ich achtete immer darauf, nicht meine eigenen, menschentypischen Gefühle und Gedanken auf meine Schafe zu projizieren und bei aller Gleichstellung die Eigenheiten der Spezies und des Individuums zu respektieren. Meine Lieblinge hatten ohnehin nie vor, mein Menschsein in Frage zu stellen oder grundlegend zu reformieren, auch sie tolerierten freundlich meine und Beates – in ihren Augen – mitunter seltsamen *Menschlereien* (O-Ton Obie!), wozu sie insbesondere Kleidung, Autos und die allgemeine Glorifizierung des Verstandes seitens der Menschen zählten. Zu einer gewissen Reform kam es indes durchaus, denn ich überdachte meine Grundsätze und Haltungen ernsthaft, was so manche Veränderung, manches innere Wachstum bewirkte. Allein schon das Wissen, dass meine Tiere nicht „nur" ihr Leben lebten, sondern regen Anteil an meiner und Beates Weiterentwicklung nahmen, ja sogar mithalfen, dass die innere Ausrichtung stimmte, verhinderte, dass ich in kleinlichem, herzensfernem Denken stecken blieb. Erec, und Janti sowieso, merkte immer gleich, wenn ich mich gedanklich irgendwo festhakte und nicht weiterkam oder gar drohte, einen Rückfall in negative Denkmuster zu bekommen. *Es ist die Aufgabe der Tiere, euch Menschen auf das Wesentliche hinzuweisen, euch zu zeigen, dass der Mensch Gott nicht näher steht als wir Tiere, als die gesamte Schöpfung. Das hast du bereits begriffen, und Beate auch. Was ihr zwei aber noch braucht, ist das unbedingte Vertrauen in den großen, heiligen Zusammenhang aller Dinge, die geschehen. Die kleine Zwiebel weiß da sehr gut Bescheid.* So sagte Erec, als ich ihm nach einem langen *Fühlreden* für seine Mühen und seine Anteilnahme dankte.

Vertrauen – ein ebenfalls innig und intensiv von Janti und mir bearbeiteter Begriff. Wir wurden nicht müde, darüber zu sprechen und alle uns denkbaren und fühlbaren Aspekte zu untersuchen. *Ich bin Erecs Meinung, dass wir uns mit der Thematik um die Heiligkeit der großen Zusammenhänge gut befassen müssen.* Janti klang ungewöhnlich ernsthaft, ohne jedes mentale Augenzwinkern, als sie mich dies eines Tages wissen ließ. „Wenn ihr das so wollt, selbstverständlich", antwortete ich ihr, „aber so ganz wohl ist mir dabei nicht. Wir kratzen da an Unbegreiflichkeiten, an Wahrheiten, die nicht leicht nachzuvollziehen oder gar zu bewältigen sind." - *Du wirst doch nicht kneifen? Du möchtest doch verstehen!* „Natürlich!", versicherte ich ihr, „nur –" Sie ließ mich nicht ausreden: *Du darfst nicht das Licht ausmachen, wenn du eine Sache beleuchten willst!* Ihr Punkt. „Ja, mein Schatz, packen wir es an. Ich vertraue dir, dass du damit besser umgehen kannst als ich und mir weiterhilfst." Janti sah mich manchmal so durchdringend-liebevoll an, dass ich den Blickkontakt kaum halten konnte. Gerade erging es mir so. Aber ein gefühltes, sanftes Lächeln nahm mir jeden Vorbehalt. *Wir lernen zusammen nun seit etlichen Wochen, in eurer Zeiteinteilung gemessen, Nähe zu leben, in Liebe und mit Hoffnung. Am Vertrauen müssen wir noch bauen, ich auch.* Sie schickte ein silberhelles, glückliches Lachen der Seele, als sie merkte, dass sie unbeabsichtigt gereimt hat. Ich zuckte etwas, und sie korrigierte sich sofort: *Nein, ich meine nicht unser Vertrauen zueinander! Ich rede vom Urvertrauen in das Ewige Sein, in die Höchste Liebe, die uns hält. Es gilt immer noch, was ich dir schon öfter mal gesagt habe: Ich habe Zeiten, da bin ich glücklich, bei euch sein zu dürfen und eine große Aufgabe zu tragen. Ich habe auch Zeiten, da wäre ich lieber gesund und in der Schafwelt. Dann zweifle ich schon mal, warum es ist, wie es ist. Ich glaube, dir geht es ähnlich bei meiner Pflege, gell?* Ich nickte zustimmend und kraulte sie leicht hinter ihrem geschlitzten Öhrchen, das sie bei ihrer Flucht eingerissen und dabei die Ohrmarke verloren hatte. Oh ja, das sah sie richtig. Die Frage nach Sinn und Warum stellte sich mir nicht eben selten. Auch für mich galt nach wie vor: Ich wollte ihr Bestes, doch ich wusste nicht wirklich, was ihr Bestes war – ich liebte sie fast von Minute zu Minute noch inniger, und der Gedanke, dass sie leiden könnte oder es eines Tages tun würde, zerriss mir schier das Herz. Ich war glücklich, dass sie bei mir, bei uns war – hier die Parallele zu ihrer eigenen Empfindung – und ich hätte sie gerne gesund bei ihren familiären Artgenossen gewusst, wieder ganz ihrem eigenen Wunsch entsprechend. In meine fruchtlosen Überlegungen hinein erreichte mich Jantis Frage: *Soll ich dir ein paar Sachen zeigen, die bald auf uns zukommen? Ich weiß nicht alles, aber ein bisschen was.* „Ja, wenn es dir auch hilft, gern", murmelte ich wenig mutig. Die Bilder, die ich daraufhin empfing, sah ich nicht in einer klaren Abfolge und auch nicht scharf, dafür waren sie mit starken, unmissdeutbaren Gefühlen untermalt. Ich sah mir unbekannte Leute, einen geräumigen Stall aus hellem Holz, Umzugskartons und Erec – einen Erec, der schmerzliche Angst um sein Leben in mir auslöste. Überhaupt fühlte ich mich unsicher, gehetzt und hochgradig beunruhigt. *Jetzt ist Vertrauen dran, in das Sein, in das Weitergehen. Hoffnung ist wichtig, Vertrauen ist unverzichtbar. Hoffen ist wünschen, vertrauen ist loslassen.*

Erst dachte ich, es sei Jantis verblümt vorgebrachter Hinweis auf eine bevorstehende irdische Trennung von ihr. (Ich fürchtete Tag und Nacht den Augenblick des Abschieds.) Doch sofort erreichte mich ihr Trost: *Nicht mich müsst ihr jetzt dann loslassen, sondern jede Form der Erwartung, es kommt ziemlich anders, glaube ich. Aber ich bin durchaus noch mit dabei! Ihr braucht mich noch eine geraume Weile!* Erleichtert nahm ich ihr schelmisches Seelenlächeln wahr, dem eine (verdiente!) Prise Stolz beigefügt war.

Mir erschloss sich nicht ohne weiteres, welches Wissen ich aus den gesehen-gefühlten Bildern ziehen sollte; wir waren erst vor weniger als eineinhalb Jahren hierhergezogen und planten definitiv keinen baldigen Umzug! Vor ein Rätsel stellte mich auch der schöne Stall, in dem alle sechs Goldschätze bestens Platz hätten, und die fremden Leute verwirrten mich nicht minder. Erec ging mir nicht aus dem Kopf – was war mit ihm? Er schien doch ganz normal zu fressen und sich wie üblich zu verhalten! „Ich kapiere nicht so richtig, was ich da gesehen habe, Liebling!", bekannte ich. *Ach, das ist einerlei. Ich wollte dir bloß mitteilen, dass einiges passiert. Das seht ihr dann ja alles. Ihr bekommt das hin, ich weiß es.* Ihre Zuversicht teilte ich gemäßigt.

Viele Kurzgespräche brachten die Frage nach Vertrauen auf, wir hatten kaum noch ein anderes Themengebiet. *Erec braucht auch sehr viel Vertrauen, ich glaube, er hat zum Glück viel davon.* „Wofür braucht er es? Kannst du mir das sagen?" Janti legte ihr Köpfchen schräg und blickte mich lange an. *Er baut auf euch, dass ihr rechtzeitig fertig werdet!* „Ja, womit denn?!" Allmählich drohte ich (mal wieder) die Nerven zu verlieren. Sie verriet es mir nicht. *Er wird im rechten Moment zu dir sprechen, höre ihm gut zu, vertraue du ihm, wie er dir.* Ich gewann auf einmal meine innere Ruhe zurück. Wenn meine Tiere mir vertrauten, hatte es seine Richtigkeit; sie irrten sich nie, wenn es

um innere Gewissheiten ging. Und dass Erec absolut vertrauenswürdig war, daran gab es nichts zu rütteln. Mein Ritter, mein geliebter weiser Lehrer hatte schon unzählige Momente lebendiger Erkenntnisse mit mir geteilt. Ich hatte Angst, ihn bald zu verlieren. Jantis Andeutungen trugen noch zu meiner Beunruhigung bei, dennoch war ich dankbar für ihre Vorwarnung. Jantis Worte hatten in letzter Zeit zunehmend eine Tiefenwirkung, einen suggestiv-hypnotischen Beiklang, insbesondere, wenn sie vom Sein, von loslassen und eben vom Vertrauen sprach. Wenn ich bei ihr saß und ihr zuhörte, flohen mich alle Probleme. Manche Sätze notierte ich in einem eigens für ihre Botschaften angelegten Notizbuch, um sie später nachlesen zu können. Kürzere, gedichtähnliche Passagen waren ebenfalls darunter. Als Janti mich einmal beim Aufschreiben beobachtete, fühlte sie mir eine begeisterte Idee zu: *Komm, dichten wir ein Vertrauensgedicht! Jetzt gleich!*
Und selbstverständlich taten wir genau das. Wir nahmen unsere *Fühlreden*-Position ein und unsere Seelen verbanden sich im kreativen Schöpfungsakt. Nach ein paar Richtigstellungen von Jantis Seite in Bezug auf meine Wortwahl hatten wir unseren Text zum Vertrauen fertig. Nachstehend übermittle ich die von Janti gewünschte Version:

Vertrauen
hält die Türen offen,
wo Hoffnung nur durch Fenster sieht;
Vertrauen
heißt: Verzweiflung bannen
in grenzenlosem Ja zum Sein –
was immer kommt, was immer ist;
Vertrauen
lässt los,
wo Hoffnung nur wünscht.

Wünsche hatte ich noch viele, und die Hoffnung hatte ich nie ganz aufgegeben, dass verborgener Sinn immer existent ist. Aber ein wirkliches Vertrauen in die absolute Richtigkeit des So-Seins allen Geschehens fehlte mir. Die vielen Überlegungen mit Janti brachten mich zu der Einsicht, dass es des unbedingten, vollkommenen Vertrauens bedarf, wenn man sich in einer Sackgasse angekommen sieht. Da gab es bei uns gleich mehrere, aber vorrangig blockierte mich das verschwommene Wissen um bevorstehende neuerliche Turbulenzen, denen ich mich nicht gewachsen fühlte. Privat gab es offene Fragen, beruflich erstrebte ich ebenfalls eine Veränderung, und nun noch die ungeklärten Bilder, die mir mein süßes *Stubenlamm* präsentierte! *Lebe einfach unser Gedicht, darin liegt die gute Lösung! Und achte auf Wunder, warte nicht auf sie. Sie passieren schon ständig, aber sie haben andere Farben, als ihr erwartet.* Ich fühlte die tiefe Wahrheit, die in und hinter diesen Worten steckt und entschied, Jantis Worte zu beherzigen.

In grenzenlosem Ja zum Sein: Überraschende Fügungen

Es schien mir unabdingbar, möglichst bald mit Erec ein intensives, hoffentlich aufschlussreiches *Fühlreden* durchzuführen. Ich musste mir Gewissheit verschaffen, dass mit ihm alles in Ordnung war – oder, wenn nicht, dass er mir sagen würde, wie ich ihm helfen konnte. Janti hielt das für eine sehr gute Idee.

Erec war sofort bereit, mich an seinem Fühlen teilhaben zu lassen. *Ich bin noch fit genug, keine Hektik. Aber bitte zielgerichtet handeln! Wir alle brauchen eure häufige Anwesenheit, und ich bald besonders.* „Was fehlt dir, mein geliebter Ritter?", fragte ich besorgt. *Ich habe eine ungewohnte Unruhe in mir. Und meine Widerstandskraft ist geschwächt, aber da fällt dir sicher etwas ein.* Ja, da fiel mir einiges ein, aber seine Unruhe und die Notwendigkeit einer vermehrten Anwesenheit lösten bei mir Beklemmungen aus. Ich bat nacheinander alle fünf Weidenbewohner, mir ihre Sorgen mitzuteilen, um ein besseres Bild von der Lage zu bekommen. *Mir macht das unklare Sehen, also die eigentlich halb verschwundene Welt, Angst. Ich kenne mich hier gar nicht mehr richtig aus. Bin ich da noch, wo ich war?* Hälmchens Ängste und Unsicherheiten vermochte ich gut nachzuvollziehen. „Ja, mein Süßer, du bist noch auf der altbekannten Weide, alles in Ordnung. Und wie geht es dir sonst so?“ *Wäre toll, näher bei euch zu sein, gibt mehr Mut.* Ich befragte Obie; von ihr konnte ich Klartext erwarten. *Ja, ich bin auch beunruhigt, muss ich dir leider deutlich sagen. Mit uns allen geht es ein bisschen ins Alter, ich meine, da ist etwas Farbe abgeblättert, die sich nicht nachlackieren lässt. Wir wären gern bei euch, das mögen wir, wenn ihr da seid. Man weiß ja nie, was so alles passiert.* Mir wurde mulmig. „Danke, Schatz, ich verstehe.“ Enite sagte selbstbewusst: *Also, ich habe kein Problem mit dem Alter, ich nicht. Aber ihr seid viel zu selten hier, da stimme ich zu. Es ist schön, wenn ihr da seid, und es ist wichtig.* Obilot sah mich so beredt an, dass mir schwante, Karsi habe auch eine Meinung dazu. „Wer von euch beiden zuerst?“, versuchte ich es mit einem halbherzigen Scherz. Ich legte Obilot die Hand in den Nacken, und sie rieb ihren Kopf an meinem Knie. *Wir meinen dasselbe. Es ist Zeit für neue Schritte. Ich fühle mich noch gut, aber ein paar von uns spüren ihre Jahre.* So sprach Obilot, und ich fühlte als Ergänzung: *Sie alle brauchen dich. Sie brauchen euch beide in Rufweite.* „Oh Karsi, wie soll ich das denn anstellen?“, murmelte ich resigniert, denn es war die Anwesenheit von Karsi, die mich diese Worte fühlen ließ. Erec stellte sich neben mich. *Suche einen Platz für euch und uns. Und finde ihn. Bitte.* Erecs Wunsch entsprach dem Bedürfnis aller. Und so begann ich zu suchen.

Ich besprach mit Beate die Situation; wir hatten beide schon im vergangenen Jahr befürchtet, dass die geliebte Herde nicht dauerhaft ohne unsere Aufsicht bleiben konnte, und schließlich zeigten uns noch Hälmchens Hundebiss und Jantis Erkrankung deutlich, wie verletzlich die heile Weidenwelt in Wirklichkeit war. Wir hatten auch schon einen Schritt in Richtung verstärkter Anwesenheit getan, indem ich vor vielen Monaten einen Schäferwagen in Auftrag gab, mit breiter Liegefläche und Ofen zum Befeuern, damit wir auch im Winter zur Not in Schafsnähe übernachten konnten. Von den Innenmaßen her hätte man sogar ein kleineres Planschbecken untergebracht, wir hätten uns einfach alle drei irgendwie eingerichtet. Aber ich war zu langsam gewesen, mein Wagen stand an vierter oder fünfter Stelle der Auftragsliste einer kleinen aber feinen Manufaktur. Noch immer lag die Fertigstellung in weiter Ferne, und bei näherer Überlegung war zudem eine andere Lösung sinnvoller: Ein Haus mit großer Grünfläche und Stall. Nur – so einfach war das nicht zu realisieren. Zuerst versuchten wir es mit Mundpropaganda, doch wir bekamen nur zu hören: „Oh, das wird schwierig, das ist ein Vorhaben, das zum Scheitern verurteilt ist. Schlagt euch das aus dem Kopf." Aber wir gaben nicht auf. Beate rief etliche Makler an, die allesamt nur indiskutable Vorschläge brachten, und davon nicht einmal viele. Was wir brauchten, schien es nicht zu geben – wir wollten und konnten kein Haus mit Grundstück kaufen, das überstieg unsere finanziellen Mittel, zudem hatten wir nicht vor, lebenslang in dieser Ecke Deutschlands zu bleiben. Mit einem eigenen Haus hätten wir uns festgelegt gefühlt. Was die Makler außer Einfamilienhäusern mit Garten vorschlugen, waren alte, stark renovierungsbedürftige ehemalige Bauernhöfe, was wiederum zu kostspielig und überdies viel zu zeitaufwendig war. Es eilte ein wenig, wenn ich meinen Gefühlen und Erecs Dringlichkeit traute. Er fragte mich bei jedem Weidenbesuch: *Hast du das Haus gefunden?* Und ich musste immer niedergeschlagen verneinen. *Bitte mach weiter. Es ist notwendig.* Das wusste ich mittlerweile. Ich lernte aber schnell, niemandem mehr den wahren Grund für unsere Haussuche zu nennen, denn die unverhohlen verächtlichen Äußerungen der Mitmenschen (ehemals Freunde genannt) schwächten meine notwendige Energie zum Durchhalten und beinahe auch die innere Sicherheit, dass es schlussendlich doch klappen würde. Aber davon war und blieb ich im hintersten Herzenswinkel überzeugt. „Nur wegen der Schafe umziehen! Ihr spinnt doch!" Oder: „Ihr habt echt ein Problem, ihr habt bloß Schafe im Kopf!" So und ähnlich lauteten die (ungebetenen) Kommentare. Sie würden es nie begreifen, wie wichtig diese wundervollen Geschöpfe für uns waren und wie eng die Seelenverbindung unsere Leben verknüpfte.

Ich setzte mich oft zu Janti; ihre sanfte Anwesenheit war Balsam für meinen aufgewühlten Geist. Eines Vormittags, ich hatte es mir gerade bei ihr bequem gemacht und sie mit frischem Heu und einer Portion Haferflocken versorgt, fühlte sie mir aufgeregt zu: *Geh zum modernen Informationskasten. Jetzt gleich!* Etwas verwirrt fragte ich: „Wo soll ich hin, Liebling?" Entschlossen sandte sie mir die entsprechenden Bilder – Wohnzimmer, PC. *Jetzt gleich!*, wiederholte sie nachdrücklich. Ich kletterte zwar gehorsam aus dem Planschbecken, doch wusste ich nach wie vor nicht, was Janti genau von mir erwartete. *Such das Haus. Bitte. Jetzt gleich!* Dreimal diese Aufforderung! Es musste irgendetwas zu bedeuten haben. Ich fuhr den PC hoch und leerte meinen Kopf, bis jeder Gedanke weg war. Leere und fast schon automatisches Tippen (gibt es das überhaupt, so wie automatisches Schreiben vielleicht?) führten mich ohne Verzug zu der Website eines Maklers, dessen Namen ich noch nie gehört hatte und der ganz oben als erstes Objekt ein älteres Haus zur Miete anpries, ein paar Bilder von den leeren Innenräumen zeigte und eine etwas verwilderte Grünfläche dazu. Das Haus war von außen nicht abgebildet, dafür stand in Fettdruck zu lesen: **Tiere willkommen**. Abermals bekam ich eine Kopfleere, diesmal jedoch unfreiwillig. Ich starrte auf die Schrift, kapierte nichts und alles zugleich. Dann hechtete ich zu Janti ins halb aufgefutterte Heubettchen, küsste sie, wo überall ich ihrer habhaft werden konnte und sagte atemlos: „Süße, ich habs! Wir haben es! Woher wusstest du das?" Ein Gefühl tiefster Befriedigung und Zärtlichkeit erreichte mein Herz: *Ach, ich weiß so manches. Und das Notwendige bekommt man immer! Vertraue darauf!*

Wieder einmal war besagtes Vertrauen gefragt, denn als ich Beate am Abend meinen Internetfund zeigte, dämpfte sie meine Begeisterung: Es handelte sich um ein altes Angebot, vor über einem Jahr ins Netz gestellt. Ich wollte es nicht glauben, denn die Entdeckung war so sensationell irrational vor sich gegangen! Alles Humbug? Doch um es kurz zu machen: Nach einigen Wirrungen, Klarstellungen, Telefonaten, Hausbesichtigung und gegenseitiger Beschnupperung von Eigentümern und potenziellen Mietern (Beate und ich!) stand fest: Ich konnte Erec die ersehnte Frohbotschaft überbringen: „Ja, mein geliebter Ritter, wir haben ein neues Zuhause für uns alle gefunden!" Es handelte sich um eine ältere, nicht zu große ehemalige Hofstelle mit Scheune sowie einem innen renoviertem Wohnhaus, das uns sofort gefiel. Von außen gab es nicht viel her, deshalb hatte der Makler auch kein dementsprechendes Bild eingestellt. Uns kam es auf die inneren Werte des Hauses und die große Wiese an sowie vor allem auf die Zustimmung der Eigentümer, dort Schafe weiden zu lassen. Dies war kein Problem: Besser hätten wir es also kaum treffen können!

Gut – der wesentliche Schritt war getan, und die Umzugskisten in Jantis mental gesandten Bildern würden wohl bald Realität sein; wo aber, um Himmels willen, war der schöne helle Stall, den ich ebenfalls wahrgenommen hatte? Auf der wild bewachsenen, insgesamt aber tauglichen Wiese stand er jedenfalls nicht. Ich tat das Nächstliegende, was mir einfiel: Ich bat Janti um intensives *Fühlreden*. Völlig unbeeindruckt von meiner Aufregung und meinen Zweifeln meinte sie: *Er wird dort stehen, so, wie ich ihn dir gezeigt habe. Rechtzeitig.* Höchst unzufrieden mit dieser Antwort rief ich etwas genervt: „Ja, wo soll er denn herkommen? Wer ist dafür verantwortlich?" Jantis Herzenslachen werde ich nie vergessen: *Du!* Ah. Oh. WAS? „Ich? Na schön, natürlich. Wer auch sonst." Janti fraß genüsslich eine Portion Rosinen, die

ich ihr in reiner Verlegenheit zur Ablenkung von meinem Schrecken dargeboten hatte. Es war zwecklos, dem goldigen Geschöpf die zu klärenden finanziellen, organisatorischen und zeitlichen Faktoren zu erläutern. Für mein kluges Schaf stand nur fest: Rechtzeitig steht da ein Stall für die wollige Familie! Mir blieb nichts übrig, als das zu glauben und gleichzeitig - irgendwie – dafür zu sorgen, dass es stimmte.
Erecs Erleichterung war groß, als ich ihm von Haus und Weide berichtete; er drückte sich an mich und fühlte mir zu: *Siehst du, es hat funktioniert. Du hast ein Zuhause für uns gefunden, wie ich es erhofft und dir zugetraut habe. Danke.* Ich fragte nach seinem Befinden, und er meinte lakonisch: *Ich lebe und mache das Beste daraus.* Da wusste ich: Sehr wohl fühlt er sich nicht. *Nein, aber jetzt sind andere Dinge wichtiger! Sprich auch bitte regelmäßig mit meiner kleinen Zwiebel!* Das war Ehrensache, wer hatte mich denn zur rechten Zeit an den rechten Ort geschickt? Eben, dieses süße Geschöpf. Meine Dankbarkeit Janti gegenüber war immens, und meine Bewunderung für ihr Gespür, ihr intuitives Wissen stieg von Erlebnis zu Erlebnis. So war ich vollkommen aus meiner Mitte gerissen, als sie eines Nachmittags mitten bei ihrem Gänseblümchensnack senkrecht in die Höhe schnellte und mir erregt zufühlte: *Ich kann jetzt kurz aufstehen, jetzt gleich. Aber nur kurz!* Abermals schnellte sie hoch, stand sekundenlang auf allen Vieren, schlenkerte freudig kurz das rechte, dann das linke Bein und sank langsam aber zufrieden wieder in ihr Heubettchen. Ich setzte mich außerhalb des Planschbeckens auf den Boden, um ihr mehr Platz zu lassen, falls noch weitere preisverdächtige Höchstleistungen der Schafs-Paralympics nachfolgen sollten. *Ein bisschen was geht noch, darf ichs probieren?* „Ja, Schatz, aber pass bitte auf, dass du dir nicht wehtust!" Sie rappelte sich hoch, streckte sich, und legte sich selbständig wieder hin, mit eingeklappten Vorderläufen. Etwas zögerlich begann sie vorwärtszurobben, mit steigendem Tempo. *Oh, ich will weitermachen! Das Becken ist mir zu klein! Wohin führt die Tür da drüben?* Ich erklärte ihr, dass sie unmöglich ins angrenzende Zimmer laufen konnte, und auch, dass die Robberei nicht gut für ihre Gelenke war. Atypisch, gänzlich atypisch für das sonst so hingebungsvolle, geduldige Wesen strebte Janti, erstmals taub für meine Worte, zum Beckenrand und klopfte energisch mit den Hufen darauf herum, bis ich fürchtete, dass sie sich oder das Planschbecken lädierte. Ich schaffte es, sie für ein Stückchen Brot mit Bachblüten beträufelt zu begeistern, während sie eine winzige Pause einlegte. Dem Himmel sei Dank reagierte sie darauf und kam soweit zu sich, dass sie wieder zugänglich für

meine Argumente war und sich helfen ließ, richtig zu sitzen. *Ich bin ausgetickt, oder?*, fragte sie kleinlaut. *Ich muss dir das erklären. Erschrecken wollte ich dich nicht! Deine Medizin von gestern und heute Morgen hat mir besonderen Schwung gegeben, mich richtig aufgebaut und ich habe das ausgenützt. Ich weiß, dass mehr nicht geht, aber es war toll, das mal zu machen. Ich hatte die Hohe Erlaubnis.* Ich begriff jedes Wort; also hatte ich endlich ihr Konstitutionsmittel gefunden und die Geistige Welt schenkte meinem geliebten *Stubenlamm* Momente der Selbstbestimmung. Weil Janti glücklich über diese Erfahrung war, schluckte ich mein Erschrecken hinunter und brachte ihr zur Ablenkung ein Büschel Heu und ein Stückchen Brezel. Wir kuschelten uns ermattet aneinander, und ich fragte mich, welche weiteren Überraschungen die kommende Zeit für uns alle parat halten mochte.

Es war Anfang März; der Umzug sollte, nach Absprache mit den Eigentümern, Anfang Juni stattfinden. War schon die Packerei und die Organisation eine Herausforderung, so war der Stall – oder besser gesagt: dessen Inexistenz – ein zentnerschweres Fragezeichen, das auf mir lastete. *Lass ihn bauen. Jetzt gleich!* Für Janti gab es da kein Problem. Weder ein finanzielles, noch ein praktisches. Erec und die übrige geliebte Bande waren mit unserem *Stubenlamm* völlig einer Meinung: *Bretter und Männer, mehr braucht ihr da nicht.* Die Schrauben, die Dachpappe und ein paar weitere nützlich-notwendige Dinge fielen hierbei gänzlich unter die schattenspendende Birke, das schafige Äquivalent zum menschlichen Tisch. Und solche Unbegreiflichkeiten wie Geld kamen im Universum unserer Tiere ohnehin niemals vor. Darauf angesprochen, sagte Janti unbekümmert: *Sei unbesorgt. Ich habe dir doch schon versichert, dass man alles bekommt, was man wirklich braucht! Wir brauchen den Stall, wir bekommen ihn. Du brauchst Geld, du bekommst es. Alle freuen sich dann. Kriege ich einen Keks? Das würde mich jetzt gleich freuen!* In diesem Augenblick sah auch ich deutlich, neu und geräumig das hölzerne Schafszuhause vor mir. Es gab keinen Grund, den fühlbaren Optimismus meiner Tiere anzuzweifeln. Ich spendierte Janti zwei Kekse – doppelten Genuss für doppelte Freude. Sie hatte es sich verdient. Ich nahm mir auch einen Keks und drückte mein *Stubenlamm* an mich. Wie so oft durchströmte mich dabei beseligend ihr zartes Seelenlachen. *Das macht Spaß, mit dir zu knuspern.*

Noch in derselben Woche hatte Beate einen pfiffigen, tatenfreudigen jungen Mann gefunden, der einen Allroundservice anbot und den wir für den Stallbau gewinnen konnten. Es würde zwar sein erster sein, doch mit der Unterstützung eines befreundeten Schreiners wollte er es beherzt versuchen.

Der Kostenvoranschlag klang Welten gnädiger als die Anfrage bei einem bekannten Unternehmen, sodass wir erfreut die Frage nach der Machbarkeit abhaken konnten. Hinzu kam, dass wahrhaftig das Geschick, die Vorsehung, die Engel – wer immer dafür verantwortlich zeichnete – bei mir für einen nicht riesigen, doch recht ansehnlichen Geldsegen durch Erbschaft gesorgt hatte. *Jetzt musst du uns aber wirklich glauben, gell?* Ja, mein süßes *Stubenlamm*, ja, mein treuer Ritter. Wenn ich auf euch höre, verliere ich alle Zweifel. Ihr zieht euer Wissen aus der verstandeslosen Überzeugung, dass alles was kommt, aus gutem Grund und zu aller Wohl geschieht. Für euch gibt es kein Unmöglich und keine sorgengemachte Beschränkung. Hierin liegt der Zauber eurer Unschuld, eures offenen Wesens. So urteilte mein Herz, und ich fühle und denke heute noch ebenso.

Die Kisten stapelten sich langsam; es kam uns vor, als hätten wir zehn volle Wohnungen und nicht nur eine. „Woher kommt bloß dieses ganze Zeugs?", seufzte ich Janti ins Ohr. *Anschaffungen und Geschenke?,* schlug sie zutreffend vor. Beate und ich wurden von Janti immer nach ein paar räumungsintensiven Stunden ins Planschbecken beordert, um bei ihr auszuruhen. Sie stellte es sehr geschickt an, indem sie entweder ihren sehnsüchtigen *Mal wieder keiner da* – Seelenruf losließ oder schlicht und profan ein wenig randalierte und lauthals blökte. Beides wirkte bestens, denn war eine von uns - oder alle beide – erst einmal zu ihr ins Heubettchen geklettert, stiegen wir so schnell nicht mehr aus. Auch war klar, dass sich die Umstände irgendwie ändern würden, wenn die gesamte Schafe-plus-Menschen-Familie vollzählig am neuen Wohn-Standort etabliert war. Deshalb genossen wir die Arbeitspausen mit Janti in engster Nähe sehr. Kein Urlaub am Meer oder im Gebirge konnte erholsamer sein! Doppelt schön war, dass Janti diese Auszeit nicht minder genoss als wir. Als an einem sonnigen Nachmittag, nach langer Räum- und Packarbeit, ich mit Janti zusammen ein paar Zeitschriften angeschaut hatte und wir beide am Einschlummern waren, überkam mich der Wunsch, mit ihr gemeinsam ein Gedicht über unser zeitentzogenes Planschbecken-Paradies zu erarbeiten. *Ja, das gefällt mir. Fühlen wir mal ganz tief rein in dieses geschenkte Beieinander! Geben wir dem Jetzt unsere freudige Aufmerksamkeit!* Wir lagen entspannt beim *Fühlreden* und ließen unsere Empfindungen ineinanderfließen. Ich hatte, wie gesagt, Blatt und Stift immer in Reichweite, seit ich von Jantis dichterischem Talent wusste und wie spontan sie manchmal loslegte. Heute war ich die treibende Kraft, aber meine weißwolllockige, begabte Co-Autorin half begeistert bei der Fertigstellung mit. Wir fühlten:

Zeit für uns!
Nur wir
im blau-weißen Rechteck,
die Liebe
zwischen und über uns.
Nur wir
unter zeitloser Sonne
die alles schmilzen lässt
was außer Jetzt ist.
Nur wir
in ungezählten Momenten
ganz wir
der eine im andern
so vollkommen eins.

Bevor ich unseren Text ordentlich, also lesbar, ins dafür vorgesehene Büchlein eintrug, las ich ihn Janti vor, falls sie ein ungenanntes Gefühl oder ein anderes Wort noch beisteuern wollte. *Das kannst du lassen, so empfinde ich auch. Jetzt erst mal großes Kuschelmuschel!* So nannten wir unser sorgenfreies Beisammensein im Halbschlaf, wenn Janti zufrieden wiederkäute, meist bei leiser Reikimusik oder einer Engelsmeditation.
Allmählich leerten sich Regale und Schränke; Kisten, Taschen, Säcke und Tüten füllten sich. Ich begann, die Wände abzudekorieren, was interessiert beobachtet wurde: *Oh, du baust ab. Muss das alles auch noch mit?* Ich begutachtete die reich behängten Wände. „Ja, Süße. Schau mal, da sind auch Fotos von dir und den andern. Und Bilder von Schafen allgemein." Janti meinte nur: *Wir riechen aber besser und sind nicht so platt!* Und größer, dachte ich bei mir. Und vor allem lebendig und klug! Aber wer von den Normalmenschen weiß schon, wie intelligent und wunderbar Schafe sind! Ich hatte in einem schlauen Buch gelesen, dass Schafe sich zwei Jahre lang Gesichter merken können, in einem dummen Buch war die Rede davon, dass Schafe ihren Hirten oder den Schäfer nur an seinem Hut erkennen; trägt er ihn nicht, flüchten die Tiere vor ihm. Also, alle unsere Wolligen erkannten uns in unterschiedlichsten Jacken, Hosen und Sonnenhüten, erkannten den Hobbyschäfer und auch ein paar unserer Bekannten, die die Weide im Abstand von mehreren Jahren besucht hatten. *Ich habe ein gutes Gedächtnis, und mein Herz vergisst gar nichts!*, verkündete Janti mitten in meine Gedanken hinein.

Das gilt für uns alle! Sag das bitte denen, die Schafe für dämlich und essbar halten. Mach ich gerne, mein Schatz.

Ich berichtete Erec getreulich von den Fortschritten, die unsere Räumarbeiten, der Stallbau und die Fertigstellung des Schäferwagens machten. Letzterer war jetzt komplett und würde in Kürze auf der neuen Weide seinen Platz einnehmen. Er war prächtig schwedenrot gestrichen mit weißer, geteilter Tür und weißen Fensterläden. Als ich ihn so stehen sah, erwog ich nicht mehr, ihn sofort wieder zu verkaufen, was ich mir überlegt hatte, da ich ihn strenggenommen nicht mehr brauchte... Dachte ich! Zum Glück verliebte ich mich aber in mein rollendes Refugium: Der Wagen sollte sich in den intensiven Monaten der Schafseniorenpflege als unverzichtbar erweisen, da wir nächtelang in Rufbereitschaft für die geliebten Patienten bleiben wollten. Eine Nacht im Schäferwagen stellte im Vergleich zu einer Nacht im Schafstall einen Aufenthalt im Fünf-Sterne-Hotel dar. Ich hielt es gut aus, Mäuse und Spinnen in nächster Nähe zu wissen, aber Motten und Nachtfalter konnte und kann ich nicht brauchen, sie machen mich wahnsinnig. Erec verhielt sich eigentlich wie immer, fraß und verdaute gut und war gesprächsbereit. Dennoch fiel mir an ihm eine latente Traurigkeit auf, die ich mit Bachblüten behandelte; er nahm sie gerne. *Ja, sie tun mir gut. Ich kann dann mein inneres Lächeln viel klarer fühlen. Danke.* Es wäre ihm nie eingefallen, sich nicht für erwiesene Wohltaten zu bedanken; selbst als er schwer krank geworden war, dankte er für Arznei und Zuwendung. Als ich meinerseits ihm für seine deutlich spürbare Dankbarkeit dankte, sagte er schlicht: *Auch Dankbarkeit ist eine Form von Liebe.* Er war so wunderbar!

Auch Janti bedankte sich sehr oft, sie war wohl in diesem Punkt ebenfalls ganz Erecs Meinung. Später, in der Akutphase der Altersmultimorbidität, erfuhr ich von jedem einzelnen Herdenmitglied tiefen, anhaltenden Dank für meine Hilfe und Pflege. Dieser Dank nahm im Falle Obilots konkrete Form an. Ich hatte nach all den Jahren noch immer nicht verwunden, wie minimal meine Hilfe für Karsi damals ausfallen musste. Es setzte mir zu, belastete mein Gewissen. Obilot wusste das, spürte es. *Der Körper hat es grundsätzlich schwerer als die Seele, wenn die Erdenzeit zu Ende geht – er muss sterben, sie wechselt nur die Dimension. Du warst außerstande vor Kummer, die wachsende Freude der heimkehrenden Seele Karsis wahrzunehmen. Aber du hast alles getan, was dir möglich war. Wenn du dich anklagst, unterstellst du unbewusst auch Karsi, dass sie enttäuscht von dir war. Das ist aber völlig ausgeschlossen. Sie wusste sich geliebt und begleitet. Und darauf kam es an. Wie*

fachlich deine Unterstützung künftig auch sein mag: Das Wesentliche bleibt deine Liebe, deine Begleitung. Danke! So sprach sie eines Tages zu mir und befreite mich von nagenden Schuldgefühlen.
Es wurde Anfang Juni, der Möbelwagen stand vor der Tür, Stall und Schäferwagen standen auf der Weide. Drei Tage dauerte es, bis Janti, Beate und ich umgezogen waren, und nach einer kurzen Verschnaufpause zogen auch Jantis Herdenfreunde in unserem neuen Zuhause ein. Fortan bezeichneten wir den geschützten Ort für unsere Lieblinge als Schutzoase. Genau das sollte der „Alterssitz" sein – und genau das war und ist unsere Hofstelle. Obilot war die erste, die Janti lauthals einen Wiedersehensblöker zurief. Wir waren alle glücklich, nahe beieinander zu sein. Doch es war uns nicht mehr viel gemeinsame Erdenzeit vergönnt – ein weiterer Abschied nahte.

Von Weisheit zur Vollendung: Erec verlässt die Erde

Bereits wenige Tage nach der Inbesitznahme der neuen Weiden- und Stallheimat fiel mir Erecs verändertes Verhalten auf. Er stand oft abseits und achtete nicht auf die übrigen Herdenmitglieder, sondern blickte vor sich hin oder starrte teilnahmslos durch die Latten des Eingangstors. Wenn ich ihn dann tief besorgt fragte: „Mein treuer, geliebter Ritter, was hast du?", fühlte er mir müde zu: *Die Welt zieht sich vor mir zurück, und ich mich vor ihr. Es gibt nicht mehr viel für mich zu tun. Aber noch bin ich ja da, und ich werde immer für euch erreichbar sein.* Ich konnte und wollte nicht glauben, dass er nur kurz sein so dringend erbetenes neues Daheim genießen durfte. Ich klagte Janti meinen Kummer, und sie antwortete sanft: *Er hat einen Ruf bekommen, er muss ihm zur rechten Zeit folgen. Sei einfach für ihn da!* Ich ließ ihn kaum noch aus den Augen, beobachtete ihn vom Fenster aus und freute mich, wenn er doch ein wenig grasen ging und beim Füttern seinen Zwieback einforderte. Vielleicht irrte er sich ja, und alles war in Ordnung? Aber ich wusste sehr genau, dass Erec niemals eine solche Fehleinschätzung unterlaufen würde und dass er mich vorgewarnt hatte, damit ich gefasster reagieren konnte. Obilot kam mit der veränderten Situation nicht gut klar; sie boxte Erec in die Seite, weil er nicht mehr schnell genug lief. Sie litt darunter, dass er seine Vitalität eingebüßt hatte, er schien nicht mehr jener Erec zu sein, den sie als weise Autorität kannte. Und doch war er genau das geblieben, ich erfuhr es durch jedes seiner gefühlten Worte und seinen seelenvollen Blick. Ich sprach mit Obilot über ihr Problem. *Er war immer für uns da, jetzt ist er da und irgendwie schon weg. Ich glaube, er sieht mehr als wir, das macht mir Angst, weil ich selber unruhig bin.* Das verstand ich sofort. „Ich kümmere mich um ihn", versprach ich ihr. Obilot war zufrieden. *Zum Glück sind wir alle hier, du wirst sehen, wie wichtig das ist.* Ich sah es durchaus jetzt schon.

Mit welchem Herdenmitglied ich auch *fühlredend* sprach, alle waren in einer eigenartigen Stimmung und es fehlte die sonst so greifbare Gelassenheit dem Lauf des Lebens gegenüber. Selbst Obie klang gedämpft; ich vermisste ihre übliche frech-fröhliche Munterkeit. Ganz eingewöhnt hatten sie sich auch noch nicht, wenngleich Hälmchen sehr erleichtert darüber war, dass der Stall größer und somit leichter erkennbar war für ihn. Er fand sich auf der kleineren Weidefläche viel besser zurecht und nur die veränderte Verhaltensweise seines Bruders irritierte ihn. Er liebte Erec nach wie vor sehr; dessen Ruhe war stets sein Halt gewesen. *Ich habe jetzt auch noch Nebel im Herzen, ich sehe gar nichts mehr klar.* Ich tröstete ihn mit kleinen Liebeserklärungen und ein paar Apfelringen. *Ja, man muss wohl einfach weiterlaufen, die Hindernisse gehen nicht weg, bloß weil man stehen bleibt.* Ich hätte es gern gesehen, wenn die Zeit für uns stehen geblieben wäre. Aber sie raste davon.

Anfang September, an einem sonnigen Morgen, brach Erec zweimal zusammen und rappelte sich nur mühsam wieder hoch. Als er ein drittes Mal niederbrach, konnten wir ihm nicht mehr auf die Beine helfen, schwer atmend lag er vor der Stalltür. Ich versorgte ihn sofort mit Rescue-Tropfen, was ihn soweit stärkte, dass sein Atem ruhiger ging und es uns gemeinsam gelang, ihn in den Stall hinein zu bringen, er schleppte sich mit unserer Unterstützung an ein ruhiges Plätzchen. Dort lag er und sah mich an. Ich spürte, er wollte *fühlreden.* „Sprich, mein Schatz", bat ich ihn. *Ich bin fast am Ende meiner Erdenreise angekommen. Es ist schön, euch für so eine weite Wegstrecke als Gefährten zu haben. Bitte begleitet mich noch ein Stück, da sind noch ein paar Wegbiegungen zu schaffen.* „Was brauchst du?", fragte ich ihn liebevoll. *Du wirst es immer wissen*, antwortete er mit einem Seelenlächeln. *Und ich sage es dir, wenn du meinst, unsicher zu sein.* Ich war erschüttert und beglückt zugleich über sein Vertrauen in mich. Um es ihm so bequem wie möglich zu machen, nahmen wir eine große Menge Heu und Stroh und betteten ihn vorsichtig in eine damit gepolsterte Kuhle, was ihm gefiel. Ich hoffte, der Boden wäre nicht zu hart oder in der Nacht zu kalt, aber wir hatten keine Spezialmatratze zur Hand, da Janti auch weiterhin selbstverständlich auf ihrer bewährten Unterlage saß, eingekuschelt in Stroh und ihre rosafarbene Decke. „Hast du für den Augenblick alles, oder wünschst du dir noch etwas?", fragte ich Erec. *Jetzt möchte ich einfach ein wenig ruhen. Schaut bitte nach den andern, ich habe sie sehr erschreckt.* Uns auch, mein Herzensritter, hätte ich gern gesagt. Aber er wusste es auch so. Hälmchen lief ziellos umher und schien Erec zu suchen, Enite stand verdattert im Stalleingang. Obie und Obilot drängten sich schutzsuchend aneinander, und Janti fühlte mir zu: *Es ist nicht wie bei mir. Und was für mich richtig war, wäre falsch für ihn.* Diese so vorsichtig geschenkte Warnung machte mir klar, dass Erec nicht lange liegen würde und auf keinen Fall ins Haus geholt werden wollte. Einmal mehr war ich froh, diesmal einen richtigen Stall in Hausnähe zu haben, was bei

Jantis Erkrankung eben nicht der Fall gewesen war. Trotzdem hatte ich kurz überlegt, wo ich meinen geliebten Ritter am besten unterbrachte. „Danke, mein Spatz“, sagte ich zu Janti, „das hilft mir sehr.“
Ich verabreichte allen Herdenmitgliedern Rescue-Tropfen und sprach mit ihnen, während Beate ins Haus ging und für Erec ein paar Globuli in Wasser auflöste, worum ich sie gebeten hatte. Ich beabsichtigte, wenigstens sofort sein Herz und seinen Kreislauf zu stärken, bevor ich mir Gedanken machte, wie ich weiter vorgehen wollte. Hierzu musste ich ihm selbst eine dringliche Frage stellen, nachdem er sich ein wenig ausgeruht hatte.
Hälmchen schien mir am trostbedürftigsten zu sein, er ließ den Kopf hängen und blökte mehrmals heiser in den Stall hinein. *Warum kommt er nicht heraus? Ich traue mich nicht so weit allein, das weiß er doch. Ist er tot?* „Nein, Halmibub, aber er ist sehr krank, er kann nicht zu dir herauskommen. Bleib einfach in der Nähe von mir, dann ist alles gut.“ Natürlich war nichts gut, aber ich durfte ihn nicht noch weiter verunsichern. Mutlos trottete er ein paar Schritte weiter. Seit ein paar Tagen zeigte er erste Anzeichen eines Schnupfens; seine Nase war öfter verklebt, und er schnorchelte ein bisschen. Bislang konnte ich mithilfe von Schüßlersalzen eine Verschlimmerung verhindern. Aber er war anfällig durch seine seelische Imbalance. Ich wandte mich an Obie, die dicht neben mir stand und Redebedarf signalisierte. Mental nahm ich ein Bild von Erec wahr. *Er leidet zwar nicht, aber er zeigt auch nicht, wie schrecklich mies es ihm zeitweilig geht. Er möchte nicht, dass du traurig wirst, er befürchtet, du bist noch nicht soweit, ihn loszulassen. Wie weit bist du?* Ich erklärte ihr, dass Erec mir tief vertraute, obwohl ich in der Tat nicht so weit war, wie ich gerne gewesen wäre. „Weißt du, Obie, ich will nur sein Bestes. Wie dieses Beste aussieht, ist zweitrangig. Es geht mir um ihn, nicht um meine Verlustangst oder um meine Vorstellungen, wie es kommen möge.“ Obie sah mich intensiv an, dann meinte sie liebevoll: *Das hast du aber schön gesagt! Du bist ja doch viel weiter, als ich dachte – wenn ich helfen kann, lass es mich wissen.* „Es ist mir bereits eine große Hilfe, dass du eine gute Meinung von mir hast“, sagte ich und kraulte sie am Hinterkopf, was sie so gern mochte. *Eins noch*, sagte Obie mit eindringlichem Eifer: *Nimm nie das Schlimmste an, egal, was los ist. Gib dem Leben eine Chance, gut zu dir zu sein. Das gilt ebenso für die Krankheiten von uns Schafen: Unterstütze uns bitte darin, bewusst zu leben bis zum Schluss - es steckt in jeder Krise auch etwas Hilfreiches. Bewusstheit hat für uns Tiere eine etwas andere Bedeutung als für euch Menschen, aber das ist jetzt nicht von Belang. Wichtig ist nur, dass du begreifst, dass das Leben*

immer einen höchst individuellen Entwicklungsverlauf nimmt! Und wann die Entwicklung abgeschlossen ist, weiß nur die Seele, kein Arzt. „Ich habe alles verstanden, Obie, ich danke dir für diese besondere Unterhaltung", sagte ich nachdenklich. Ich entschied, Erec auf seine Wünsche und Vorstellungen anzusprechen, um meine Handlungen darauf abzustimmen.

Ich hatte trotz meiner zur Schau gestellten seelischen Souveränität eine tiefe Abneigung dagegen, Erec zu verlieren. Ich war aber bewusst genug, dies als egoistischen Wunsch zu entlarven und meine Liebe zu Erec, sein Wohlergehen, als oberste Priorität anzuerkennen. *Verlieren ist nicht das richtige Wort und ist eine falsch verstandene Empfindung.* Janti war es, die diese Wahrheit mir zufühlte. „Ja, das trifft es, meine kluge Kleine", bestätigte ich. Obilot wanderte vor dem Stall auf und ab, ohne sich für Gras oder Löwenzahn zu interessieren. Ihr Blick verlor sich in mir unbekannter Ferne. „Wie geht es dir?", fragte ich sie vorsichtig. *Ich akzeptiere.* Mehr brachte ich nicht aus ihr heraus. Ich begriff, dass sie ihre Ruhe wollte und fühlte ihr nur ein paar Liebesworte zu. Als Erwiderung rieb sie ihren Kopf an meinem Knie. Enite sah ich nirgends; ich rief ihren Namen, und sie tauchte hinter einem gigantischen Brennnesselgestrüpp auf. Ich rief abermals, und sie sprang herbei. „Na, meine Große. Möchtest du mir etwas sagen?" Sie schüttelte sich heftig und brummig-unentschlossen meinte sie: *Alles abschütteln, besonders das Böse. Ich meine nicht seine Krankheit, die ist sein Weg. Was weg muss, ist Ablehnung, Nichtverstehen und Zwang.* „Zwang?", fragte ich zweifelnd, „habe ich das richtig verstanden?" *Ja, Zwang von außen, von Norm, von Konvention.* Ich ahnte plötzlich, wovon sie sprach. „Nein, Enite. Keine Angst. Hier entscheiden nicht Norm und Konvention, bei uns entscheidet allein das Herz – und das bedeutet, dass jedes Lebewesen seine eigene Entscheidungsfreiheit hat." Enite sandte mir das Bild eines leuchtenden Herzens, von dem grüne Strahlen ausgingen. Ein Gefühl der Erleichterung und Freude ging davon aus und übertrug sich auf mich.

Beate kam mit einer Einwegspritze – natürlich ohne Nadel – und ich tropfte Erec seine Arznei auf ein kleines Stück Zwieback. Er konnte, wenngleich mühsamer als sonst, kauen und schlucken, was bei aller Bestürzung über seinen Zustand doch ein winziger Pluspunkt war. Halb saß, halb lag er und vermochte seinen Kopf nicht oben zu halten. Ich kniete vor ihm hin und legte meine Stirn an seine. Sofort fühlte er mir seine unverlorene Weisheit und Nähe zu. Trotz Schwäche zeigte er sich gesprächsbereit. „Ich muss dich unbedingt etwas fragen, mein liebster Ritter", fing ich an. *Ich weiß, was du von mir wissen möchtest,* fühlte ich seine Reaktion, *und ich bestätige deine Herzenserkenntnis – nein, ich will keinen Tierarzt. Ich nehme keine Medikamente, die mich aus meiner Mitte bringen. Du kennst meine Bedürfnisse; tue, was du für mich tun möchtest. Es wird das Richtige sein.* Ich setzte mich eine Weile neben ihn, dann flüsterte ich ihm ins Ohr: „Wirst du es mir sagen, wenn du deine Meinung ändern solltest und fremde Hilfe nottut?" Er fühlte mir ein fast schelmisches, verschmitztes Seelenlächeln zu: *Ich habe keine Geheimnisse vor dir, du bist mit mir verbunden. Sei unbesorgt, ich sage dir immer, was ich brauche, wenn du zweifelst. Aber das hatten wir schon durch, nicht wahr? Kannst du dir das Zweifeln denn gar nicht abgewöhnen?* Beschämt murmelte ich eine Entschuldigung und fühlte zugleich Jantis Seelenpräsenz, die mich an unser Spezialthema erinnerte. Es wurde wahrhaftig Zeit, dass ich dauerhaft auf meine Intuition achtete, und sei es aus Liebe zu meinen Tieren. Sie wünschten es sich so sehr um meinetwillen. Und so kam es, dass ich mich vollends freistrampelte und mich seither von nichts und niemandem mehr irritieren lasse, wenn es um meine medizinischen Entscheidungen für meine Tiere geht.

Bei der abendlichen Fütterungstour gelang es uns, Erec für ein paar Stückchen Apfel und eine Handvoll zerkleinertes Heu zu begeistern. Er mühte sich ab und hatte keinen Appetit. *Danke, nun habe ich ja etwas zum Wiederkäuen,* meinte er schläfrig. Wir spürten, dass er restlos erschöpft war und schlafen wollte. Seine Herdenfamilie war Gott sei Dank hungrig und fresslustig wie sonst auch; das monotone Schmatzen beim Heukonsum war für uns alle ein beruhigend normales Geräusch. Es galt nun, die Nacht abzuwarten – würde er wohl am Morgen noch bei uns sein? Und in welchem Zustand? *Ich werde noch hier sein, schlaf gut.* Ich fühlte mich vorerst liebevoll verabschiedet.

Ich verbrachte eine unruhige Nacht, tausend Möglichkeiten schossen mir durch den Kopf, wie es mit Erec und seiner Erkrankung weitergehen mochte, zumal es nun zwei Schafslieblinge waren, die liegen mussten und Sonderpflege brauchten. Glücklicherweise hatte Janti momentan eine gute Phase und krampfte nicht, fraß freudig und setzte sich selbständig immer wieder in andere, ihr bequemere Positionen. Solange ich ausgedehnte Kuschelmuschel-Zeiten einhielt und wir innig *fühlredeten*, war sie zufrieden und froh. Auch Beates Reiki-Behandlungen wurden beibehalten, da sie diese brauchte und schätzte. Bei Erec sah das ganz anders aus, er war am Beginn der Endphase, er musste nicht nur liebevoll, sondern auch kompetent begleitet werden.

Der Morgen brachte keine erfreuliche Veränderung, wir fanden unseren Ritter schwach und zuckend vor; er konnte das Haferflocken-Frühstück (seine Leibspeise) nicht schlucken. Die Flocken quollen ihm wieder aus dem Mäulchen. *Das ist jetzt aber schon bedauerlich, ich hätte gern etwas gegessen.* Sein Kummer betrübte mich. Ich schob ihm einzelne Flöckchen auf die Zunge, eine mühselige Arbeit, die aber ein wenig half, denn so schaffte er es, winzige Mengen zu schlucken. *Danke, das ist gar nicht schlecht. Habt ihr noch etwas für mich?* Wie schon am Vorabend gaben wir ihm kleine Apfelstücke, die er tatsächlich ebenfalls hinunterbrachte. Er freute sich; seine Genügsamkeit, sein geringer Anspruch an das ihm verbleibende Leben beeindruckten mich tief. *Das hat mir geschmeckt; es ist schön, sich versorgt zu wissen, ich fühle mich eins mit dem Sein. Seid ohne Sorge.* Nun, Sorgen machte ich mir schon, ich liebte ihn ja, da konnten sie nicht ausbleiben. *Liebe ist Freude am Wohlsein des Andern. Ich gehe auf dieses Große Wohlsein zu.* Diese Aussage bewies mir, dass mein Ritter trotz schwerster Krankheit seine Weisheit und Weitsicht nicht verloren hatte. Ich war ungeheuer stolz auf ihn und fühlte mich ein wenig getröstet.

Die nächsten paar Tage verliefen nicht viel anders; Erec mümmelte weiterhin tapfer an klitzekleinen Happen. Normal zu fressen war ihm zu anstrengend, und seine Verdauung war nur unzureichend. Ich besorgte eine Tüte Blütenheu, das im Handel für Nager angeboten wird und hielt Erec etwas davon an sein Mäulchen. Er nahm es gerne an. *Welche Delikatesse! Ich habe durchaus auch Vorteile bei diesem unausweichlichen Endspurt.* Ein feiner selbstironischer Anklang schimmerte durch seine Worte. „Du wirst das Allerbeste bekommen, das ich finden kann!“, sagte ich zu ihm. *Das ist zweifellos wahr, ich danke dir.* Das Blütenheu war bereits so fein und kurz, dass wir es ohne weiteres Beschneiden an ihn verfüttern konnten. Das sparte Zeit, die wir dringend für die Versorgung aller Wollekinder benötigten. Beate hatte Urlaub, sodass fast ohne Unterbrechung eine von uns bei Erec sein und ihm Wasser oder kleine Häppchen Futter bringen konnte. Nach ein paar Tagen verschlechterte sich sein Zustand. Er schwoll am linken Bein an und ebenso am Kehlgang; schlucken war quasi unmöglich, die Atmung erschwert. Mühsamst nahm er ein wenig zerkleinertes Obst und Zwieback zu sich. An seinem Blick merkte ich, dass es ihm irgendwie immer noch schmeckte. Ich ging in *Fühlreden*-Position, um zu erspüren, was er brauchte. „Darf ich dir helfen?“, fragte ich ihn. *Ja, bitte.* Ich wusste intuitiv, was ich ihm geben musste: Diesmal war es ein Komplexmittel, dessen Name mir spontan in den Sinn kam, als ich meine Stirn an seiner liegen hatte. Leider hatte ich es noch nicht im Haus; nur wenige Monate später sollte dann meine homöopathische Hausapotheke ein beachtliches Sortiment aufweisen, mit über hundert Einzelmitteln und bis zu 20 Komplexmitteln. Schüßlersalze, Bachblüten, Salben und Tinkturen lagerte ich ohnehin wie ein Großhändler, jedoch zum alleinigen Gebrauch für meine wachsende Schafspatientenzahl.

Es war ein Glück für Erec und mich, dass eine der Apotheken in unserer Nähe ein relativ großes Angebot an vorrätigen Homöopathika hat und bestellte lieferbare Mittel sehr rasch besorgt; ich bekam die Tropfen schnell und verabreichte sie Erec mehrfach täglich. Bereits am zweiten Tag war ein sichtbarer Rückgang der Schwellungen feststellbar, und weitere 24 Stunden später war nichts mehr von einer Schwellung an Kehle oder Bein zu sehen. Erec konnte frei atmen und viel leichter fressen und schlucken. Sein Bein war nicht mehr berührungsempfindlich. *Ich wusste ja, dass du es kannst. Glaubst du es jetzt auch?* – „Ja, mein Ritter, aber wichtig ist vor allem, dass es dir Erleichterung brachte." Erec schickte mir ein mentales Nicken und einen zärtlichen Dank.
In einer jener Nächte feierte mein Schäferwagen seine Premiere als Weidenhotel. Wir hatten alle acht Herdenmitglieder (also Beate und ich inklusive) einen hektischen und stressigen Tag hinter uns; außer Erecs Bedarf an intensiver Pflege hatten zusätzlich die Mitschafe erhöhte Zuwendungswünsche gezeigt. Janti war unruhig gewesen, hatte viel Nähe gebraucht und nicht so begeistert gefressen wie sonst, Obie war mehr gehumpelt als gelaufen, vor allem um uns herum, Hälmchen hatte die Tür verfehlt und sich angeschlagen – und Enite und Obilot hatten sich solidarisch der allgemeinen Unpässlichkeit angeschlossen, indem sie hin und her liefen, ohne zu grasen oder Heu aus der Raufe zu fressen. Sie wollten unsere Aufmerksamkeit, fühlten sich vernachlässigt. Wir wussten nicht, nach wem wir zuerst sehen und wen wir zuerst verarzten oder trösten und unserer Liebe versichern sollten. Janti sprach mir in die Seele, stellvertretend für alle: *Das Wichtigste ist liebende Hingabe – an das, was ist, an das, was wir sind. Es ist auch für uns nicht immer einfach, aber versuchen ist gut, also tun wir das immer wieder aufs Neue.*
Am Abend dieses anstrengenden Tages krampfte Erec mehrfach und war zu schwach, um mit mir zu sprechen. Wir entschieden, die Nacht in Rufweite zu verbringen. Ich fühlte bei Erec nach und erkannte, dass er selbst nicht genau wusste, wie es um ihn stand. Es war besser, nicht im eigenen Bett zu

übernachten. Ich schickte Beate zum Schlafen in den Schäferwagen, selber richtete ich mich bei Janti ein, die beglückt sofort ein herzliches Kuschelmuschel mit mir startete. *Jetzt kann gar nichts schiefgehen! Wir werden alle gut schlafen.* Sie irrte sich nicht.
Erecs Zustand verschlechterte sich erneut. Wir hatten ihn in eine andere Stallecke gebettet, da er zuvor zu nahe an der Türe lag, wo es recht zugig war. Außerdem fehlte es ihm an Ruhe, da die Herdenfamilie ständig an ihm vorbei lief, humpelte, oder – in Hälmchens Fall - rumpelte. Als wir seinen Oberkörper auf ein Kissen legten, erhob er Einspruch, obwohl es ihm Mühe bereitete. *Was macht ihr denn da! Ich bin doch kein Mädchen, das man verzärtelt! Das ist gut für die kleine Zwiebel, aber ich brauche das nicht.* Ich ließ nicht mit mir handeln. „Deine Schulter ist bereits ganz rot, da ist keine Wolle mehr drauf. Du wirst dich aufliegen!" Er murmelte nur: *Dann lass das Kissen halt hier, danke.* Bei seiner Abendfütterung hob ich seinen Kopf leicht an, damit er sich nicht verschluckte, vor allem beim Trinken. Er bäumte sich auf, keuchte und wäre beinahe kollabiert, hätte ich ihm nicht augenblicklich Rescue eingeflößt. Beate rief entsetzt: „Was hat er? Erec, sag es uns bitte!" Ich wusste es, als ich sekundenlang meine Stirn an die seine legte. „Die Schulter. Sie ist aufgelegen." Wir hoben unseren wundervollen Freund behutsamst an, doch die Schulter klebte mit Eiter und Exsudat am Stoff fest. Nicht auszudenken, welche Infektionsgefahr bestanden hätte, wäre die Wunde mit dem verschmutzten Stallboden in Berührung gekommen! Wir hatten ihm gerade noch rechtzeitig trotz seiner beleidigten Männlichkeit das saubere Kissen untergeschoben! *Ja, es war richtig, aber weh tut es dennoch. Leben und Sterben, beides ist schmerzhaft. Und beides gehört zusammen.* Wir versorgten die Wunde mit Silber, bestrichen die Ränder mit Traubenzucker (er wollte ihn probieren, und er schmeckte ihm ebenso gut wie damals seiner *kleinen Zwiebel*) und ich gab ihm schmerzlindernde Mittel. *So ist es erträglich, ich dachte, ich müsste den Schmerz willkommen heißen, damit ich gehen kann mit ihm.* „Ist es Zeit?", fragte ich ihn traurig. *Noch nicht ganz, jetzt fühle ich mich gerade wieder besser. Danke.* Täglich reinigten wir vorsichtig die Wunde, die nicht mehr so nässte, aber auch nicht kleiner wurde. *Bei ihm ist es anders als bei mir.* Fast wörtlich wiederholte Janti, was sie mir schon zu Beginn von Erecs Erkrankung gesagt hatte. *Bei mir durfte an der Schulter Heilung geschehen. Er aber wird bald gerufen sein, eines kommt zum andern.* Sanft wie immer klang Jantis Erklärung, und doch traf diese mich tief. *Sie sagt es, wie es ist. Bitte akzeptiere es, ich leide nicht. Sei ganz ruhig,* fühlte mir Erec liebevoll zu.

Ich hatte großes Mitgefühl mit meinem innig geliebten Ritter und fragte mich, ob er wirklich keine tierärztliche Hilfe wollte. *Nein!* Der mentale Schrei war mehrstimmig, als wollten seine Mitschafe seine kraftlos gewordene Seelenstimme solidarisch verstärken. *Keine Einmischung von außen, bitte. Ihr beide und ich, wir sind ein Kreis.* Ich war erleichtert, dass er gleich fühlte wie ich, denn es wäre mir extrem schwergefallen, ihn der Tierärztin vorzustellen – wie hätte ich ihr auch erklären sollen, dass Erec nicht litt, sondern seinen Weg bewusst und freiwillig zu Ende zu gehen beschlossen hatte? Es schien mir unzweifelhaft, dass der tierärztliche Rat Euthanasie gelautet hätte, völlig entgegen den Wünschen meines weisen Kranken. Meine Tapferkeit, Erecs Zustand weiterhin auszuhalten, wurde erneut auf eine harte Probe gestellt. Er bekam Verstopfung, die ihm Bauchschmerzen brachte. Er ließ mich wissen, dass der Druck auf das Abdomen durch ununterbrochenes Liegenmüssen ihm steigende Atemnot verursachte und die Verstopfung ein ebenfalls atembeklemmendes Völlegefühl erzeugte. „Möchtest du, dass ich etwas dagegen unternehme?", fragte ich ihn. Ich wollte ihm unbedingt helfen! Aber sein Wunsch war mir Befehl, egal, wie er lauten mochte. Erec antwortete nicht sofort. Nach langer Stille meinte er: *Ja, einverstanden, ich sehe schon: Du leidest weit mehr als ich! Aber bitte nur das Nötigste, ich möchte Erleichterung, aber keine Verzögerung. Bitte verstehe!* Ja, ich verstand. Und so gelang es mir, die Bauchschmerzen zu bessern und Erecs Atmung zu normalisieren – ich bin noch heute dankbar erstaunt darüber, wie stark die Reaktionsfähigkeit seines Körpers noch in den letzten Tagen seines Erdenlebens war. Diese Beobachtung konnte ich übrigens bei allen meinen Schafspatienten machen.

Obwohl es auf Ende September zuging, war es noch ziemlich warm, an manchen Tagen sogar heiß. Die Stallfliegen erfreuten sich bester Gesundheit, ebenso die Mäuse; unfreiwillig stärkten wir auch deren Wohlsein durch Schüßlersalze: Es kam bisweilen zu kleineren Unfällen bei der Verabreichung von Medikamenten. So tropfte beispielsweise ein wenig von den aufgelösten Salzen ins Stroh oder ein paar Spritzer landeten an der Stallwand. Wir konnten beobachten, wie ganze Trauben von Fliegen sich auf den weißen Flecken im Holz zusammenballten und daran gütlich taten, ohne sich irgendwie aus der Ruhe bringen oder verscheuchen zu lassen. An sich war mir das einerlei, aber diese Störenfriede setzten sich dann auf Erec, krabbelten auf ihm herum und surrten um sein Gesicht. Er war zu schwach, um sie durch Kopfschütteln oder Schwanzwedeln abzuwehren. Wir mussten uns etwas einfallen lassen, um ihn zu schützen. Also besorgten wir ein Moskitonetz und befestigten es an der Stalldecke, sodass es ihn wie ein Zelt umgab, unter das wir zu ihm krochen. Glücklich fühlte er mir zu: *Ach, ist das eine Befreiung! Ich gönne jedem Lebewesen sein Dasein, aber solchen bitte außerhalb meiner Reichweite. Danke, das habt ihr sehr gut gemacht.* Ich war äußerst froh, ihm diesen kleinen Liebesdienst erweisen zu können. Hälmchen stieß am Anfang mit der Nase dagegen, was ihn stark verunsicherte – er sah ja nicht, was ihn daran hinderte, zu seinem geliebten Bruder zu gelangen. Er roch ihn, er hörte ihn, er spürte ihn im Herzen nahe, aber er war unerreichbar. Hälmchen fragte mich ratlos: *Warum trägt er einen Schleier?* Ich erklärte es ihm, und wir bauten zusätzlich eine kleine Mauer aus Strohballen, sodass eine Krankenbucht entstand und Erec völlig geschützt lag. Die Mäuse wuselten zwar hinter seinem Rücken herum, aber sie rannten niemals über seinen Körper, und als ich ihn sicherheitshalber fragte, ob ich mir etwas zum Mäusezurückhalten überlegen sollte, sagte er: *Nein, diese munteren Hüpfer stören mich nicht, sie sind Boten der Lebendigkeit.*

Nach besonders mühseligen Tagen, die Erec viel Kraft kosteten, fragten wir ihn immer, ob er wollte, dass wir die Nacht bei ihm im Stall verbringen, oder wenigstens eine von uns. Er sah uns jedes Mal ruhig an, fühlte uns Liebe zu und meinte: *Geht nur in euer Menschenbett, ich habe es gut hier. Ich werde am Morgen noch da sein.* Er brachte es fertig, uns zu trösten, obwohl eigentlich ich ihm jeden nur denkbaren Trost schenken wollte. Ich bewunderte ihn so sehr, wie ich ihn liebte. Er war ein geduldiger, weiser und liebevoller Patient, so, wie er sein Leben lang ein geduldiger, weiser und liebevoller Freund gewesen war.

Eines Morgens eilten wir sehr frühzeitig in den Stall hinaus, da Janti mir telepathisch Bilder von Erec gesandt hatte, die ihn schwer atmend zeigten. Sie fühlte mir zu: *Er ist wieder einen Schritt näher am Wegesende, bitte kommt mal und seht nach ihm!* Wir fanden ihn, wie im Bild gezeigt, er war heiß im Gesicht und seine Augen waren entzündet. Zwar hustete er nicht, doch bei jedem zweiten oder dritten Atemzug erschütterte die Anstrengung, genügend Luft zu bekommen, seinen ganzen Körper. Ich sah und wusste: Lungenentzündung. „Herzensritter! Kann, darf ich dir helfen?“, fragte ich ihn sanft. Mühsam hob er seinen Kopf ein Stück und sah mich an. *Ach, du Liebe, du. Deine Ideen sind zu gut, bitte habe keine mehr. Ich muss und will das jetzt zu Ende bringen. Verstehst du?* Ich versicherte ihm: „Ja, sei ohne Sorge. Ich tue, was du möchtest, denn du weißt, dass es das Richtige für dich ist. Aber

– kann ich denn gar nichts für dich tun, mein Liebling?" Er atmete tief, wie ein Seufzer erreichten seine Seelenworte mein inneres Ohr: *Bachblüten sind großartige Wegbegleiter, die nehme ich gerne weiter ein. Und die kleinen Futtergenüsse machen mich immer noch glücklich, sie schmecken mir.* Ein Abglanz seines verschmitzten Seelenlächelns erreichte mich. Ich freute mich unsäglich über seine Mitteilung, zeigte sie mir doch, dass er nicht resigniert hatte, nicht qualvoll dem Heimgang ins Licht entgegenlitt. Trotz seiner schweren Erkrankung fühlte er meine Gedanken und liebte mir zu: *Ich leide nicht, ich lebe einfach fertig. Danke für euer Verständnis.*
Die Nacht verbrachten wir bei ihm in der Krankenbucht, umwuselt und umtanzt von Mäusen und allerlei Insekten. Wir flößten Erec Wasser ein, fütterten ihn mit seinen geliebten Leckereien, auf die wir seine Bachblüten tropften und versorgten ihn mit allem, was er für eine hygienische Lagerstatt brauchte. Wir streichelten ihn abwechselnd, wenn er mir signalisierte: *Ich möchte euch spüren.* Er überlebte die Nacht, und er bat mich morgens inständig: *Bitte außer Bachblüten keine Medikamente mehr, es ist gut, wie es ist. Es wird Zeit für mich.* Ich fragte Janti beim Kuschelmuschel: „Wie geht es weiter mit Erec, weißt du es?" Sie sagte: *Ja. Möchtest du es wirklich wissen?* Ich nickte. *Er hat den Ruf vernommen, er ist schon halb gegangen. Er liebt euch sehr.* Ich dankte Janti, gab ihr einen Kuss auf die kruschellockige Stirn und kroch zusammen mit Beate unter Erecs Moskito-Schutzzelt, wo wir fast den ganzen Tag über bei ihm blieben. Seine Atmung wurde stündlich schwerer.

Am späten Nachmittag – er hatte noch seine Leibspeisen Zwieback, Apfelstückchen und Blütenheu in kleinen Portionen zu sich genommen, angereichert mit seiner Bachblütenmischung – wurde seine Atmung extrem mühselig. Er wurde unruhig, strampelte seine Decke weg und öffnete und schloss die Augen in schnellem Wechsel. Ich gab ihm Rescue und erreichte noch einmal seine Seele. *Danke für alles, ihr lieben Menschen. Ihr seid mir sehr nahe. Es ist so gut hier, so schön mit uns allen. Das Heilige Licht behütet uns. Ihr könnt jetzt eine Pause machen, ja, bitte! Ruht euch aus. Ich liebe euch, euch alle hier.* Er wollte ganz offensichtlich, dass wir ihn allein ließen, allein mit seinen Engeln, die ihn vorbereiteten. Ich spürte es. Wir liebkosten ihn vorsichtig und versprachen: „Wir kommen später wieder, geliebter Ritter." Sein weises Seelenlächeln begleitete mich, als wir, seinem Wunsch entsprechend, aus dem Stall traten und ins Haus gingen.

Mir ging sein keuchender Atem, sein daher halb geöffnetes Mäulchen nicht aus dem Sinn. Er tat mir so leid, obwohl er genau das überhaupt nicht wollte, er sah keinen Grund dazu. Aber ich wusste schon immer, dass seine Tapferkeit die meine erheblich überstieg. Erneut überfiel mich der Wunsch, ihm Linderung zu bringen, mit aller Kraft. Ich griff nach dem Globulifläschchen, das ich für akute Atemnot bereitstehen hatte und beschloss, Erec nachher einfach zu fragen, ob er es nehmen wollte oder nicht. Er kannte meine tiefe Liebe zu ihm, die mich am Suchen und Lindern hielt, und er respektierte sie. Ebenso respektierte auch ich seine Wünsche. Ich stand am Fenster, als ich die Globuli in Wasser auflöste. Eine intensiv gefühlte Botschaft erreichte meine Seele: *Hab Dank, ich brauche das nicht mehr. Ich liebe euch.* In diesem Moment durchbrach rotgolden die sinkende Abendsonne das Geäst des alten Baumes vor unserem Haus und tauchte Zweige und Vorplatz in überirdisch glänzendes, strahlendes Licht. Mein geliebter Ritter, mein wunderbarer, weiser Freund Erec hatte alles überstanden und die Erde verlassen. Beate war zu mir ans Fenster getreten und wusste es ebenfalls.

Mein Herz zog sich zusammen; ich weigerte mich zu glauben, dass nun, nach knapp sechs Jahren, der zweite bittere Abschied gekommen war. Doch es gab keinen Zweifel. Ich empfing eine fünffache, gefasst-traurige Empfindung – Erecs Herdenfamilie teilte ihre Gefühle mit mir.

Beate und ich gingen hinaus zum Stall; Erec lag reglos doch wie zuvor da, er hatte, wie auch sonst so oft, seine Decke weggestrampelt. Es gab keine Anzeichen für ein verzweifeltes Aufbäumen oder längere Kämpfe. *Er hat einfach nur Adieu gesagt und liebevolle Impulse geschickt.* Obie war es, die mich dies wissen ließ. „So ähnlich hat er es auch bei uns gemacht!", erwiderte ich mit versagender Stimme. Wir säuberten ihn, so gut es ging; zärtlich, als könnte er es noch spüren, wischte ich sein Gesicht ab, das Mäulchen stand halb offen. Es gelang uns leider nicht, es zu schließen. Ich hätte gern diesen Elendsausdruck von ihm genommen, er wirkte so mitleiderregend dadurch. Sein Kopf ruhte leicht nach hinten gebogen auf der Seite. Nichts erinnerte mehr an den starken, hübschen, stolz gehörnten Schafbock mit dem weisen, liebevollen Herzen. Die Trauer um meinen verlorenen Freund und Lehrer wurde nur leichter erträglich durch das Wissen, dass er alle Krankheit und jeden Schmerz jetzt hinter sich hatte und frei war. Wir erhöhten die Mauer aus Stroh- und Heuballen, damit nicht etwa Hälmchen auf der Suche nach seinem Bruder ungewollt auf ihn trat.

Jedes einzelne der verbliebenen fünf Herdenmitglieder wurde von uns einzeln mit Streicheleinheiten versorgt und durch *Fühlreden* betreut; es zeigte sich, dass alle wussten, was geschehen war und seinen Abschiedsgruß erfühlt hatten. Ich brauchte ein wenig Sammlung, und Janti riet mir: *Komm kuscheln, dabei denken wir an ihn!* Das taten wir.

Am folgenden Morgen packten wir eine umfangreiche Tasche mit frischem Verbandszeug, Wasser, Hand- und Feuchttüchern, um Erec einen letzten Liebesdienst zu erweisen, indem wir ihn für die Abholung durch die Tierbestatter herrichten würden. Wir kannten das Institut bereits von Karsi her; damals war uns der pietätvolle Umgang positiv in Erinnerung geblieben. So betraten wir schweren Herzens den Stall – und verharrten im Schritt: Erecs Körper erstrahlte in reinem Weiß. Sein Kopf war leicht geneigt, sein Mäulchen geschlossen. In unfassbarer Anmut lag er wie schlummernd. Jegliche Armseligkeit eines entseelten Leibes fehlte ganz, er war einfach nur herrlich anzusehen. In tiefer Demut näherten wir uns ihm, denn wir fühlten, dass hier abermals Gnade und Höchste Liebe wirksam geworden waren. Vorsichtig hoben wir ihn an der Schulter hoch, um dort einen frischen Verband anzulegen, denn mehr mussten wir nicht mehr tun, er war ohne jeden Makel. Doch wir legten ihn sofort sachte wieder in seine Stellung zurück: Seine Schulter war mit feiner weißer Wolle bedeckt, unverletzt und rein. Ohne Begreifen, aber ergriffen und zutiefst dankbar erkannten wir, dass die wundervolle Seele Erecs beim Verlassen ihrer irdischen Hülle diese gereinigt und geheiligt hatte, damit wir Trost fanden und im Glauben an das Unfassbare erstarkten. Dieser Liebesbeweis ist eine der größten Kostbarkeiten meines Herzens. Erec, mein einzigartiger Freund und Lehrer, wie sehr danke ich dir dafür! Ich liebe dich.

Es war noch einmal ein sehr schwerer Moment, als das Ehepaar vom Tierbestattungsdienst mit uns die Einzelheiten besprach und Erec auf die Bahre hob, ihn aus dem Stall trug und in das weiße Fahrzeug brachte, das seinen Körper mit sich nahm. „Es ist wirklich äußerst ungewöhnlich, wie wir ihn vorgefunden haben, nach seiner ganzen Vorgeschichte", bestätigten uns die beiden Tierbestatter, „das haben wir in all den vielen Jahren, bei so vielen Tieren, noch nie erlebt." Ich streichelte Erec ein letztes Mal, prüfte, ob das kleine Päckchen aus beschriebenem Papier und Blümchen, das ich ihm um den Hals gebunden hatte, richtig befestigt war und trat beiseite; jetzt war es an Beate, Erec Lebewohl zu sagen. Als der weiße Kastenwagen unserem Blickfeld entschwunden war, kehrten wir zum Stall zurück und schenkten unseren verbliebenen fünf Lieblingen besondere Aufmerksamkeit. Auch säuberten wir Erecs Lager und bauten Moskitonetz und Heuballen ab; Hälmchen wich uns dabei nicht von der Seite. *Jetzt ist er nicht mal mehr neblig hier, jetzt habe ich keinen großen Bruder mehr!* Ich kraulte ihn am Kopf, was ihn normalerweise tröstete. Diesmal aber blieb seine Unsicherheit, seine Traurigkeit spürbar. Ich sagte zu ihm: „Wir alle vermissen ihn, Hälmchen, mein Schatz. Ich zum Beispiel habe jetzt keinen weisen Lehrer mehr!" Ich fühlte Obies heftigen Einwand: *Was redet ihr zwei denn da, keinen Bruder mehr! Keinen Lehrer mehr! Habt ihr denn kein Vertrauen zu ihm? Er wird immer in unserer Nähe sein, halt anders, nicht mehr so materiell!* Und Janti fügte hinzu: *Die Nähe, die besonders ist, die haben wir doch schon kennengelernt! Obilot hat uns eine Variante davon gezeigt, und es gibt ganz viele verschiedene.* Beschämt kraulte ich Hälmchen weiter und versicherte ihm: „Stimmt, mein Kleiner, wir werden ihn garantiert spüren und immer wissen, dass er noch irgendwie bei uns ist, sei ganz ruhig. Alles ist in Ordnung." Das musste ich mir selber auch vorsagen, denn ich fühlte mich nicht besser als Hälmchen.

Mit Janti zusammen rief ich mir Erlebnisse mit einem lebensfrohen, gesunden Erec in Erinnerung, die mir helfen sollten, den letzten Wochen seiner Krankheit und Hinfälligkeit ein wenig von ihrer Dominanz im Herzensgedächtnis zu nehmen. Ich staunte einmal mehr über Jantis Fähigkeit, mir Bilder zu zeigen und Empfindungen zu schicken, die ich mit ihr teilen konnte und die überaus tröstlich wirkten. Wir beobachteten Erec, wie er scheinbar absichtslos zum *langen Faulstuhl* marschierte, auf dem Beate lag und gerade für sich und mich einen Keks aus den Tiefen des Rucksacks fischte. Erec steckte seinen Kopf dann so geschwind in die Öffnung des Rucksacks, dass niemand ihn daran hindern konnte, sich ein Gebäckstück zu sichern - eines, das er aus Gesundheitsgründen von uns nicht angeboten bekommen hätte. Es war ein Kringel, auf dem kleine Brocken Hagelzucker klebten. Von Stunde an hieß bei uns der Keks nur noch „Erec-Kringel". Janti und ich verfolgten auch seine Suche nach ebendiesen Kringeln unter meinem *langen Faulstuhl*, wo ich sie in einem verschließbaren Beutel in meiner zusammengerollten Jacke versteckt hatte. Ein anderes Mal hatte der kluge Bursche bemerkt, dass wir Obst und abermals „seine" Kringel in einem Picknickkorb unter dem – zugegebenermaßen etwas wackligen – Gartentisch gelagert hatten. Kurzentschlossen schob er sich unter den Plastiktisch, der daraufhin sekundenlang auf seinem Rücken schwebte, ehe er schräg wieder auf dem Boden zu stehen kam. Erec hatte sich durch dieses mutig-kluge Vorgehen dann ein Teilchen des Kringels verdient, das er selbst abbeißen durfte. Er war damals sehr vergnügt gewesen und sehr stolz auf seine Tat. Die Erinnerung an diese kleinen Abenteuer der puren Lebensfreude und des gesunden Entdeckerdrangs ließen mich trotz des Trennungsschmerzes lächeln. *Siehst du, ich finde alles, was ich finden will!*, hatte Erec damals zufrieden gesagt. *Wir hatten eine wunderschöne Zeit, denke immer daran! Sie ist unverlierbar.* Diese Zusicherung stieg in mir hoch, und sie kam von meinem weisen, lieben Freund – wo auch immer er nun sein mochte. *Vor allem ist er in unseren Herzen!* Janti traf es wieder klar und sicher. Ich bedankte mich innig bei ihr für ihre erfolgreiche, liebevolle Tröstung und spendierte ihr einen Extrazwieback. Auch Enite, Obie, Obilot und Hälmchen durften sich einen Zwieback als Seelentröster genehmigen. Dies war sicher ganz in Erecs Sinne. Beate, ich und die Herdenfamilie blieben noch zusammen und *fühlredeten*, bis es Zeit wurde, die Abendration an Futter herzurichten; unser aller Leben musste weitergehen.

Am nächsten Morgen war der Himmel grau verhangen, die Sonne zeigte sich nicht. Dies entsprach der Trostlosigkeit, die ich empfand – düster blickte ich umher; angestrengt versuchte ich, um der Herdenfamilie willen, die Alltagsroutine wie gewohnt zu erledigen. Ich konnte allerdings niemandem etwas vormachen, alle unsere Tiere hatten ein überaus feines Sensorium für die Gefühle und das Befinden ihrer Bezugsmenschen. Ich erinnere nur an Erecs Übernahme meines Unwohlseins, dergleichen war auch den anderen Mitgeschöpfen zuzutrauen. Sie selber fühlten sich etwas nervös und verunsichert und sahen sich im Stall um, als suchten sie ihren ruhenden Pol. Ich war aber froh, dass alle einen unvermindert guten Appetit zeigten und nicht in jenes unheimliche Schweigen verfielen, das nach Karsis Verlust lange Zeit anhielt. *Wir haben schon verstanden, dass er ins Licht gegangen ist, das passiert aus Gewohnheit, dass wir nach ihm schauen wollen hier drin.* Es schien Obie sehr wichtig, dass ich ihnen nicht unterstellte, den Sachverhalt zu verkennen. *Man muss besonders intensiv versuchen, fröhlich zu sein, wenn man traurig ist. Sonst setzt sich der Kummer fest und sitzt in den Spalten des Herzens!* Mit diesem Rat von Janti lavierten wir uns gemeinschaftlich durch den Tag.

Wieder war es Abend geworden; vor zwei Tagen hatte goldenes Himmelslicht Erecs Heimgang angezeigt. Ich stand an derselben Stelle am Fenster, diesmal, um Bachblüten für die Herdenfamilie zu mischen, die sie in der neuen Situation unterstützen konnten. Im Laufe des Nachmittags war das Regengrau einem mattblauen Himmel gewichen, der fast wolkenlos war. Sinnend

schaute ich aus dem Fenster, als mir ein Wolkengebilde auffiel, das direkt über dem Stadel stand. Es sah aus wie ein Schaf mit imposanten Hörnern. Ich zeigte es Beate, die darin ebenfalls einen Schafbock zu erkennen glaubte. Anders als für Wolken üblich, verlor das Gebilde nicht die Form, sondern stand unverändert. Andere, kleinere Wolken darum herum lösten sich auf und bildeten immer neue Formen, zogen weiter. Ich fühlte ein leises Raunen im Herzen. *Seid nicht traurig. Ich liebe euch.* Unverwandt sahen wir nach oben. Das Wolkenschaf setzte sich langsam in Bewegung, noch immer ohne seine Form zu verändern. Es glitt über die Weide, stand sekundenlang über dem Stall und löste sich dort unendlich langsam in sanft durchscheinende Wolkenbällchen auf, die feinsten Wollflöckchen glichen. *Frei…*, tönte es in glücklichem Flüstern durch meinen Geist. Erecs Seele hatte einen letzten Liebesgruß gesandt.
Wie wir eine Woche später auf der Urkunde lesen konnten, war die Einäscherung zu jenem Zeitpunkt erfolgt.
Durch all diese liebevollen Zeichen fühlten wir uns von Erec in unserer Trauer um ihn begleitet und getröstet. Ich vertraute darauf, seine liebevolle Weisheit und Geduld auch weiterhin zu spüren; er würde auf seine ganz persönliche Weise einen Weg finden, um uns bei unserer Weiterentwicklung zu unterstützen.
Ich besorgte auch für ihn ein kleines Büchlein, worin ich Gedanken, Gedichte und kurze Briefe sammelte, die ich für meinen geliebten Lehrer und Ritter aufschrieb und die eine bleibende Verbindung herstellten. Wie schon für Karsi verfasse ich bis zum heutigen Tag immer wieder einen Text, der ihm gewidmet ist; da mittlerweile alle meine sieben Lieblinge in ihre lichte Heimat zurückgekehrt sind, gibt es natürlich sieben unterschiedlich gestaltete Büchlein. Es sind bei allen nicht nur Gedichte, die ihren Eingang finden, es sind auch einfach Worte der Liebe und des Erinnerns an besondere Erlebnisse und Augenblicke dabei. Nicht immer sind es künstlerisch hochwertige Herzensprodukte, aber niemals fehlt es ihnen an liebevoller Intensität. Es geschieht immer wieder einmal, dass eines meiner Himmelsschafe mir signalisiert *Ich möchte ein Gedicht!* Bei Erec merke ich es unter anderem, wenn ich an ihn denke und seine Präsenz im Herzen besonders stark spürbar wird; dann steigt das spontane Bedürfnis nach wortgewordener Zuwendung in mir auf. Vor zwei Wochen wäre er zwanzig Erdenjahre alt geworden, ein Alter, das nur seine Mutter Enite erreicht hatte. Unsere Weide ist durch den letztjährigen heiß-trockenen Sommer momentan ziemlich schütter begrünt,

außer Löwenzahn (Obies Favorit) und Gänseblümchen (Jantis Herzensfreude) wächst neben Gras nicht viel. Daher entdeckte ich am Morgen des 30. Juni sofort die eine weiße Schafgarbe, die exakt an jener Stelle stand, wo Erec seine letzte Blüte gefressen hatte – Schafgarbe war sein bevorzugter Snack gewesen. Da auf der ganzen Grünfläche sonst nirgendwo eine weitere auffindbar war, wusste ich mich von meinem Ritter gegrüßt, dem ich bereits ein Geburtstagsgedicht geschrieben hatte. *Ja. Bitte pflücke die Blume und presse sie. Ich möchte sie in meinem Gedenkbändchen haben. Dann wirst auch du immer an meine unverlorene Nähe erinnert.* Kaum wahrnehmbar erkannten meine inneren Ohren die ruhige Stimme meines großartigen, unvergesslichen weisen weißen Lehrers. Gerne kam ich seiner Bitte nach.
Eines meiner neueren Gedichte an Erec will ich nun als Dank für seine Treue und Liebe hier wiedergeben:

Ich schreibe dir
eine weiße Rose –
weiß,
weil deine Reinheit mich zutiefst berührt;
eine Rose,
weil sie die Blume der Liebe heißt;
ich schreibe sie dir,
weil Schreiben meine beste Gabe ist
und du
mein wundervoller Gefährte
warst und bist.

Hab Dank, mein weiser Ritter, für alles, was du zu Erdenzeiten für mich getan hast und auch dafür, dass du noch immer spürbar nahe bist. Ich liebe dich.

Gib dem Leben eine Chance, gut zu dir zu sein: Homöopathie statt Euthanasie

Erec hinterließ eine schmerzliche Lücke. Ich wurde allenfalls durch die gesteigerten gesundheitlichen Auffälligkeiten der anderen Herdenmitglieder etwas von meiner Trauer abgelenkt. Dass dies nicht gerade tröstlich war oder gar mich aufheiterte, versteht sich von selbst. Vor allem Hälmchen machte mir Sorgen; sein Schnupfen brach allmählich doch durch, er fühlte sich schlapp und bekam Atemnot. Diese steigerte sich binnen weniger Tage, bis er nur noch hecheln konnte und ihm das Sekret pausenlos aus der geschwollenen Nase lief. Ich war derart von panischer Angst um sein Leben gepackt, dass ich zur Tierärztin rannte, ihr die Symptome schilderte und Hälmchen ein Antibiotikum verpasste, das sie mir mitgab. *Ich will das Zeug nicht*, quengelte mein Patient. *Ja, was machst du denn? Willst du ihn massakrieren?* Obie war empört. Janti sagte nur fassungslos: *Aber du weißt doch, dass er das nicht verträgt.* Ja, nur zu gut. Aber ich hatte nicht nachgedacht, einfach nur blind gehandelt, allerdings ohne jede Intuition. Es besserte sich nichts, ganz im Gegenteil. Nach nur einer einzigen Tablette, die wir ihm mit größter Mühe ins Mäulchen gestopft hatten, bekam er heftigen Durchfall. Er verlor vollends seinen Geruchs- und Geschmackssinn und fraß deshalb kaum noch. *Das schmeckt alles nach nichts. Was ist das überhaupt?*, fragte er mich zu meinem Entsetzen, als ich ihm seinen geliebten Pelletbrei anbot. Mutlos blickte ich auf seinen gesenkten Kopf. Janti rief mich mental zu sich ins Heubettchen, weil sie mir etwas erklären wollte. *Bitte ganz fest fühlreden! Jetzt gleich!* Ich wandte ihr Geist und Seele vollkommen zu und öffnete mich vorbehaltlos für ihre Bilder und Gefühle. *Er braucht dich. Dich, nichts Fremdes. Du weißt, was ihm hilft, sei es und tu es.* Jantis Seelenlächeln wirkte höchst amüsiert, als ich sagte: „Schatz, das war nicht deine Schwingung, es war Erecs - oder?" *Ja, natürlich. Aber ob du dir das geglaubt hättest ohne Vermittlung? Ich selber muss dir noch sagen: Wir wissen, dass du den Weg der Liebe gehst, die dich immer richtig beraten wird. Aber du zweifelst immer noch viel zu viel an dir und deinem inneren Begreifen. Du vertraust uns, aber du bezweifelst manchmal, dass es auch wirklich wir sind, die zu dir sprechen. Ihr Menschen seid so kompliziert! Ihr macht euch das Leben unnötig schwer. Du hast Tierkommunikation gelernt, und du wurdest zuvor schon im Fühlreden geschult. Sei! Fühle!*

Und dann: Mach! Damit ihre Worte mich nicht womöglich zu hart trafen, sandte sie mir ein süßes, liebevolles Gefühl zu, das mich in rosafarbene Zuversicht hüllte. Ich hatte verstanden, was Erec mir sagen wollte und auch, was Janti beabsichtigt hatte. Ich küsste sie, verband mich für einige Momente mit Hälmchen, der mir vertrauensvoll sein Befinden und seine Empfindungen zufühlte und ging zu meiner häuslichen Privatapotheke, wo ich für ihn eine Vorauswahl an homöopathischen Mitteln traf. Ich würde Beate später bitten, diese Auswahl nachzupendeln und die richtige Potenz dazu. Ich war Tierheilpraktikerin in fortgeschrittener Ausbildung und kannte und liebte meine Schafe. Ich wurde geführt von Wesen aus der Geistigen Welt und ich musste das alles in mein Sein besser integrieren. Zum Wohle meiner Tiere – und meinem eigenen. Es funktionierte. Zuerst kurierte ich Hälmchens Durchfall. Dann kehrten sein Geschmacks- und Geruchssinn zurück, und mit ihnen sein Appetit. Mit dem heftigen Schnupfen dauerte es etwas länger; nach und nach, mit Konstitutionsmittel, Ausleitung und Langzeit-Schüßlersalzbehandlung wurden die Symptome schwächer und verloren sich. Für den Rest seines Lebens war er die rezidivierenden Schnupfenattacken los, die ihn seit vielen Jahren immer im Frühling und im Herbst gequält hatten. Ich hatte gerade Hälmchen wieder zu Wohlsein verholfen, als sich bei Obie ihre kleineren Probleme im Bewegungsapparat zu ernsthafter Behinderung verschlechterten. Sie knickte ab und zu um oder humpelte auffällig und zeigte insgesamt einen beunruhigenden Grad an Ataxie. *Das macht gar nichts, ich kann noch gut laufen, rege dich bitte nicht auf!* Sie war absolut nicht der Ansicht, irgendeinen Anlass zur Sorge zu liefern. Ihre Ausdauer, ihre Neugier und ein lebenslanger Bewegungsdrang – all dies war ungebrochen vorhanden. Auch noch, als sie eines Vormittags strauchelte und umfiel. Zufällig (oder eher: durch eine Fügung gütiger Mächte) schaute ich in genau jenem Augenblick zum Badfenster hinaus. Es ist ein Segen, dass man wenigstens von beiden Badezimmern aus direkt auf die Weide sieht, leider von keinem anderen Wohnraum aus. Aber so bekam ich das Malheur mit: Obie ruderte wild und wollte offenkundig aus eigener Kraft aufstehen. Ich stellte so schnell und so gut ich konnte einen Seelenkontakt zu ihr her und mahnte sie eindringlich: „Bleib bitte ganz ruhig liegen, bis wir kommen! Wenn du randalierst und alleine aufzustehen versuchst, könntest du deine Schulter verletzen!" Ich wusste schließlich aus zweifacher Erfahrung, wie schnell das ging! Unbekümmert fühlte mir Obie zu: *Ach ja, stimmt eigentlich. Gut, dann schlafe ich ein bisschen.* Sprachs, klappte die Beine ein soweit das in dieser

Position möglich war und schloss die Augen. Etwas skeptisch blieb ich noch ein paar Sekunden stehen und beobachtete sie, ehe ich Beate alarmierte. *Ich warte brav, habe ich doch gesagt. Also wirklich!* Oh. Sie war aber schlau! *Klar, hat sich längst herumgesprochen, oder?* Ein bekannt fröhlich-freches Seelenlachen erreichte mein Herzensohr. Rasch schlüpften Beate und ich wieder in unsere Schafsmontur, die wir erst vor weniger als einer Stunde ausgezogen hatten, und gingen rasch zu Obie. Gehorsam lag sie unbeweglich und blinzelte nur mit einem Auge, als wir sie erreichten. „Tut dir etwas weh, Schatz?", fragte ich besorgt. *Nein, alles in Ordnung. Darf ich jetzt aufstehen?* „Nur mit unserer Hilfe, ja. Langsam!", rief ich aus, als sie sofort mit dem Oberkörper hochschnellte und wieder losruderte. Beate und ich stellten das ungeduldige Schafsmädchen vorsichtig auf ihre vier Beine. Obie drängte augenblicklich nach vorne und machte ein paar wacklige Schritte. *Seht ihr, kein Grund zur Panik! Aber tausend Dank, dass ihr gekommen seid!* Ich sah ihr zu, wie sich ihr Gang stabilisierte, als sie zielstrebig Richtung Stall marschierte. Dennoch sah es alles andere als normal und schafsüblich aus. Ich vermutete, dass es Obies süßer Dickkopf war, der ihre Beine am Laufen hielt. Erleichtert sagte ich zu Beate: „Sie liegt nicht fest, darüber bin ich wirklich froh. Es hat mich doch sehr an Jantis Sturz erinnert, so, wie wir sie gefunden haben. Ich dachte schon..." Wie aufs Stichwort erreichte mich Jantis Seelenruf. *Keiner da! Kommst du bitte?* Ich eilte zu ihr und kroch ins Strohbettchen. *Wollen wir ein bisschen Seelenfilm schauen? Und was essen? Mein Heu ist leer!* Ich versorgte sie mit zweierlei Sorten Heu und brachte noch ein paar Leckereien mit. *Oh, prima!* Glücklich über das Futter und meine Anwesenheit, mampfte sie und war gleichzeitig mit dem *Fühlreden* beschäftigt. *Du darfst dich nicht so schnell um uns ängstigen, das ist nicht gut für dich! Es ist alles im gewollten, gesegneten Soll. Ich glaube, ich zeige dir mal was.* Ehe ich dankend ablehnen konnte – mir war der aufregende, teils schwer durchschaubare Seelenfilm zur Umzugsvorbereitung noch bestens in Erinnerung – sandte sie mir auch schon die ersten Bilder. Verwundert sah ich mein Auto, genauer gesagt, den Kilometerstand, und wechselnde Jahreszeiten. Die gefahrene Kilometerzahl stieg nur unerheblich von Bild zu Bild. Jantis mitgesandte Empfindung war Zufriedenheit. Dann sah ich in schneller Abfolge Strohballen mitten auf der Weide, den Schäferwagen, das geöffnete Fenster des Badezimmers im Erdgeschoss, mich selber, wie ich eilig aus dem Bett stieg, obwohl es Nacht war und schließlich den Stall, wo nur noch ein schmaler Durchgang zwischen aufgestellten Heuballen anstelle der großen freien Fläche existierte.

Die dazugehörigen Gefühle reichten von heller Aufregung bis Hingabe, und schließlich war nur noch Liebe spürbar. *Ihr macht das schon. Man bekommt niemals eine Aufgabe, der man nicht gewachsen ist. Es kann nur sein, dass man sich überfordert* ***glaubt****, aber das ist etwas anderes. Da muss man selber dran arbeiten.* Ein abgrundtiefer Seelenseufzer begleitete diese Einsicht. Ich fühlte, dass sie damit nicht zuletzt sich selber meinte. *Ja, das stimmt. Aber der erste Teil stimmt auch, man wird nicht über die persönliche Möglichkeit hinaus belastet. Und man hat sehr viel mehr innere Möglichkeiten alles zu schaffen, als man denkt.* Ein spitzbübisches Lachen erreichte mein Seelenohr. *Menschlich gesagt, das mit dem Denken, wir Tiere machen das freilich anders. Aber insgesamt kommt man zum gleichen Ergebnis. Bist du jetzt wieder heiter?* Sie rieb ihr Köpfchen an meiner Hand, und ich rieb meine Nase an ihrer. „Ja. Ich bin zwar verwirrt, der Film hat mir schon ein paar Rätsel aufgegeben, aber immerhin müssen wir nicht schon wieder umziehen. Das heißt, falls ich nicht was übersehen habe." Amüsiert fühlte mir Janti ein *Nein, keine Kisterei* zu. Deutlich empfing ich einen rot und dick durchgestrichenen Umzugskarton. „Gut, Liebling", sagte ich, „und deine kluge Rede vorhin finde ich doch sehr tröstlich." Ich gab ihr einen Kuss und ging nachsehen, was Obie so trieb. Ich fand sie beim Schäferwagen, wo sie unter dem Treppchen ein paar besonders saftige junge Brennnesseln entdeckt hatte, die sie genüsslich zerkaute. *Du siehst, mir geht es gut. Ja, man hat eben ein paar Misslichkeiten, wenn man die Jugend schon ausgelebt hat!* Sie sah mich treuherzig an und rupfte begeistert goldgelben Löwenzahn ab. „Obie, du musst mir schon immer sagen, wenn du unpässlich bist, hörst du?", redete ich ihr ins Gewissen. Sie fühlte mir ein liebevolles *Weil du es bist!* zu und graste neben mir weiter. Soweit ich mich einfühlen konnte, war sie wirklich guten Mutes, obwohl ihre Beinchen die normale Kraft und Beweglichkeit vermissen ließen. Ich beschloss, mir etwas einfallen zu lassen, damit sie es leichter hatte. *Das ist lieb, danke schön, aber keine Sorgen machen!* Wann würde ich mich endlich daran erinnern, dass die Kerlchen alles mitbekamen, was ihre Menschen dachten und fühlten? Kein totalitäres System kann bessere Überwachungsstrategien aufbieten als die Verbindung zwischen eng befreundeten Seelen!

Obilot, Obies Zwilling, nahm die schwindende Beinkraft der Schwester nicht so sorglos hin wie diese. Sie folgte ihrem leicht schwankenden Gang mit den Augen und trat neben mich. *Tu bitte was, sonst endet ihre Bewegungsliebe dramatisch. Sie ist unmöglich, doch, ja! Einfach unüberlegt leichtsinnig!* „Ich suche ihr etwas heraus, erst einmal ein bewährtes Komplexmittel; ah, ich weiß auch schon, welches." Obilot sah mich aufmerksam an, dann veränderte sich ihr Blick. Sofort nahm ich eine veränderte Schwingung wahr und wusste: Nach längerer Unterbrechung war Obilot wieder Karsis Botschafterin. Wie zur Bestätigung meiner Annahme erhielt ich die mentale Bitte, den bewährten Kraulgriff einzusetzen, und Sekunden später empfing ich Karsis gefühlte Worte: *Meine Töchter haben beide recht; eine gewisse Leichtlebigkeit ist lebensverlängernd, aber Gesundheit ist wichtig, man muss sie fördern so lange es irgend geht. Ich denke, du solltest Obie unterstützen, aber ohne Sorgen und Angst. Hierin liegt deine Aufgabe! Ich vertraue dir. Vergiss meine Worte nicht!* Ich streichelte Obilot/Karsi am Köpfchen und sagte einigermaßen feierlich: „Ich werde dich nicht enttäuschen! Und ich tue ja immer, was ihr mir auftragt. Ich liebe euch nämlich über alles!" Ob vielleicht gerade das ein Problem war? *Blödsinn! Denk doch bitte nicht so viel über Sachen nach, die einfach sind, und auch noch total gut! Dass du uns so liebst, ist eine Chance, und zwar für uns und für dich selbst. Und überhaupt, jetzt erst mal Abendessen!* Prosaisch wies mich Obie auf ganz reale und unproblematische Pflichten hin, denen ich gern und schnell nachkam. Den Wollschöpfen beim Fressen zuzusehen war stets eine Quelle der Freude und Beruhigung – solange es ihnen schmeckte, gab es keine wirkliche Not. *Prima Service.* So fasste Janti zusammen, was mir die ganze kleine Herde zufühlte. „Danke, ihr Lieben", sagte ich, und Beate setzte hinzu: „Schließlich seid ihr die Besten!" Ja, ganz zweifellos!

Diese Besten hatten sich anscheinend vorgenommen, mich kummervolles Heimweh nach Erec vergessen zu lassen und mir generell jede Möglichkeit zu nehmen, unnützen Gedanken nachzuhängen. So jedenfalls kam es mir vor, als es gehäuft zu Situationen kam, die meinen Ideenreichtum, meine Flexibilität und vor allem meine Zeit beanspruchten. Enite beispielsweise hatte es sich zur Gewohnheit gemacht, die am höchsten gewachsenen Brennnesseln abzureißen und im Ganzen hinunterzuschlucken zu versuchen, was natürlich nicht so ohne weiteres klappte – sie verrenkte den Kopf, bis sie sich prompt verschluckte und keine Luft mehr bekam. Das hörte sich dann furchterregend an und sah auch nicht besser aus. Im schlimmsten Fall speichelte sie, als litte sie an Tollwut und schleuderte durch vehementes Kopfschütteln einen Schwall von Schaum in der Gegend herum. Dieses Spektakel erschreckte Hälmchen jedes Mal aufs Neue, da er aufgrund seiner Sehbehinderung nur die Hälfte mitbekam und vor allem hörte, wie seine Mutter keuchte und röchelte. Beiden war dann nur mit mehreren Gaben Rescue zu helfen, was zum Glück immer funktionierte. Ich stellte Enite zur Rede, sie war ja nicht dumm! Wieso machte sie so oft denselben Fehler? *Wieso Fehler? Das macht doch Spaß! Mir passiert ja nichts, du bist doch da, und überhaupt: Alles ist anders, als es aussieht.* Ich war nicht der Meinung, dass dieser Spruch hier passte, und das sagte ich ihr auch: „Das ist ungesund, und so sieht es auch aus!" Es war ihr völlig einerlei.

Obie, von ungebremstem Bewegungs- und Forscherdrang beseelt, forderte ihren geschwächten Beinchen alles ab; sie wackelte bis in das hinterste Eck der Weide und wieder zurück, zwängte sich unter den Schäferwagen, wenn sie dort ein appetitliches Gräslein oder Pflänzchen entdeckt zu haben glaubte und schrammte unbekümmert an der rauen Wand des alten Stadels vorbei, dessen Verputz teilweise so stark abblätterte, dass die Steine herausragten. Obie holte sich allerhand Kratzer, die ich (wer sonst?) verarzten durfte, damit sich nichts entzündete. „Musst du unbedingt alles erkunden? Könntest du dich nicht zur Abwechslung mal ein bisschen ausruhen?", fragte ich etwas genervt, als sie sich wieder einmal eine Schramme geholt hatte. „Das endet noch übel!" Obie sah mich treuherzig an und meinte fröhlich: *Ausruhen ist keine Abwechslung, weißt du. Außerdem bekommen mir deine Mittelchen prächtig, meine Beine sind völlig schmerzfrei und meine Laune ist super. Und vor Übeln habe ich keine Angst. Damit werde ich schon fertig.* Aufmunternd fügte sie hinzu: *Und du lernst das auch noch, ganz bestimmt!* Ich strich ihr seufzend über das schmale, fein gehörnte Köpfchen und ahnte nicht, dass ihr Ausspruch sich bald erfüllen sollte.

Da ich allmählich auf die Tierheilpraktiker-Prüfung zusteuerte, musste ich, trotz der beunruhigenden Erfahrungen mit Jantis Sensibilität, doch hin und wieder auch Unterlagen mit nach draußen zu den Schafen nehmen, da ich sonst – für meinen Geschmack und für den meiner Lieblinge – viel zu selten bei ihnen gewesen wäre. Es war zwischenzeitlich so, dass die Anwesenheit von mindestens einer von uns zwei Schafsmüttern (wie wir mittlerweile von Freunden und Bekannten gern genannt wurden) eine Notwendigkeit darstellte; Obies Eskapaden und Enites Riesenbrennnessel-Vorliebe allein hätten dafür schon fast genügt. Aber quasi täglich kam eine unerwartete Aufregung dazu. Janti wünschte sich, dass ich häufiger bei ihr saß; wir hatten manchmal nur kurze Kuschelmuschel-Einheiten, was uns beiden nicht recht war. Es wirkte sich ein wenig negativ auf ihren Appetit aus, der immer dann bestens war, wenn ich bei ihr saß und sie fütterte, am liebsten mit der bereits bekannten Handtuch-Variante. Obilot scharrte auffallend oft mit dem rechten

Vorderhuf und ließ dabei den Kopf hängen – sie hatte Schmerzen in den Vorderbeinen und ich suchte bereits nach Linderung. *Mach bitte was, ich will nicht liegen müssen!* Ich spürte ihre Angst, nicht mehr laufen zu können. Den in jüngster Vergangenheit größten Schocker aber verpasste mir Hälmchen eines Nachmittags, als er ohne einen mir erkennbaren Anlass begann, immerfort im Kreis zu rennen und dabei schneller und schneller wurde. Er stolperte zwischendurch, rappelte sich hoch und raste nur noch schneller, in einem enger werdenden Radius, weiter im Kreis herum. Dazu blökte er mehrere Male herzzerbrechend. Die übrigen Herdenmitglieder standen starr vor Schreck, und als ich versuchte, mental zu meinem armen Böckchen durchzudringen, stieß ich auf eine Barriere aus purer Panik. Ich rief Beate am Arbeitsplatz an, damit sie möglichst nach Hause kam und mir half, Hälmchen zu beruhigen. Vielleicht konnte sie auch gleich etwas unternehmen, denn vor kurzem hatte sie den zweiten Reiki-Grad gemacht und vermochte per Fernreiki einiges zu bewerkstelligen. Im Übrigen reichte es bei mir kurzfristig nicht einmal mehr zu weiterführenden Überlegungen. Bei mir war der altbekannte Zustand der völligen Kopflosigkeit durch Schrecken und riesige Sorge um Hälmchen eingetreten, was nicht eben hilfreich war. Obie und Janti versuchten im Chor, mir den einzig praktikablen Rat zuzufühlen: *Bachblüten!* Mir jedoch geisterten hoffnungslos die schlimmstmöglichen Diagnosen durch mein medizinisch überfülltes Fast-Tierheilpraktikerhirn, sodass ich nichts denken konnte als zum Beispiel: „Sind das Bandwurmfinnen? Ist das eine neurologische Erkrankung?“ Obie puffte mich in die Seite, was mich endlich erreichte. Ich versuchte, mich Hälmchen zu nähern, aber er erkannte mich nicht. Ich rief seinen Namen, keine Reaktion. Den dargebotenen Zwieback ignorierte er. Das war noch nie vorgekommen! Ich musste mich extrem zusammenreißen, nicht meinerseits in völlige Panik zu verfallen. Von Herz zu Herz sprach ich ihm lautlos die unsinnigsten Dinge und Koseworte besänftigend zu, dann wieder rief ich gut hörbar seinen Namen und schaffte es irgendwann, ihm ein Stückchen Zwieback mit Rescue in die Schnauze zu schieben. Viel half das nicht, aber nach ein paar Minuten wurde sein Tempo langsamer und er begriff, dass ich es war, die vor ihm stand. Er akzeptierte weitere Rescue-Gaben, blieb aber enorm unruhig und behielt seinen Kreisgang bei. Auch war er weiterhin derart aufgeregt und auf etwas fixiert, das mir verborgen blieb, dass ich nicht wirklich einen Seelenkontakt herstellen konnte. Ich musste jedoch unvermittelt an sein traumatisches Hunde-Erlebnis denken. Kaum war mir dieser Gedanke gekommen, passierte zweierlei: Ich wusste, welche

Bachblüte ich ihm geben sollte, und Hälmchen preschte los, wobei er uns alle umrannte. Inzwischen war Beate angekommen, und ich schickte sie ins Haus, um die benötigte Blütenessenz zu holen. Es brauchte drei Gaben im Abstand von etwa 15 Minuten (wir rannten dabei hinter ihm her), bis unser Böckchen schwer atmend zum Stehen kam und getröstet werden wollte – *Ich habe doch im Nebel nicht gesehen, dass der wieder da ist! Ich habe ihn nur gehört! Ich wollte einfach weg.* Ich erinnerte mich bei seinen Worten vage daran, kurz vor seinem verzweifelten Rundlauf in der Ferne Hundegebell gehört zu haben. Als mir dann sein übles Erlebnis eingefallen war, hatte er diesen Gedanken aufgenommen und sich in seiner Angst bestätigt gesehen. Es gelang uns mit viel Liebe und etlichen Leckerlis, den armen Schafsbuben wieder ganz zu beruhigen; ich sagte zu ihm: „Niemand ist hier, der dir schaden kann. Der Hund, den du gehört hast, wohnt weit weg. Er läuft nur manchmal am Gatter vorbei und sieht euch gar nicht. Ich kenne ihn, er ist völlig harmlos.“ *Er hat sich nicht hier versteckt?* – „Nein, Schatz. Hier sind nur wir, deine vier- und zweibeinigen Mitschafe.“ Er schickte mir ein glückliches Seelenlächeln und alle unsere Schützlinge waren - zumindest für den Moment – mit sich, mit der Welt und mit uns zufrieden.
Nach diesen Aufregungen stand für mich fest: Da kommt wohl noch mehr. Ich sah es als meine jetzt vorrangige Aufgabe an, für die geliebten Wolleproppen rund um die Uhr verfügbar zu sein, um ihnen in jeder möglichen Lebenslage optimal zur Seite stehen zu können. Das bedeutete, meine bereits eingeschränkte freiberufliche Unterrichtstätigkeit ganz einzustellen. Janti bestätigte mich in dieser Entscheidung: *Oh, jetzt hast du ja schon einen Teil des Seelenfilms verstanden!* Kurz flimmerte mir nochmals das Bild meines nur langsam steigenden Kilometerstands während der wechselnden Jahreszeiten durch den Geist, und ja, das verstand ich jetzt. Ich entschied, nur noch meinen Lieblingsschüler Tim zu behalten, den ich bereits seit ein paar Jahren privat betreute. Ich fuhr jeden Dienstag für 90 Minuten zu ihm nach Hause, und er selbst sowie seine Mutter zeigten ein großes Verständnis für meine bisweilen auftretenden Terminschwierigkeiten, wenn wieder einmal Not am Schaf war und ich nur später oder gar nicht kommen konnte. Ich war mir nicht sicher, ob dieser Entschluss in finanzieller Hinsicht vernunftgesteuert war, er kam mir jedoch aus tiefstem Herzen. Janti hatte auch hierzu eine klare und kluge Meinung: *Jetzt gibst du, später bekommst du. Es wird sich alles fabelhaft fügen, wenn du deinem Herzen folgst. Da bin ich drin, da sitzen wir alle - und das ist gut.* Wieder einmal war Vertrauen gefragt, und meine

Liebe zu diesen restlichen fünf wolligen Goldschätzen ließ auch gar keine Ausflüchte zu. Ich verspürte eine angenehme Zufriedenheit, vergleichbar jener während des Seelenfilms. Sehr schnell zeigte sich dann, dass meine Entscheidung richtig und absolut notwendig gewesen war. Ich habe sie niemals bereut.

Meine nächsten Großeinsätze als frisch geprüfte Tierheilpraktikerin verschaffte mir Obie; sie schien es als ihre Pflicht zu betrachten, dass ich in Übung blieb und viele praktische Erfahrungen sammelte, die mir doch nur nutzen konnten! *Du bist jetzt ganz vom Fach, und jetzt mach! Ich bin sehr gespannt, was ich alles mit dir erlebe.* So sprach sie, als sie eines Morgens extrem humpelnd mich umrundete. „Wie meinst du das denn, Liebling?“, fragte ich eher beunruhigt als ermutigt. *Na ja, du bist doch in Amt und Würden, mit Sehr gut auch noch, da kann ich einiges erwarten, gell? Ich vertraue dir jedenfalls in allen Fällen. Und ich experimentiere gern!* Ein typischer, süßer Obie-Spruch – ich würde mein Bestes tun! *Eben!* Mein Plappertäschchen musste immer das letzte Wort haben.

Ich betrachtete stirnrunzelnd ihren Gang; die Gelenke waren kühl, geschwollen war auch nichts, davon konnte ich mich mittels Abtastung überzeugen. Überraschend war auch, dass sie einen flotten Schritt drauf hatte, der so gar nicht zum restlichen Bewegungsablauf passen wollte. *Man darf nie sein Ziel aus den Augen verlieren, und mein momentanes Ziel ist die Scheune!*, sagte sie und nahm Kurs darauf. Die Mitschafe, besser zu Fuß, kamen nicht schneller voran als sie. Meine Warnung, es bitte nicht zu übertreiben, wurde geflissentlich überhört. Obilots besorgte Unruhe erreichte mein Seelenohr. *Ihre Ausdauer wird noch ihr Verhängnis! Merkst du es?* Und ob ich das tat! „Sei unbesorgt, ich gebe ihr erstmal eine neue Blütenmischung“, sagte ich und legte kurz meine Stirn an ihre. Ich empfing ein tiefes Vertrauen, das ich nicht mit Obilots leichter Skepsis vereinbar fand. Ich fühlte aber, dass es nicht von Karsi kam, sondern durchaus von ihrer rotschopfigen Tochter. Ich freute mich darüber, und Obilot fühlte mir zu: *Ich bin da ein bisschen wie du, ich rege mich schnell auf und vergesse dann, dass ich eigentlich vertrauen sollte und das auch irgendwie im Innersten tue.* Nun, die Theorie, dass unsere Haustiere uns Menschen oftmals spiegeln, hat wohl einen wahren Kern.

Am Nachmittag desselben Tages stand Obie vor dem Stall und ließ ihr rechtes Vorderbein hängen; sie konnte nicht mehr auftreten damit und sah etwas verunsichert aus. Sie wollte auf mich zulaufen, doch auf drei Beinen, die ihrerseits auch nicht die gesündesten waren, klappte das herzlich schlecht.

„Bleib bitte sofort stehen!“, rief ich ihr streng zu, „ich kann nicht alles richten, was dein süßer Dickkopf anstellt!“ *Äh, ja, aber -* „NEIN!“ Sie blieb stehen und schickte mir einen leicht zerknirschten Blick. „Was ist los?“, fragte ich und untersuchte sie vorsichtig. „Tut es weh?“ *Hm, ja, ein wenig.* Was ich erspürte, als ich mich in sie einfühlte, schmerzte aber heftig. „Bitte spiele nicht die Heldin!“, ermahnte ich sie, „das behindert meine Arbeit. Ich will dir unbedingt helfen.“ Ich bekam schnell heraus, dass es sich unter anderem um eine Schleimbeutelentzündung handelte. Dass generell auch Nervenbahnen betroffen waren, wusste ich schon längere Zeit. Also galt es, zuerst das akute Hauptproblem zu lösen, die Lähmung des Vorderbeins. Die Ungeduld meines bejahrten Schafes, das sich im Herzen wie ein Lamm fühlte (und ebenso bewegungslustig war!), musste ebenfalls beschwichtigt werden, damit in Ruhe ein Heilungsprozess in Gang gesetzt werden konnte. Die geeigneten Bachblüten wusste ich bereits, aber das beste homöopathische Mittel, das schnell ansprach und Heilung brachte, war eine andere Sache. Ich brauchte hierfür das Simile! *Hast du schon eine bestimmte Idee?* Jantis sanfte Stimme holte mich aus fruchtloser Grübelei. Ja, ich hatte drei bis vier Homöopathika in der engeren Wahl. *Komm doch mal bitte!* Ich warf Obie einen warnenden Blick zu – sie sollte es nicht probieren, dreibeinig herumzuwackeln! – und setzte mich zu Janti ins Heu. „Möchtest du mir etwas raten?“, fragte ich, denn ich hatte bei ihrem Ruf nicht den Eindruck, dass sie in Nöten war oder einfach gerne Gesellschaft hätte. *Ja, ich habe wirklich etwas für dich. Und für Obie.* Stirn an Stirn leerte sich mein Kopf, bis nur noch ein einziges Wort klar vor meinem geistigen Auge erschien – eines der Mittel, die ich zuvor in Betracht gezogen hatte. Ich zweifelte keinen Atemzug lang an der Richtigkeit der Wahl, küsste Janti und machte mich daran, eine Blütenmischung für Obie zusammenzustellen und Globuli aufzulösen. Ich fragte mich gar nicht, woher Janti wusste, was nottat. Ich hatte längst begriffen, dass sie im Laufe ihrer Erkrankung einen Grad an Verbindung zur Geistigen Welt erreicht hatte, der mir unbegreiflich war, den ich aber täglich neu bewiesen sah. Auch ihre Nähe zu den Engeln teilte sie liebevoll mit ihren Menschen, sooft diese fähig waren, sich darauf einzulassen: Beate und ich fühlten uns in Jantis Gegenwart dem Himmel stets näher als der Erde. Einen ähnlich beseligenden Effekt hatte auch die Anwesenheit Erecs, vor allem während seiner letzten Erdentage.

Ich fand Obie einigermaßen gehorsam-ruhig grasend in der Nähe des Schäferwagens, zu dem sie eine große Zuneigung entwickelt hatte. Bei meinem Anblick setzte sie sich auf ihren drei Beinchen in Bewegung, nach wie vor das lahme herabhängend. „Langsam, Süße, ich komme schon zu dir!“, rief ich warnend. *Hm, aber ich kann doch laufen, na ja, ein bisschen. Das ist besser als gar nicht! Man muss in Übung bleiben!* Verflixt, den Spruch kannte ich zur Genüge! Obie beäugte neugierig die kleine Dose, der ich Zwieback und das neue Medikament entnahm. Sie reckte den Kopf und steckte ihre Nase hinein. *Für mich? Was Neues? Oh, prima!* Ich schob ihr das präparierte Stückchen Gebäck in die Schnauze und gebot: „Und jetzt gibst du bitte ein paar Minuten Ruhe, legst dich hin oder bleibst unbeweglich stehen. Wenn dir komisch wird oder du sonst etwas bemerkst, sag es mir gleich, das ist wichtig. Obie tat ausnahmsweise wie geheißen und blieb, wo sie war. Ich setzte mich auf die Treppe meines Schäferwagens - eine Vorliebe für ihn teilte ich durchaus mit Obie – und behielt das Schafsmädchen im Auge, während Hälmchen und Enite herbeisprangen, da sie Zwieback in der Luft gewittert hatten. Zu meinem Erstaunen konnte ich Obilot nirgends entdecken. *Hast du mir ein Gnadenbrot?*, fragte mich Hälmchen treuherzig. Was er meinte, war, ob ich so gnädig wäre, ihm etwas vom Zwieback abzugeben. Ich schob ihm ein großes Stück ins Mäulchen, und er kaute glücklich. Er sah so süß aus! Gerechtigkeitshalber bot ich seiner Mama Enite ebenfalls eine Gabe an, was gleich akzeptiert wurde. Ich wandte mich wieder Obie zu, die höchst zufrieden aussah und mit ihrem lahmen Beinchen schlenkerte. *Guck mal,* rief sie mir innerlich zu, *was ich kann!* Sie senkte das Bein ab und setzte es langsam auf dem Boden auf. Dann hob sie kurz das linke, gesündere Bein, sodass das rechte belastet wurde. *Ich bin nicht mehr lahm!* Sie ging sofort (immerhin langsam und vorsichtig) auf mich zu. „Höre, Schatz, das ist toll, aber die Bursitis selber muss erst noch eine Zeitlang auskuriert werden, die Lähmung zu behandeln war nur Teil eins!“ Ich freute mich unaussprechlich, dass es Obie besser ging. Ich wusste aber, dass ich ihr noch einige Gaben verschiedener homöopathischer Mittel verabreichen musste, bis das Beinchen geheilt war – genauer gesagt, wirklich belastbar und hoffentlich schmerzfrei. Ein Jungschaf ohne altersbedingte Abnutzung der Gelenke konnte ich beim besten und liebenden Willen nicht aus ihr machen, sie war eine Seniorin, die ein hübsches, in der Tat jung aussehendes, zartes Gesicht hatte.

Ich nahm mir ziemlich viel Zeit, Obie die Situation zu verdeutlichen; ich kannte ihr Ungestüm, ihre Tapferkeit, ihre Sorglosigkeit. Jetzt galt es, ihr

Rücksicht auf sich selbst, auf ihre kostbare Restgesundheit beizubringen. *Hm, und wie sieht das aus? Ich bin doch kein Plüschlamm, das dekorativ im Regal herumsteht!* Ich besänftigte ihren Unmut mit ein paar Rosinen. *Ah, Bestechungskorinthen! Also sag schon, was du mir sagen möchtest, ich höre zu. Versprochen.* Ich wollte gerade dazu ansetzen, als Obilot aus dem Nichts (vielmehr einer versteckten Ecke der Weide voller Wildwuchs) neben uns auftauchte, einige Rosinen futterte, die sie allem vorzog, und mich anstupste. Ich wandte mich ihr zu: „Na, meine Süße, alles in Ordnung bei dir?“ Sie rieb wie so oft ihren Kopf an meinem Knie, und ich fing ihre Besorgnis auf: *Bitte lass ihr nichts durchgehen, was schädlich werden könnte! Ich kann nicht immer schauen, ob sie brav bleibt, ich habe es da als ihr Zwilling sehr schwer. Ich denke, du bekommst das eher hin. Danke!* Ich strich beiden über den Rücken und bat Obie ernsthaft um Mitarbeit, indem sie langsam laufen, sich nicht auf den harten Boden legen und viel ruhen sollte. *Na gut, wenn es dir so wichtig ist, versuche ich das mal.* Ich tat das Meine und stellte ihr einige Präparate zusammen, die ihr augenscheinlich sehr gut halfen, denn ihre Bewegungen wurden von Woche zu Woche fließender und sie hatte nach eigener Aussage bald keine Schmerzen mehr. Freilich schonte sie sich nicht übermäßig, mein kleiner Wildfang war einfach abenteuerlustig und neugierig, was ja theoretisch sehr erfreulich ist – ein neugieriges Schaf ist bekanntlich ein gesundes Schaf; in Obies Fall war die Neugier einer der gesunden Anteile. Bei der ganzheitlichen Sicht auf Gesundheit und Krankheit eines Individuums ist es extrem bedeutsam, eben nicht nur die erkrankten Anteile zu sehen, sondern vielmehr das Augenmerk auf die gesunden Anteile zu richten und diese gezielt zu stärken. Genau dies tat ich bei meinen geliebten Schafsenioren und erreichte damit, dass sie trotz mancher Einschränkung oder Behinderung sichtlich gerne lebten und Spaß am Dasein hatten, am guten Futter, an unserer Liebe. Sie ließen uns immer wieder wissen, dass sie mit unserem Tun einverstanden waren und sich in unserer Obhut geborgen fühlten. Wenn sie einen besonderen Wunsch oder ein Anliegen hatten, wiesen sie uns darauf hin. Es kam schon manchmal vor, dass wir nicht sofort kapierten, was gewünscht war, dann seufzte Obie mir fühlbar in die Seele und posaunte: *Ihr seid ja sehr lieb, aber leider auch schwer von Begriff!* Wenn ich dann ein wenig protestierte und sie darauf hinwies, dass ich doch allerhand verstehe – und Beate auch – lenkte sie stets augenblicklich ein: *Ja, stimmt. Aber Menschen sind von sich aus einfach immer arg langsam im Begreifen der einfachsten Dinge!*

Nun, das hatte mir ja mein treuer Ritter Erec schon häufigst gesagt... Es muss wohl wahr sein.
Während ich also ein wachsames Auge auf Obies halbherzige Bravheit hatte, sorgten auch andere Herdenmitglieder für Sorgenmomente; insbesondere Hälmchen war mit seiner Augengeschichte ein dauerhaftes Übungsfeld für mich, Hilfe zu finden. Seine neblige Sicht hatte sich weiter verschlimmert, er fand bisweilen den Stall nicht mehr, selbst wenn es noch taghell war. Licht und Dunkelheit waren für ihn momentan mehr oder weniger dasselbe, wie er sagte. Sonst war es ihm nur nachts unmöglich gewesen, sich zu orientieren. So lief er klagend mit lauten Bloktönen umher und hörte nicht auf, bis einer von uns Menschen auf der Bildfläche erschien und ihn zärtlich zu seinem Ziel lotste. *Meinst du, du kannst was machen, dass ich nicht blind werde? Das ängstigt mich, ich muss doch wenigstens ein bisschen was sehen, wenn ich meine Runden drehe. Den Nebel kenne ich ja schon, aber es sieht manchmal nach nichts aus, auch nicht nach Nebel.* Ich liebkoste ihn und sagte: „Ich kann dir zwar nicht versprechen, dass es klappt, aber ich habe durchaus eine Idee, wie wir verhindern können, dass es noch schlimmer wird, mein Schatz." Hälmchen war getröstet: *Ach, das ist gut. Fangen wir gleich damit an?* Das taten wir. Ich ließ ihn eine Kur mit Schüßlersalzen machen, die häufig wiederholt werden musste. Vorwegnehmend sei gesagt, dass ich auf diese Weise Hälmchen tatsächlich sein Augenlicht erhalten konnte, worüber er überglücklich war. Auch fiel es ihm nach zwei Durchgängen leichter, hell und dunkel zu unterscheiden. Sicher blieb es eine starke Beeinträchtigung für ihn, seine Umgebung, Hindernisse und Futterquellen nicht klar erkennen zu können, doch er war ein solch bescheidenes Kerlchen, dass ihn die kleinste Erleichterung wieder fröhlich machte: *Das ist schön, ich habe gerade ein gutes Plätzchen zum Schlafen beinahe gesehen, jedenfalls ganz alleine gefunden! Danke!* Ein liebenswerter Schafsbub! Ich hätte gerne noch viel mehr für ihn getan.
Ich war also mit Obies Mitarbeit recht zufrieden, und so hatte ich keinerlei vorwarnende Ahnungen, dass sie mir in Kürze noch ganz andere Aufgaben bescheren würde als bisher. Das war vermutlich auch besser so, denn sonst hätte ich wohl schon im Voraus einen *Nervenniedergang* erlitten, wie Janti es dann mitleidig nannte, als es soweit war. Doch mir blieben ein paar Wochen voller kleinerer und größerer medizinischer Erfolge, die mich in meiner Aufgabe bestärkten. Obilot war auffallend schläfrig, was sie sehr störte: *Warum bin ich so müde? Ich möchte die neue Weide genauer untersuchen, und dann liege ich doch bloß dösig herum! Gibt es da was in deiner Sammlung für mich? Ich*

frage, weil du ja meine Beinschmerzen wegbekommen hast. Ich kraulte ihren hübschen rotlockigen Nacken und überlegte. „Bestimmt habe ich auch gegen deine Müdigkeit etwas. Vielleicht brauchst du noch eine Immunstärkung und Vitamine, das finde ich noch heraus!" Sie blieb ganz ruhig neben mir stehen, als ich sie einfach zuerst einmal abtastete und versuchte, irgendwelche Blockaden zu erkennen. Insgesamt erhielt ich den Eindruck, dass Obilot verkrampft war und durch Besorgnis innerlich kaum zur Ruhe kam, ihr Körper aber darauf mit erhöhtem Schlafbedürfnis reagierte. *Das kann sein, ja. Mein Zwilling bekümmert mich, das ist Stress.* Ich erspürte zudem, dass sie sich mehr Aufmerksamkeit wünschte, denn als Hälmchen und Obie mein Hauptaugenmerk beanspruchten, kam sie wirklich ein wenig zu kurz. *Ich bin nicht eifersüchtig*, versicherte sie mir, *Leidende sind deine Aufgabe! Aber ich habe schon manchmal Angst, auch leiden zu müssen. Bitte verhindere es!* Ich sah sie ernst an: „Nichts lieber als das, Obilot! Ich kann dir nicht versprechen, dass es mir auf Dauer gelingen wird, aber das eine verspreche ich dir: Alles mir Mögliche für dein Wohlbefinden zu tun, jetzt und auch in Zukunft!" *Das weiß ich, hab Dank!*, fühlte sie mir zu. Noch am selben Tag las ich verschiedene Arzneimittelbilder durch, von denen ich annahm, darunter etwas Passendes zu finden. Des Weiteren besorgte ich einen neuen Mineralleckstein, dem die wichtigsten Vitamine zugesetzt waren. So konnte ich Obilot wirklich helfen, was ihr Vertrauen zu mir weiter stärkte. *Danke, das tut aber gut. Jetzt musst du nur noch Obie begreiflich machen, dass sie auch nicht jünger ist als ich, obwohl sie sich benimmt, als sei sie zehn Jahre jünger oder noch mehr!* Der jugendlich-lebensfrohe Zwilling marschierte leicht schwankend aber flott an uns vorbei und ließ uns wissen: *Ach was, man ist so alt oder jung, wie man sich vorkommt. Habe ich doch schon oft gesagt. Mich alt fühlen kann ich später, vielleicht. Aber warum eigentlich? Ah, hier wächst ja Melisse! Ihr entschuldigt mich!* „Sie sieht es richtig, Liebling. Und ich bin da, um gegebenenfalls das Schlimmste zu verhindern." Mit diesen Worten versuchte ich, Obilot und mich selber in Sicherheit zu wiegen. Was freilich trügerisch war; ich konnte bei aller Liebe und Fachkenntnis keine endgültige und ungefährdete Sicherheit bieten.

Sicherheit ist ein Zustand, der allenfalls mit Liebe gleichgesetzt werden kann, klärte mich Janti auf, als ich eine Pause bei ihr im Heunestchen machte. *Echte, wahre, reine Liebe meine ich. Sie ist die größte Sicherheit, die man haben kann, denn sie schützt das Leben an sich. Sie kommt vom heiligen Urgrund und ist unverlierbar. Jede irdische Gefahr ist eingebettet in diese endgültige, nicht erfassbare Liebes-Sicherheit. Und da du uns so sehr lieb hast, richtig und von innen heraus, sind wir bei dir immer sicher, selbst wenn es manchmal nicht so aussehen mag.* Ich war derart gerührt, dass ich nichts sagen konnte. *Ist auch nicht nötig, ich fühle alles.* Janti aß mit Appetit ihre Flocken, während sie mir diese Herzensweisheiten schenkte. Dann hob sie den Kopf und fragte neugierig: *Willst du unsere Gespräche weitersagen? Du schreibst ja so viel, wenn du bei uns bist! Das ist uns allen aufgefallen.* Oh ja, gewiss. Es waren mittlerweile mehrere Notizbücher bis an den Rand mit den Aussprüchen meiner Lieblinge gefüllt. „Möchtest du ein paar eurer besten Aussprüche mal hören?", fragte ich Janti, und sie fühlte mir pure, unschuldige Neugier zu. *Ja, das wäre was!*, meinte sie. Ich blätterte das gerade aktuelle Notizbuch durch, bis ich zu der Stelle kam, wo ich einige meiner bevorzugten Schafsweisheiten aufgelistet hatte. „So!", sagte ich geheimnisvoll, „jetzt Öhrchen auf! *Staunen schützt vor Gleichgültigkeit! Ohne Staunen kann man kein Wunder begreifen, denn Wunder sind unbegreiflich. Staunen heißt Begreifen mit dem Herzen.* Na, erkennst du diese Herzensweisheit wieder?", fragte ich gespannt. *Das stammt von mir, ja, ganz sicher!* „Stimmt, mein Schatz, das ist eine Janti-Erkenntnis. Und weiter: *Jeder Sonnenaufgang ist ein Geburtstag des Lebens.* Das lehrt uns Erec. *Stolpern ist ein Tanzschritt in der persönlichen Entwicklung.* Sagt jedenfalls Enite. *Reiseziel und Ankunftsort sind nicht immer identisch.* Davor warnt uns Obilot. Obie hält nichts vom scheinbaren Durchblick aus zweiter Hand, sie sagt zutreffend: *Erleuchtung muss von innen kommen.* Und bezüglich der Frage, ob man sich noch mit Leuten beschäftigen soll, die man nicht mehr sonderlich mag, hat sie mir einen super Rat gegeben: *Wer nicht in deinem Herzen wohnt, hat auch nichts in deinem Kopf zu suchen!* Ach, ihr seid so schlau und lieb!" Ich machte eine kleine Pause und kraulte mein aufmerksam lauschendes Schafsmädchen. „Ich habe noch mehr gute Sprüche von euch! *Du brauchst keine Brille, um zu sehen, dass du eine Brille brauchst!* Ein typisches Hälmchen-Thema, und völlig zutreffend. Karsis Lehre finde ich wegweisend, gerade auch, wenn große Unsicherheit herrscht und Gefühle eine große Rolle spielen; ich bin sehr froh, dass sie mir durch Obilot sagen ließ: *Liebe allein genügt nicht immer, aber ohne Liebe ist alles ungenügend.* Das haben wir beide auch erkannt und schon oft besprochen, dass Liebe wichtiger ist als alles, mein Spatz. Ich bin ungeheuer stolz auf euch, ihr seid die besten Lehrer!", sagte ich und klappte das Notizbuch zu. Vom ersten *Fühlreden* an habe ich notiert, was mir erinnernswert schien. Spätestens seit meinen Daueraufschrieben bei Janti im Planschbecken, als ein bemerkenswerter Satz nach dem anderen erfühlbar wurde, näherte ich mich meinen wolligen Goldschätzen nur noch mit Schreibzeug. Heute profitiere ich davon, denn obwohl ich das meiste im Herzen gespeichert habe, ist es hilfreich, auf wortgenaue Mitschriebe zurückgreifen zu können. *Oh, das gefällt mir! Hoffentlich kommen unsere Erkenntnisse richtig an, die Menschen wollen nicht unbedingt hören, was es zu verstehen gilt.* Janti klang recht aufgeregt. Ich konnte und kann ihr nur beipflichten. Da ich mich aber in der (Herzens)Verpflichtung sehe, die verkannte innere Größe der so genannten „Nutztiere" bekannt werden zu lassen, scheint es mir wichtig, möglichst authentisch das Erfahrene, manchmal kaum Fassbare, wiederzugeben. *Ich gebe mir Mühe, mich menschlich auszudrücken*, sagte Janti, und ich murmelte ihr ins Ohr: „Und ich bemühe mich, verstandlos zuzuhören, nur mit Seele und Herz." *Das ist genau richtig!*, freute sich mein Jantispatz. Ich versorgte sie mit frischem Heu, bot ihr Wasser zum Trinken an und kuschelmuschelte dann noch eine kleine Weile mit ihr, wobei ich spürte, dass sie im Anschluss gerne Reiki von Beate wollte. Also schickte ich diese zu Janti und sah derweil nach, ob bei Obie alles in Ordnung war. Verdächtig brav lag sie auf ihrem Lieblingsplatz vor dem Stall, den wir „Balkon" nennen, da er überdacht ist und durch ein verschließbares Gatter eben wie eine Art Balkon aussieht. *Ich bin nicht verdächtig, ich bin gehorsam! Jawohl!* Mit leiser, gespielt wirkender Empörung, dachte sie mir diese Begrüßung zu. Ich lobte sie ausgiebig, gab ihr auf Zwieback die fällige Medizin und war einmal mehr glücklich darüber, meinen Lieblingen durch *Fühlreden* und Tierkommunikation so nahe sein zu dürfen. In solchen Momenten fiel mir immer mein geliebter Ritter ein, mein großartiger Freund Erec, dem ich diese Verbundenheit schließlich verdanke. *Ich vermisse ihn! Es ist sehr anders, ihn jetzt zu fühlen, ohne Substanz. Ich weiß ihn in der Nähe, aber er ist einfach nicht mehr irdisch. Geht dir das auch so?* Ich wusste, was Obie meinte. „Ja, Süße, leider. Er fehlt mir sehr, es genügt mir ebenfalls nicht, ihn gedanklich hier zu wissen, oder gar zu spüren." Hälmchen trottete langsam und ein wenig unsicher auf uns zu, kam knapp vor Obie zum Stehen und lehnte sich gegen meine Knie. Es war mir schon öfter aufgefallen, dass er sich zu mir gesellte, wenn ich intensiv an Erec dachte. Ich gab ihm einen Kuss auf die Stirn, kraulte ihn zwischen den Hörnern und sagte: „Wir vergessen deinen wunderbaren Gefährten nicht, glaub mir!" Und Hälmchen fühlte mir zu: *Das weiß ich, das geht ja auch gar nicht. Er ist nicht weg, er ist nur nicht da.* Und wieder wusste ich ganz genau, was er mir damit vermitteln wollte. Auch er stand, wie wir alle, weiterhin in nicht (be)greifbarer Verbindung mit seinem großen Bruder.

Wir hatten Silvester in der neuen Umgebung alle mit Flatternerven überstanden, da die Nachbarn laut und lange dem jungen Jahr Huldigungen entgegenbrachten. Ich saß bei Janti, Beate stand zwischen den noch beweglicheren Herdenmitgliedern und teilte, wie uns schien, literweise Rescue aus. Die Wolleproppen erschraken auch prompt weniger bei jedem Knaller als Beate oder ich, aber dennoch war ihnen der Dauerbeschuss nicht geheuer. Wir konnten ihnen nicht begreiflich machen, warum die Leute den Jahreswechsel stets derart lärmend und ausdauernd begehen. *Aber ihr macht das doch nicht, und trotzdem geht für euch auch ein neues Jahr an! Es ist also nicht notwendig, arme Tiere dafür zu erschrecken.* Hälmchens Logik war schwer zu widerlegen. *Bei dem Höllenlärm kann man sich nicht auf das Wesentliche konzentrieren, und das Wesentliche ist doch, dass man das Fortbestehen des Lebens dankbar feiert!* Obie schickte unzufriedene Gefühle. „*Ihr seht das vollkommen richtig!*", sagte ich, „und ich bin gewaltig stolz auf euch, dass ihr so mutig seid." Nun, Silvester war also wieder einmal überstanden, als mich jener bereits kurz erwähnte *Nervenniedergang* ereilte. Wenige Tage nachdem wir mit Kaffee (natürlich nur für Beate und mich, aber den Geruch liebten alle Vierbeiner) und Zwieback, Butterkeksen, Rosinen und teurem Kräuter-Bio-Heu nebst Luftschlangen und Versen, Liedern... Jantis Geburtstag wieder liebevollst im engsten Schafsfamilienkreis gefeiert hatten, erreichte Jantis bekannter Seelenruf mein Herzensohr: *Oh, keiner da! Komme mal schnell wer! Obie ist in Not!* Schnell fühlte ich ihr ein „Wir kommen sofort!" zu und hastete mit Beate hinaus. Da Obie draußen nirgends zu sehen war, rannten wir in den Stall. Entsetzt sahen wir Obie halb unter der Heuraufe liegen, verdreht, verdreckt, wild schnaufend. *Fein, dass ihr da seid, ich bin etwas lädiert. Mein Auge ist hin.* Ja, das war unschwer zu erkennen, als wir Obie vorsichtig unter der Heuraufe hervorholten und sie erst einmal streichelten und ihr Rescue-Tropfen verabreichten. „Was ist passiert, mein armer Goldschatz?", fragte ich und hatte Mühe, meine aufsteigende Panik zu unterdrücken. Es stellte sich heraus, dass Obie beim Heufressen die Vorderbeine eingeknickt waren und sie umgefallen war, wobei sie mit dem rechten Auge auf die Kante des Futtertrogs knallte, der unterhalb des Schobers angebracht ist. *Hm, dann habe ich versucht, aufzustehen und bin immer wieder umgefallen, nochmal aufs Auge, bis ich mich am Boden herumgewälzt habe, was auch nichts half.* „Um Gottes willen, dein Auge ist völlig mit Schmutz und Blut zugekleistert, das muss zuallererst gereinigt werden, dann sehen wir weiter." *Ist gut, und das da, oberhalb meines Beins, das richtest du auch wieder, ja? Ich habe da ein kleines Zusatzproblem. Aber du kriegst das hin. Danke schon mal.* Wir hoben unseren verunfallten Schatz an, und da sichtete ich das *kleine Zusatzproblem:* Eine blutige Wunde, die ebenfalls mit Erde und Heustaub verklebt war – ich war fix und fertig; tiefes Mitgefühl mit Obie und unangebrachtes Selbstmitleid überfluteten mich wie ein Sturzbach. Gerade fürchtete ich, den Mut gänzlich zu verlieren, da ertönte Jantis süße Seelenstimme rettend in mir: *Du hast einen Nervenniedergang, pass gut auf dich auf, sonst kannst du ihr nicht helfen. Bitte die Engel um Beistand, dann geht alles gut.* Ich holte tief Luft, befolgte Jantis Rat und machte mich mit Beates Hilfe ans Werk. Wir brauchten zunächst eine Lichtquelle, eine saubere Decke, lauwarmes Wasser, weiche, möglichst sterile Tücher und kolloidales Silber. Alles andere musste noch warten. Da sich diese Dinge sämtlich im Haus befanden, schärfte ich Obie ein, ruhig liegen zu bleiben, bis wir mit allen notwendigen Utensilien zurückkamen. „Wir beeilen uns!", versprach ich ihr und gab ihr eine weitere Dosis Rescue-Tropfen. *Geht in Ordnung, ich werde einfach ein bisschen dösen, ich glaube, eine kurze Pause ist jetzt leider angesagt.* Fassungslos sagte ich: „Liebling, tust du bloß so cool oder bist du es wahrhaftig?" *Hm, es ist jetzt eben so. Das gefällt mir zwar nicht, aber da ich es nicht ändern kann, nehme ich es hin. Und ich vertraue euch,* fühlte Obie mir zu. Obilot stand mit weit aufgerissenen Augen in der Nähe: *Tu was!* Ich gab ihr ebenfalls Rescue-Tropfen und besorgte dann im Eiltempo alle erwähnten Hilfsmittel.

Mehr als zwei Stunden lang verarzteten Beate und ich das arme Schafsmädchen; insbesondere die vorsichtige, doch unumgänglich akribische Säuberung des verletzten Auges und seiner unmittelbaren Umgebung nahm viel Zeit in Anspruch und verlangte von Obie große Geduld. „Ist es dir möglich, das Auge ein wenig offen zu halten, damit ich es untersuchen kann?" *Ich probiere es, aber irgendwie krampft es und geht sofort wieder zu. Es tut weh. Ich erwähne das nur, weil es für dich vermutlich wichtig ist zu wissen.* Ich strich ihr leicht über den Kopf. „Stimmt, Liebling, aber das ist keine Schande, das zuzugeben. So ein Schlag muss ja schmerzen! Es ist unbedingt notwendig, dass du mir während der Genesungsphase immer sagst, wo es wehtut, wie der Schmerz sich anfühlt und wie es dir insgesamt geht. Und, meine allzu Tapfere: Schone dich! Leg dich öfter zum Ausruhen hin und wackle nicht dauernd die Wiese auf und ab, bitte!" Obie blinzelte mit dem gesunden linken Auge und meinte etwas unsicher: *Heißt das, ich bin krank? Ich hatte doch bloß einen kleineren Unfall, das kommt vor. Warum bist du denn so schrecklich besorgt? Daran sterbe ich garantiert nicht!* Was sie als Trost gedacht hatte, beunruhigte mich erst recht. Und ihren Zwilling nicht minder. *Sie hat noch nie etwas von Einteilung der Kräfte gehört! Nicht einmal jetzt, siehst du das?* Leider, ja. „Obie, dann tu es bitte uns zuliebe – für mich, für Beate, für Obilot! Wir wollen dein Bestes, das ist dir doch klar, oder?“ Sie fühlte mir eine Woge der zärtlichsten Zustimmung ins Herz. *Hm, mache ich. Stellt ihr mich trotzdem mal eben auf die Beine? Ich möchte trinken.* Achtsam und Stückchen für Stückchen ruckelten wir Obie hoch und stützten sie, als sie zur Wasserschüssel ging – staksig, ungelenk, aber zielstrebig. Ich bewunderte sie sehr, wenngleich ich ihr das nie und nimmer verraten hätte. Sie wusste es vermutlich trotzdem ganz genau.

Die folgenden Tage brachten eine Dauerumsorgung der süßen Heldin, denn sie hatte wahrlich ganze Arbeit geleistet! Die Schürfwunde in der Nähe der Schulter hatte sich leicht entzündet, wir desinfizierten sie mehrmals täglich, da ein Schutzverband partout nicht hielt. Das Auge reinigten wir noch häufiger, um Eiter und Tränenflüssigkeit zu entfernen, die aus den geschlossenen Lidern sickerten. Ich hatte mittlerweile das umfangreiche Kapitel über Augenerkrankungen und –verletzungen nochmals gründlich durchgearbeitet und weitere Fachliteratur zu Rate gezogen; es konnte zu erheblichen Komplikationen kommen, bis hin zum Verlust des Auges. Gezielt verabreichte ich Obie homöopathische Mittel, die sie widerstandslos einnahm. *Das ist interessant, was da abläuft. Ich merke richtig, da tut sich was! Und es schmerzt auch nicht mehr, danke!* Das klang wunderbar, und dennoch blieb ich tief besorgt: Die Absonderungen wurden zwar weniger, und Obies Gesamtzustand war stabil, aber als sie nach vielen Tagen das Auge wieder ein wenig offenhalten und ich es untersuchen konnte, diagnostizierte ich eine Panophtalmie, eine eitrige Entzündung des Innenauges, die den ganzen Augapfel betrifft. Aus tierärztlicher Sicht gab es nur eine Lösung: den Augapfel operativ zu entfernen. Ich gab zu bedenken, dass Obie knapp 17 Jahre alt war und ich ihr gerne einen Eingriff ersparen würde. (Was ich nicht sagte, war, dass Obie mir angedroht hatte, lebenslang beleidigt mit mir zu sein, sollte ich an einen derartigen tierärztlichen Zugriff nur denken!) Aufgrund meines Heilberufes war ein Versuch ohne Operation eine – wenngleich fragliche – Option; zumindest die Beweglichkeit des Auges sowie das Sehvermögen würden verloren gehen.

Ich nahm (auf Obies dringlichen Wunsch) das Risiko auf mich und behandelte sie selber weiter, unterstützt von Reiki durch Beate (meist direkt) und deren Lehrerin (Fernreiki).
Obie genoss, ähnlich wie Janti, Reiki-Behandlungen sehr. *Die Welle ist einfach klasse, das belebt!* Obie nannte es immer *die Welle*, wenn sie die Energie spürte; dabei war es einerlei, ob diese direkt oder per Fernreiki zu ihr kam. In ihrem Fall sollten die Reiki-Energien dafür sorgen, dass die Beweglichkeit ihres Auges, aller gegenläufigen Wahrscheinlichkeit zum Trotz, erhalten blieb. Ein Versuch konnte nicht schaden, zumal ich jede erdenkliche Hilfe in Anspruch nehmen wollte, die sich mir und Obie bot. Ich hatte ein kleines Arsenal von möglichen Mitteln zusammengestellt, die mehr oder weniger alle zum Einsatz kommen mussten, aber nicht auf einmal. Ich achtete darauf, welches Mittel welches Stadium beeinflusste und was die beste Abfolge war. Neben einer profunden Mittelkenntnis kam hier aber auch der Tensor zum Einsatz, denn wenn ich Zweifel hegte, ließ ich Beate nachpendeln. Die Hilfe der Engel war hierbei unabdingbar und das Endergebnis kam einem Wunder gleich. Aber bis dahin verging Woche um Woche, und Obie ließ kaum etwas aus, was es an Symptomen und mir bekannten Augenerkrankungen gab – *jetzt lernst du was fürs Heiler-Leben, ich bin dein Versuchsobjekt!* Aufgeschreckt fragte ich: „Heißt das, du kannst den Verlauf beeinflussen, Schatz, oder was willst du damit andeuten?" Obie sandte mir ein Seelenlachen und antwortete: *Ich lasse mich neugierig und durchaus freiwillig darauf ein, was passiert. Es ist spannend.* Das klang ja haarsträubend! Ob ich da etwas missverstand? Ich beschloss, mir von kollegialer Seite Bestätigung dieser Auskunft zu holen (oder, gegebenenfalls, eine Richtigstellung) und sagte zu Obie: „Meine Süße, würdest du gerne wieder mal mit jemand anderem reden als mit mir oder Beate? Vielleicht bist du uns gegenüber zu rücksichtsvoll, und so hättest du Gelegenheit, mal richtig deine Meinung zu äußern. Ist das eine Idee?" Ich fing innerlich ein erstauntes Fragezeichen auf und Obies Erwiderung kam etwas zögerlich nach: *Warum denn? Ist dir das wichtig? Dann mache ich es natürlich, es ist gewiss lustig. Aber ich sage dir gleich, ich nenne immer den Punkt beim Punkt. Auch oder gerade, weil ich euch liebe. Ihr verdient Ehrlichkeit.* Dann sah sie mich mit ihrem gesunden Auge direkt an und meinte liebevoll: *Du zweifelst an deiner Übersetzung, gell?* Ich nickte und steckte ihr rasch ein paar Rosinen zu.
Das Protokoll der Tierkommunikatorin brachte die Bestätigung: Nun konnte ich nachlesen, dass ich Obie durchaus richtig verstanden hatte. Der Dialog

lautet im Auszug: „Wie beurteilst du deine gegenwärtige Situation?" – *Ich lerne viel über mich selber und meine Menschen. Das ist spannend. Wenn du auf die Augen-Geschichte anspielst, kann ich nur sagen: Ich erfülle einen höheren Auftrag, ich stelle mich zur Verfügung. Das tun wir übrigens alle hier, und da gibt es nichts zu bereuen. Ich habe keine Angst, keine Schmerzen, keinen Grund zur Klage.* – „Hast du einen besonderen Wunsch, den du gerne erfüllt hättest oder brauchst du etwas Bestimmtes?" – *Nein. Ich wünsche mir einen achtsamen, respektvollen Umgang und so werde ich auch behandelt. Ich brauche Liebe, und die bekomme ich! Auch bin ich bestens versorgt mit Mitteln, die päppeln und guttun. Meine zwei Menschen sind meine besten Freundinnen, ich liebe sie sehr. Und ich vertraue ihnen komplett – mehr, als sie sich selber.*

Ich kratzte mich reuevoll am Kinn, als ich das las und sprach Obie kurz auf ihr Gespräch an. *Ja, jetzt schnauf mal tief durch, ist doch alles grün*, fühlte sie mir schnoddrig-wohlwollend zu. Ich bejahte, verabreichte ihr (mal wieder) eine neue Sorte Globuli und hoffte, sie würden eine weitere Besserung bewirken: Mittlerweile hatte sich das malträtierte Auge erneut verändert; Obie konnte es meist mühelos öffnen und schließen, doch die Bindehäute waren noch entzündet und bei einer meiner täglichen Untersuchungen bemerkte ich, dass sie einen Lidkrampf entwickelt hatte. Ich murmelte den Fachbegriff dafür, Blepharospasmus, leise vor mich hin. *Hm! Habe ich das? Das klingt aber hochinteressant! Ich bin eine sehr unterhaltsame Patientin, nicht wahr?* Ich seufzte. „Mein einziges Anliegen, Schatz, ist, dass du einigermaßen gesund wirst und nicht, ob du unterhaltsam bist! Das ist sowieso nie die Frage gewesen!"

Und so kurierten wir eine krankhafte Auffälligkeit des Auges nach der anderen, bis eines Morgens meine *sehr unterhaltsame Patientin* auf mich loswackelte (nun ja, der elegante Gang war nicht mehr hinzubekommen) und sich aufmerksamkeitsheischend neben mir aufbaute. *Mein Auge! Schau mal her und lerne was!* Ich schaute hin und – „Was ist denn das jetzt wieder, Liebling?" Etwas Neues, definitiv. *Ein Auswuchs, eine Ausbeulung, das merke ich. Das konnte ich gestern Abend ganz plötzlich deutlich spüren.* Ich leuchtete Obies Auge an, besah mir alles gründlich und erklärte ihr: „Nun, die Bildung dauerte schon eine Weile, aber jetzt ist es ausgereift und gut sichtbar, wahrscheinlich hatte das Teil gestern einen Wachstumsschub. Es ist eine Beerengeschwulst, das nennt man medizinisch Staphylom." Diese Erkenntnis brachte uns beide ins Grübeln – mich, ob das eine gute Entwicklung war und Obie, ob sie jetzt noch interessanter geworden war.

Abermals wechselte ich das homöopathische Mittel und wartete ab; währenddessen wurde Obie weiterhin mit Reiki und Bachblüten unterstützt. Ihre Selbstheilungskräfte und ihr Lebenswille waren ausgeprägt und eine gute Genesungsgrundlage. Auch reinigten wir regelmäßig die Lidränder und Augenwinkel, wo noch kleine Reste von Eiter oder Sekret klebten. Insgesamt war das Auge sauber und beweglich. Rund um das Auge herum war das Fell ausgegangen; dünne, leicht schuppige Haut umrahmte es wie eine Brille. Täglich schien das Staphylom kleiner und schrumpeliger auszusehen. *Es tut nicht weh, aber sehen kann ich so gut wie nichts. Gut, dass ich zwei Augen habe, dann ist das halb so wild.* Es waren ungefähr vier Monate seit Obies Unfall vergangen, als wir eines Morgens zur Fütterung und Pflege den Stall betraten und Obie uns mit hoch erhobenem Kopf entgegenkam. *Es ist weg, und ich sehe ein bisschen was! Toll!* Sofort untersuchte ich sie und machte eine verblüffende Feststellung: Das Staphylom war wirklich völlig verschwunden. Insgesamt sah das Auge durch die getrübte Hornhaut zwar nicht normal aus, und eine winzige Narbe gab es auch, aber alles in allem konnten wir glücklich sein: Obie hatte ihr Auge behalten, sie konnte damit rollen, normal blinzeln, es öffnen und schließen wie sie wollte und erblindet war sie auch nicht; im Laufe der folgenden Monate verbesserte sich ihre Sicht immerhin so weit, dass sie erst hell und dunkel, später dann auch Farben unterscheiden konnte. *Das reicht mir, ich komme klar damit – vielen Dank! Ich wusste doch, dass dir was einfällt! Mein Risiko war einschätzbar gering.* Die fassungslose tierärztliche Anerkennung allerdings zeigte mir, welch eine unglaubliche, himmelsunterstützte Aktion uns da gelungen war.
Ich gönnte mir eine längere Auszeit bei Janti im Heu; mindestens eine Stunde lang tat ich nichts, als meinem Liebling beim Heufuttern zuzusehen, Kuschelmuschel zu genießen und natürlich ein kleines *Fühlreden*-Pläuschchen einzulegen. An Themen fehlte es uns nie, diesmal war Redebedarf auf Schafseite. *Ich bin ein bisschen verblüfft, dass du eine Fremdbefragerin eingeschaltet hast, obwohl Obie doch so klar mit euch redet.* Ich fühlte mich ein wenig unbehaglich. „Äh, ja, das tut sie, aber ich wollte ganz sicher sein, alles richtig zu verstehen." Janti sandte mir ein seelisches Stirnrunzeln. *Warum hast du dann nicht einfach bei mir nachgefragt? Das hätte ich dir auch sagen können, dass wir einen Sonderauftrag haben. Oh, da kommt mir, das weißt du aber doch schon ewig von mir, gell? Solche Wahrheiten brauchen wie es scheint eine stete Erinnerung. Ich übersehe immer, dass ihr Menschen eine traurige kleine Behinderung habt.* Sie klang aufrichtig mitfühlend. Es ist quasi überflüssig zu

betonen, dass der Verstand gemeint ist, um den kein Tier uns beneidet. Ich fühlte mich zu einer Entschuldigung gedrängt: „Ja, Süße, ich hätte es wirklich wissen müssen, tut mir leid. Nächstes Mal, wenn ich zweifle, frage ich dich.“ Ich gab ihr einen Kuss und sie antwortete: *Das ist in Ordnung, ich bin selber gelegentlich eine Spur verständlich, weil ich so eng bei euch Menschen lebe.* Ich lachte lautlos in mich hinein, denn Janti hatte unfreiwillig ein Wortspiel kreiert: Sie war absolut *verständlich* beim *Fühlreden* (also: gut zu verstehen) und sie hatte, wie alle Haustiere, mancherlei menschlich anmutende Züge angenommen. Letzteres war ihre Aussageabsicht gewesen. Ich lernte immer etwas, wenn ich mit meinen Lieblingen sprach. Das sagte ich Janti, und sie meinte zufrieden: *So wollen wir es auch. Das ist schön!*

Obies hübsches Gesicht konnte wenige Wochen später seine vorherige Makellosigkeit wieder der Sonne entgegenrecken: Aus der schuppigen „Hautbrille“ war wieder strahlend weißes Fell gewachsen, feine glänzende Haare auf gesunder, rosiger Haut. *Das ist zwar nicht so wichtig, aber sehr erfreulich! Ich bin schon gern schön!* Wer nicht, mein Goldschatz!

Dieses Abenteuer war also überstanden, alle Beteiligten (auch die wolligen Nebendarsteller!) fühlten sich erleichtert. Es mag der Eindruck entstanden sein, dass während der Augenaufregung sonst nichts weiter los war (was uns durchaus gereicht hätte!), doch bei fünf wolligen, einfallsreichen Senioren wäre das sehr unwahrscheinlich. Obie galt zwar unsere Hauptzuwendung, doch die Umsorgung der gesamten Herdenfamilienmitglieder war weiterhin ohne Einschränkung abgelaufen, manchmal zu abenteuerlichen Tages- und Nachtzeiten, wenn die mit Herzensengagement abgearbeitete Liebespflichtenliste gar zu lang war. Damit hatten die betagten Lieblinge zum Glück kein Problem; vielleicht war es von Vorteil, dass wir auch in ihren Jungschaftagen keine festen Uhrzeiten gehabt hatten für Weidenpflege und Fütterung, da es berufsbedingt nicht anders möglich war. Unsere Schafe vertrauten von jeher darauf, dass wir kamen und für sie sorgten. Hälmchen pflegte zu sagen: *Ihr haltet euch an keine Regeln, außer an die wichtigste: Lieben! Und weil das die wichtigste ist, reicht das völlig.* Oh ja, unsere Schafe zu lieben war und ist die Oberste Regel. Es war ebenfalls Hälmchen, der während Obies Augenmalheur seine eigenen Seh-Katastrophen meistern musste, vor allem in der Dämmerung und bei Dunkelheit. Am Tag klappte es wieder recht gut; wie bereits angedeutet hatte sich die Sehkraft bei Helligkeit etwas verbessert, doch es kam etliche Male vor, dass Beate und ich nachts durch klägliches Blöken geweckt wurden (wir hielten extra in beiden Schlafzimmern sommers wie winters ein Fenster offen) und schnellstens aus unseren Betten hüpften, um nach draußen zu eilen: Man musste dem verirrten Buben Mut zusprechen und ihn zum Stall zu den anderen geleiten. Bevorzugt geisterte Hälmchen bei Vollmond über die Weide, wobei er vor jedem Schatten erschrak und ängstlich zurückwich, was ihn oft ins Wanken brachte. Da Obie ebenfalls gerne nachts auf Tour ging, begleitete sie ihn manchmal und er heftete sich einfach an ihre Hufe. Aber für die Dauer der Augenbehandlung hatte seine Gefährtin wenig Enthusiasmus verspürt, ihre verminderten Energien für Nachtausflüge einzusetzen. Die natürliche Folge war, dass in jener Zeitspanne unsere Nacht-Einsätze den Normalfall darstellten. Verlockte der Mond Hälmchen gar zu intensiv, die Welt zur Schlafenszeit zu erkunden, konnte es durchaus passieren, dass wir mehrmals hintereinander auf die Weide schlichen, gähnend und nur halb wach. Ich fragte meinen mondsüchtigen Wollebuben einmal: „Könntest du nicht schlafen, wie wir alle?" Munter meinte er: *Das kann ich am Tag auch machen, aber den Mond habe ich nur jetzt. Ich fühle ihn, und ich sehe sogar, dass er da oben ist. Möchtest nicht du mal mit mir herumlaufen? Das gefällt dir bestimmt!* Ich wollte lieber ins Bett, nicht zum Spazierenlaufen. *Ach so, du bist müde. Dann schlaf nur weiter.* Ach, geliebtes Kerlchen, du hattest schon Einfälle! Ich probierte einiges aus, um uns allen erholsamere Nächte zu ermöglichen; tatsächlich besserte sich die Lage mit der Entdeckung seines Konstitutionsmittels, das ihn gelassener werden ließ; geeignete Bachblüten, vor und nach der Abendfütterung verabreicht, gaben Hälmchen vollends eine entspannte Grundhaltung und er konnte problemlos schlafen, egal bei welcher Mondphase. Es kehrte Nachtruhe ein, mit nur gelegentlichen Aufregungen.

Obilot war natürlich äußerst wachsam, was unsere Mühen mit ihrem Zwilling betraf. Sie war bei jedem Handgriff in der Nähe und beobachtete uns interessiert. Sie gab auch Kommentare ab, wenn sie etwas nicht ganz richtig fand – was sehr selten vorkam – und sprach ihren Dank aus, wenn Obie Fortschritte zeigte. Als das Auge soweit heil und gerettet war, meinte sie lobend: *Gute Arbeit, ihr seid toll. Das nimmt die Angst vor Krankheit!* Ein großes, bleibendes Thema bei Obilot: Die schwächer werdende Gesundheit mit zunehmendem Alter und die damit verbundenen Ängste. Die tägliche Konfrontation mit Obies wechselnden oder auch sich wiederholenden Malaisen setzte ihr über Gebühr zu. Auch Jantis stark eingeschränkter Bewegungsradius und Hälmchens Grauer Star ließen sie keinen Tag vergessen, was auf sie zukommen konnte. Lediglich Enites scheinbar ewige Jugendlichkeit ohne wirkliche Altersanzeichen beruhigte sie etwas. Anders als Obie, Janti und Hälmchen fiel es ihr schwer, sich mit Gebrechen abzufinden. Mir war das ein Rätsel, denn ich wusste um Obilots tiefes Verständnis heiliger Geheimnisse – wie sonst hätte sie eine treue, liebevolle Botschafterin Karsis sein können? Auch war sie nie übellaunig oder misstrauisch, wenn sie eine schlechte Phase hatte, sondern vertraute sich mir an und bat um Hilfe. Und doch litt sie offenkundig unter anhaltenden konkreten und diffusen Angstgefühlen, die die Mitschafe so nicht kannten. Ihr fehlte Obies Optimismus, Jantis Hingabe und Hälmchens sonniges Naturell; sie war sehr klug, vorsichtig und – menschlich gesprochen – leicht zu entmutigen. Dabei hatte sie ein enormes Potenzial, ihr Einfühlungsvermögen in Bezug auf uns alle war faszinierend. Ich liebte sie sehr und machte mir Sorgen um sie; der Verlust Erecs war ein weiterer schwerer Schlag für sie gewesen, seine so plötzlich und heftig zutage tretende Erkrankung ein traumatisches Erlebnis. Ich gab ihr deswegen und gegen die übergroßen Befürchtungen eine Bachblütenmischung, die sie mehrere Wochen lang einnehmen musste und die ihr zu größerer Gelassenheit verhalf. Letztere brauchte sie dringend, als Obie nach einer kurzen Spanne der Unauffälligkeit für neue, nervenerprobende Unterhaltung sorgte.

Es war Sommer geworden, und die Schafe bevorzugten die schattigeren Plätze, von denen es zum Glück einige auf der Weide gibt. Obie allerdings, Sonnenanbeterin seit Lämmertagen, legte sich gerne in die pralle Mittagshitze. Sie vertrug diese selbst im fortgeschrittenen Alter noch weit besser als die Mitschafe, von mir ganz zu schweigen. Trotzdem hielt ich ein wachsames Auge auf sie und wenn ich den anderen ihr notwendiges Rescue brachte, bekam auch sie eine Gabe. *Ja. Nur her damit, es belebt allemal!* Ich hatte mich bei Janti eingerichtet, wir dösten, kuschelmuschelten und *fühlredeten* ein wenig, als Janti unruhig wurde und mir zufühlte: *Geh mal zu Obie. Jetzt gleich!* Ich arbeitete mich aus dem Heu heraus und warf suchende Blicke über die Weide; wo Obie vorher gesessen hatte, zeugte nur ein kleines Häufchen wohlgeformter Schafskötel von ihrer Anwesenheit. Da bemerkte ich im Augenwinkel eine rudernde Bewegung. Obie lag etwas verrenkt neben einer hohen Brennnesselpflanze und strampelte wild mit allen Vieren. Ich sprang hinzu und hielt sie fest: „Pst, ruhig, du tust dir weh! Denk an deine Schulter! Bleib bitte ganz still liegen, ich hole Beate! Alleine kriege ich dich so nicht hoch!" Obie verharrte in der Bewegung, dann ließ sie mich wissen: *Du regst dich doch nicht etwa schon wieder auf? Ich hatte eine kleine Gleichgewichtsstörung und da hat es mich umgenommen. Kein Grund zur Panik, wie du sie hast!* Hatte ich? „Ich, also, äh, bin nicht aufgeregt“, versuchte ich mich herauszureden, „ich bin nur erschrocken, weißt du.“ Obie schien innerlich zu lachen, sagte aber freundlich: *Gut, alles klar, dann stellt mich bitte wieder hin!* Abermals gebot ich ihr, sich nicht zu bewegen, als auch schon Beate herbeigeeilt kam, die zufällig aus dem Fenster geschaut und die Situation erfasst hatte. „Obie, was machst du denn für Sachen!“, rief sie, und wir brachten das gestrauchelte Schaf wieder auf die Hufe. Sie zuckte bei der Berührung ein Stückchen unterhalb ihrer Schulter, wo sie sich verletzt hatte. „Oh, nein!“, rief ich gestresst, „jetzt geht das wieder los!“ Ich ahnte ja nicht, wie recht ich hatte.

Das bekannte Desinfizierungs- und Versorgungsprogramm lief ab, wobei Obie, etwas kleinlauter geworden, keine flotten Sprüche klopfte, sondern sich gehorsam ruhig verhielt. *Hm, das war nicht so toll, dass ich mich aufgeschürft habe. Es schmerzt ein bisschen.* Sie tat mir sehr leid, und das wusste sie. *Ach, soo arg ist es nicht, ich halte das aus, glaub mir.* Wir versuchten, einen Verband anzulegen, aber er hielt nicht. Wir fixierten mehr schlecht als recht eine Kompresse, die ich zuvor mit kolloidalem Silber besprüht hatte und verbrauchten in der Folgezeit rollenweise Leukoplast, tubenweise verschiedene Cremes, literweise kolloidales Silber und zahllose Packungen von Kompressen, Mull und Watte zum Auspolstern. Dieser Sturz war nämlich der warnende Auftakt zu einer Serie, die bis zum Winter andauerte. Aber nichts konnte Obies Bewegungsdrang hemmen oder ihre Zuversicht erschüttern – letzteres freute mich herzlich, ersteres löste Beklemmungen in mir aus.

Es vergingen nur wenige Tage, bis ein Kontrollblick aus dem Badfenster im Erdgeschoss mich einen Schrei ausstoßen und in Überlichtgeschwindigkeit aus dem Haus schießen ließ: Obie strampelte wieder wild herum, diesmal vor der Treppe des Schäferwagens. Sie blinzelte, als ich herbeigeeilt kam. *So sieht man sich wieder, schönes Wetter heute* versuchte sie erfolglos, mich abzulenken. „Kind, Kind, ist das jetzt dein Hobby?“ Mein Spruch war keinen Deut besser. Zum Glück war Samstag und Beate im Haus und somit verfügbar, längst aufgeschreckt durch meinen Brüller. „Warum bist du diesmal umgefallen?“, forschte ich. „Wie geht es dir?“ Obie fühlte mir ein relativ heiteres *Och, passt so* zu und ergänzte hilfsbereit: *Ach ja, du musst es genau wissen! Also: Mir ist schwindlig, und meine Füße wissen nicht, was sie tun sollen, wenn mein Kopf Drehübungen macht. Dann geben sie einfach nach, blöd sowas. Geht das mal wieder weg? Hast du nicht eine Idee für mich? Wäre prima. Danke schon mal.* Ich versprach ihr, mir ganz sicher etwas einfallen zu lassen, damit eine Besserung erzielt werden konnte. Mehr zu versprechen hätte falsche Hoffnungen geweckt, und Obie war mit meiner Zusage völlig zufrieden. Die Wunde war natürlich wieder aufgeplatzt durch das Scheuern am Boden, und eine abermalige Säuberung mit allem Drum und Dran musste vorgenommen werden. Mit viel Wundcreme als „Klebstoff" pappten wir ein Wattepad darauf, das Obie dann trotzdem ein paar Schritte später im Gras verlor. Dieses Procedere widerholte sich unzählige Male mit kleinen Varianten. Da unser Wackelschaf sehr anlehnungsbedürftig war, fanden sich Cremespuren an allen nur denkbaren Orten – an Stallbalken, am Scheunentor, an der Hauswand und an verschiedenen Stellen des Schäferwagens. Je nach Inhaltsstoffen der Cremes variierten die Graffiti in der Farbe – mal weiß, mal beige, mal grün. Die Fundorte der (meist stark zerfledderten) Wattepads sorgten mitunter für Heiterkeit – die weißen Flocken saßen z.B. auf Grashalmen wie Schneeflocken, klebten am Rand der Wasserschüssel oder auch mal am Heuschober. Eines zeigte sich dadurch zweifelsfrei: Obie war wacker unterwegs.

Ich bekam die Schwindelanfälle in den Griff, sie wurden deutlich weniger – aber die Stürze gewannen eher an Häufigkeit; ich befragte Obie eingehend, was sie ihrer Meinung nach auslöste. *Hm, im Kopf dreht sich fast nichts mehr, das Problem ist weg. Aber die Beine machen nicht, was ich will! Sie sind aber nicht gefühllos, da ist alles normal. Ich glaube, das ist jetzt eine andere Sache als vorher, mit Kreislauf und so. Der ist o.k. Aber weh tut mir nichts, es kribbelt auch nicht. Ach was, das reicht an Tatsachen! Hauptsache, ich kann laufen. Wie, das ist nicht so wichtig. Ich nütze es aus, wer weiß, was noch so kommt. Mach dir bloß bitte keine Sorgen, das ist nicht deine Aufgabe. Du musst nur mit mir zusammen lernen, das Beste aus der Sache herauszuholen. Genau wie beim Stubenlamm!* Wider Willen musste ich grinsen; *Stubenlamm* – dieser besondere Name blieb an Janti liebevoll haften. Ich begann zu verstehen, dass es wirklich darum ging, Unabänderlichkeiten zu akzeptieren und gleichzeitig herauszufinden, was am besten zu tun war, um sich nicht hilflos ausgeliefert zu fühlen. *Stimmt. Etwas, und sei es noch so wenig, kann man immer machen. Und manchmal ist das Wenige sehr viel, man muss das nur erkennen.* Ich war sehr stolz auf das kleine, so kluge Schaf und drückte Obie vorsichtig an mich, was sie gerne akzeptierte. *Das ist alles richtig so!*, versicherte sie mir, *machen wir einfach weiter!* Und das machten wir.

Ich verbrachte täglich viele Stunden in unmittelbarer Nähe meiner Lieblinge, und ich konnte dadurch hilfreiche Beobachtungen anstellen, wie sich die einzelnen Herdenmitglieder verhielten, was auffällig oder gar pathologisch war. Obie marschierte fast pausenlos über die Wiese, von einem Ende zum andern, bis sie irgendwann so erschöpft war, dass sie sich ausruhen musste, ob sie nun wollte oder nicht. Sie ließ sich dann mühsam nieder, schnaufte wild und rappelte sich nach nur kurzer Pause wieder hoch. Manchmal brauchte sie Unterstützung, da sie nicht aus eigener Kraft hochkam, manchmal schaffte sie es selber, was sie sehr befriedigte. *Bin ich nicht gut? Da staunst du, gell?* Oh ja, ich staunte über allerhand während meiner Weidenaufenthalte. Ich sagte zu Obie: „Warum bleibst du eigentlich nicht mal länger liegen, sondern willst immer gleich wieder weiter?“ Sie druckste ein wenig herum, dann rückte sie damit heraus: *Ich befürchte, dass ich dann nicht mehr aufstehen kann.* Ich fühlte mich miserabel, denn ich konnte ihr diese Furcht nicht nehmen, sie war allzu begründet. Mein wolliges Gegenüber wusste das genau. „Schatz“, sagte ich dennoch, „ich bin ja da und helfe dir hoch, und ich probiere noch ein paar Sachen aus, die dir ein bisschen helfen könnten! Du brauchst Schonung, sonst verschlimmerst du die Situation nur.“ Da Obie sich beim Sitzen gerne anlehnte, die Haus- und Scheunenwände jedoch zu hart und verletzungsgefährlich waren, beschlossen Beate und ich, über einen Großteil der Weide Strohballen zu verteilen, die sie als Lehne nutzen konnte. Dieser Einfall fand große Zustimmung: *Das ist klasse, das gefällt mir sehr! Und es ist geradezu komfortabel!* Als ich die strohballenreiche Weide bewusst anschaute, fiel mir einer von Jantis Seelenfilmen ein – ich hatte dieses Bild von ihr gezeigt bekommen! Ich schlüpfte zu ihr ins Heubettchen, und wir *fühlredeten* und kuschelmuschelten ausgiebig. *Ja, das ist die Stroh-Geschichte, und das mit der Fensterschau ist mit dabei. Siehst du, das kommt eins nach dem andern, und du brauchst nur offen zu sein für deine innere Anweisung. Keine Angst, kein Zweifel! Ich bin ganz arg glücklich über eure Liebesarbeit!* Ich drückte meine Nase in ihren lockigen Nacken, genoss ihre süße Nähe. Sie war kostbar, sie war heilsam.

In der Tat brachten die Strohballen Obie ein Stück Selbständigkeit zurück, da sie ihr Halt gaben, auch beim Aufstehen. Sie gönnte sich nun häufigere und längere Ruhezeiten. Ich war erleichtert und erfreut, ihr einen kleinen, aber effektiven Hilfsdienst erwiesen zu haben. Auch Obilot und sogar Enite nutzten ab und an die *Stolpersofas*, wie Hälmchen die Ballen nannte, da er sie schlecht sah und oft dagegenrumpelte. *Man rechnet nicht mit denen,*

und trotzdem sind sie da. Aber ich habe verstanden, dass die da jetzt wachsen. Und sie schmecken auch fein. Er gewöhnte sich ziemlich schnell an diese Hindernisse, ich sah ihn gelegentlich genüsslich einzelne Halme herausziehen und verspeisen. So weit, so gut. Aber die Problematik, dass Obie beim Grasen manchmal urplötzlich umfiel und dann nicht unbedingt ein rettender Strohballen direkt bei ihr positioniert war, blieb bestehen. *Viel ins Badezimmer gehen und rausgucken, und ich werde dir auch Bescheid fühlen, wenn ich etwas mitbekomme!* So lautete Jantis praktikabler Vorschlag, der dann bestmöglich umgesetzt wurde. War ich im Haus, spähte ich ungefähr alle zehn Minuten aus dem Badfenster, mal im Erdgeschoss, mal im ersten Stock, wo die Weitsicht natürlich besser war. Irgendwann fiel mir ein, dass auch auf dem Dachboden noch ein vergessenes Fenster war, das weitere Einblicke in andere Winkel der Weide bot – aber eben nicht jedes Fleckchen des Schafsterrains konnte eingesehen werden. Entdeckte ich Obie nirgends, weder grasend noch sitzend noch strampelnd, horchte ich in mich hinein, ob eine Botschaft von Janti erfühlbar war. Im Zweifelsfall suchte ich die Weide ab, um Obie ausfindig zu machen. An Wochenenden und Urlaubstagen kam es nicht gerade selten vor, dass Beate, die den Fensterdienst getreulich mit mir teilte, den Herd abschaltete und mitten aus dem Kochen heraus hinausstürmte, um unser gefallenes Mädchen wieder aufzurichten. Obie verhielt sich nach ihrem jeweiligen Sturz unterschiedlich; es kam vor, dass sie brav liegen blieb, vor sich hin träumte oder wiederkäute und ruhig abwartete, bis einer von uns auftauchte. Schließlich dauerte das bei unserem Timing, unserer Dauerbeobachtung nie sehr lange! Doch an manchen Tagen war Obie ungeduldig, vor allem mit sich selbst. Sie ärgerte sich dann über ihre Unfähigkeit, ohne Ballen oder menschliche Hilfe aufstehen zu können und probierte wider besseres Wissen das Hochstemmen im Alleingang. Dies hatte zur Folge, dass die halb verheilte Wunde natürlich erneut zu bluten begann und die Cremerei mit Pads, Mull etc. abermals nötig wurde. Hatte Obie also ihren Ungeduldstag, mussten wir zu zweit den süßen Wildfang bändigen. Sie hielt uns gehörig auf Trab.
Obilot war weiterhin nach jedem Unfall Obies völlig durcheinander; die ersten sich häufenden Stürze jedoch ließen sie regelrecht in Panik verfallen, sie stand laut blökend ein paar Schritte von ihrem Zwilling entfernt und starrte uns an. *Und ich? Passiert mir das auch? Hilf ihr, schnell!* Ich versuchte, durch eingehendes *Fühlreden* zu ihr durchzudringen, wobei ich nur teilweise erfolgreich war. Doch ich erfuhr dadurch, dass Obilot Schwächegefühle in

den Beinen hatte und sich ebenfalls kaum noch getraute, sich zum Ausruhen hinzulegen. Das war mir in der Daueraufregung um Obie nicht aufgefallen, und ich nahm mir vor, auch auf Obilot ein noch wachsameres Auge zu haben. Ich fragte sie nach weiteren Unpässlichkeiten und suchte ihr ein passendes Mittel heraus, das ich später um ein sehr wirksames Komplexmittel ergänzte. Obilot beruhigte sich daraufhin, sie nahm Obies Eskapaden gelassener und hielt ihre eigenen Ruhepausen ohne Angst ein – sie war sehr dankbar und freute sich: *Mir geht es gerade richtig gut, ich bin jetzt nicht mehr so tattrig, danke!* Ich empfing eine starke, positive Energie, die von zwei unterschiedlichen Quellen kam – Karsi signalisierte mir, dass sie mit meinem Tun mehr als zufrieden war. *Du tust meinen Töchtern Gutes, sie haben großes Glück mit euch.* Ich konnte nur, aus tiefster Seele, erwidern: „Und wir haben ein unermessliches Glück, euch alle lieben zu dürfen!" Obilot rieb ihren Kopf an meinem Knie, was ja ihre bevorzugte Liebeserklärung war und ging dann in die Hocke, in die typische Karsi-Position. Dies bewies mir die Richtigkeit der empfundenen Doppel-Energie. Es bedeutete mir viel, den inneren Kontakt zu meinen Himmelsschafen unverloren zu wissen; auch Erec war für mich weiterhin auf Seelenebene erreichbar.

Hälmchen, weitgehend ohne auffallende Symptome außer der Sehbeeinträchtigung, erschreckte uns eines Mittags gehörig. Wir waren gerade mit Stallarbeit beschäftigt, als es bei den Nachbarn mehrmals knallte und Hälmchen, der beim Heufressen auf dem „Balkon" stand, vor Entsetzen einen Satz nach vorne machte und über den Heutrog stolperte. Er sackte zusammen und schlug sich dabei den Kopf an der Stallwand an. Zwar rappelte er sich sofort wieder auf, doch er hatte sich eine Verletzung am Vorderbein und am Kinn zugezogen. Durch mehrere Gaben Rescue-Tropfen und liebevolles Zureden war er schnell getröstet, musste jedoch von mir untersucht und behandelt werden. Obie beäugte ihren Neffen interessiert und meinte dann selbstgefällig: *Wie kann man bloß so schusselig sein! Ich bin etwas beeinträchtigt beim Gehen, aber er!* Hälmchen drängte sich wie Schutz suchend an mich und ich sagte streng zu meinem süßen, aber vorlauten Schaf: „Aber er sieht schlecht, viel schlechter als du. Und er ist schreckhaft, nicht jeder hat deine starken Nerven, Schatz. Ich übrigens auch nicht." Obie fühlte mir ein verständiges Nicken zu und meinte einlenkend: *Ist schon klar. Und er ist ein Bub, das erklärt auch einiges.* Ich fragte lieber nicht nach, was es erklären mochte, sonst hätte womöglich Hälmchens Selbstbewusstsein noch Schaden genommen, nicht nur sein Bein und sein Kinn.

Ich war alsbald wieder dabei, das Repertorium und die Materia Medica zu wälzen – sprich: Symptome und einzelne Mittel zu vergleichen - denn Hälmchens Verletzungen heilten nicht so schnell wie gewünscht. Das Gelenk hatte sich verdickt und erwärmt, und am Kinn hatte sich ein Abszess gebildet. *Bin ich jetzt auch so auffällig und interessant wie sie?* Er sprach zweifellos von Obie. Ich versicherte ihm: „Ganz gewiss! Werde nur rasch wieder gesund, das wäre in Anbetracht eurer Malaisen etwas unüberbietbar Auffälliges, Außergewöhnliches!" Ich hatte allen Grund zu diesem Ausspruch. Inzwischen war nämlich sogar die Herdenälteste, Enite, die die ewige Jugend gepachtet zu haben schien, vom Alter mit seinen Tücken eingeholt worden. Wenigstens hielt ich ihren hochgekrümmten Rücken und ungelenken Gang ausschließlich für altersbedingt, bis ich sie dabei beobachtete, wie sie Zwetschgen konsumierte, die von einem Baum gefallen waren, der auf der Weide steht. Ich sah, dass sie die Kerne nicht etwa ausspuckte, sondern zerbiss und schluckte. Zu meinem Entsetzen erwischte ich sie später dabei, wie sie beim Wiederkäuen diese Kerne weiter zermalmte und abermals abschluckte. Obie und Obilot spien die Kerne grundsätzlich wieder aus, nachdem sie das Fruchtfleisch genossen hatten. Hälmchen wanderte so gut wie nie bis in die Nähe des Baums, und Janti bekam von uns ihre Früchte, die ich zuvor entkernte. Als ich bei ihr einmal einen Kern übersehen hatte, lutschte sie kurz daran und spuckte ihn in meine Hand. *Der gehört nicht dazu*, stellte sie fest, und ich bestätigte es mit einer Entschuldigung. Einzig Enite, die ehrwürdige Alte des Clans, gefährdete so ihre Gesundheit. Denn bekömmlich waren diese Extras nicht – ganz im Gegenteil.

Mit Gewissheit kann ich nicht sagen, inwieweit die Blausäure in den Zwetschgenkernen mit dazu beigetragen hat, dass Enites Sonderstatus der einzig Fitten in der Herdenfamilie ein jähes Ende fand, aber eine Präventivmaßnahme für anhaltende Gesundheit war der Konsum der Kerne nicht gerade. Akute Vergiftungssymptome traten bei ihr nicht auf, unter der bekannten Atemnot beispielsweise litt sie nicht; eine gewisse Kurzatmigkeit konnte auch andere Gründe haben, da Enite ein beachtliches Tempo vorlegte, wenn sie vom anderen Ende der Weide auf uns zugeprescht kam, um sich ihre Leckerlis abzuholen. Sie war nun einmal kein Jungspund mehr, der überschüssige Kräfte abbaut. Dennoch war die Einbuße der Beschwerdenfreiheit auffällig und alarmierend. Sie wurde schnell müde, fühlte sich bisweilen *turmelig und zattrig*, wie sie mich wissen ließ, und bekam Verdauungsprobleme. Mittels homöopathischer Unterstützung vermochte ich zwar ihren Kreislauf zu stabilisieren und den Darm zu sanieren, doch der aufgekrümmte Rücken verschwand nicht mehr ganz, ebenso behielt sie ihre aggressive Laune, die sich gegen ihre Schwestern richtete, denen sie ihre Schlafplätze streitig machte. Als ich sie darauf ansprach, meinte sie: *Ich bin nicht aggressiv, ich mache nur meine Rechte geltend.* Erklärend fügte sie hinzu: *Ich bin die Älteste, die darf mehr als andere.* „Dazu gehört aber definitiv nicht, dass du blausäurehaltige Nahrung konsumierst!", klärte ich sie auf. „Das ist sehr gefährlich!" *Ach was, bin ich etwa daran gestorben? Die Kerne schmecken inspirierend.* Aha. „Lass es bitte dennoch bleiben und hol dir deine Inspiration von anderswo", bat ich. (Wofür sie wohl besagte Inspiration benötigte? Ich fand es nie heraus.) *Nun, mal sehen. Ist dir das so arg wichtig? Panikmache ist nämlich nicht mein Ding.* Wirklich einsichtig klang das nicht, eher nach Obies Draufgängertum. Beate und ich taten unser Bestes, die verbliebenen noch immer zahlreichen Zwetschgen vom Baum zu holen, was schwierig war; auf dem unebenen Untergrund stand keine Leiter sicher, auch war keine hoch genug. Durch kräftiges Schütteln fielen etliche Früchte herunter, die wir schleunigst einzusammeln versuchten, bevor Enite merkte, was wir da machten. Sie war in puncto Zwetschgensünde so flink, dass es zu einem Wettarbeiten ausufern konnte, wenn sie uns bei der Ernte „unterstützte". Wir sehnten das Ende der Zwetschgensaison herbei.

Hälmchens Kinn und Bein waren nach gut drei Wochen wieder ganz in Ordnung, die Entzündung abgeklungen und der Abszess abgeheilt. Unser Schafsbub trug keine bleibenden Schäden davon. Ich hatte ihm helfen können, was er verständig kommentierte: *Ich weiß jetzt, dass das mit dem Nebel zwar dumm ist, aber es tut nicht weh, die anderen Sachen schon. Ich bin froh, dass es nicht umgekehrt ist, weil es ja neblig bleibt, aber das andere alles weg ist. Danke!* Er ließ mich deutlich spüren, dass er sich momentan recht wohl fühlte. Mir fiel ein Stein vom Herzen, dass nicht jeder Unfall automatisch restlebenslängliche Folgen nach sich ziehen musste – ich war da ein wenig erfahrungsgeschädigt.

Obilot hatte eine relativ gute Zeit, sie war zwar infektanfällig, aber das bekam ich in den Griff. Als ich bei ihr Spasmen vor dem Kotabsetzen beobachtete, dachte ich sofort an seelische Nöte, anstatt mir Gedanken über ihre Darmtätigkeit zu machen. Geschult von meinen Lieblingen, der Intuition zu vertrauen, sprach ich Obilot auf diese Auffälligkeit an. *Ich habe keine Bauchschmerzen, mir tut es manchmal in der Seele weh. Ich bin dann wie blockiert. Das hast du absolut richtig erkannt, alle Achtung. Kannst du das*

richten? Ja, ich konnte – hier kamen nur Bachblüten in Frage, die innerhalb weniger Tage heilsame Hilfe brachten. Des Weiteren sprach ich ausgiebig mit Obilot über ihre Sorgen, ein liebevolles *Fühlreden* tat uns beiden wohl. *Und denk bitte daran, dass Erec und Karsi für dich nicht verloren sind, sie wissen genau, dass du sie noch liebst und sie sind stolz auf dich. Du kannst sie jederzeit rufen, tot ist immer nur der Körper, das Wesentliche lebt und bleibt kontaktbereit.* Erstaunt vernahm ich, dass Obilot meine kleineren Rückfälle in leichte Zweifel hinsichtlich der steten Erreichbarkeit der Seelen meiner beiden Himmelsschafe – trotz ihrer gelegentlich klar gefühlten Worte - bestens kannte und tilgen wollte, da selbst der winzigste Vorbehalt eine tiefe Begegnung von Seele zu Seele beeinträchtigen kann. Ich hatte nämlich einen Schub starker Sehnsucht nach den beiden, kam aber nicht so intensiv in Berührung mit ihnen, wie ich es zu erleben hoffte. Ein vertrauender Blick nach innen war nötig. Ich hatte zwar nach der Grundausbildung mit Beate zusammen den Fortgeschrittenenkurs für Tierkommunikation besucht und kannte die Vorgehensweise, um Kontakt zu den Tieren in der Geistigen Welt aufzunehmen, aber so richtig ausprobiert hatten wir es beide noch nicht, zumal Obilot, Janti und teils auch Obie für uns die Verbindung hielten und getreu die wichtigsten Impulse übermittelten. Ich nahm mir vor, zusätzlich die erlernte Kontaktaufnahme einzuüben und für mich zu nutzen. Es ist eine wundervolle Erfahrung: Wirkliche Liebe überwindet Zeit und Raum und kennt keine Trennung. Sie IST.
Jantis Meinung zu innerer Verbundenheit war herzbeglückend und überzeugend: *Was echt ist, hat große Qualität! Wir beide haben eine echte innige Verbindung, die man weder verlieren noch bezweifeln kann, egal, wie wir äußerlich aussehen. Ob wir noch einen Körper haben oder momentan nicht. Das Wesentliche, die Qualität, die haben und behalten wir, weil wir dieses Wesentliche im tiefsten Selbst sind – wir sind unsere unauflösbare Einheit. Daran musst du dich in Seelennotzeiten erinnern und es leben.* Ich sah sie an, und mein Herz war unruhig – ahnte sie etwas? Die alte Verlustangst packte mich mit eiskaltem Würgegriff. „Hast du den Ruf bekommen?", stotterte ich entsetzt. Sie legte ihr Köpfchen in meine Hand und fühlte mir zu: *Nein, noch nicht. Aber Zeit ist relativ, das weißt du. Die Ewigen Gesetze kennen keine Termine. Genießen wir uns jetzt einfach im herzlichen Kuschelmuschel!* Ich drückte sie an mich und wir waren völlige Hingabe aneinander, waren einig und eins. Mit Obies kooperativem Verhalten bezüglich ihrer geschwächten Konstitution war ich höchst zufrieden; die süße Abenteurerin hatte sich auf ihrem

Balkonplätzchen mittlerweile häuslich eingerichtet, wo sie nun stundenlang ruhte und widerkäute, sich dort auch gelegentlich Medikamente und Leckereien von mir zustecken ließ, ohne aufstehen zu wollen. *Hier gefällt es mir, ich kann euch vom Haus her kommen sehen und weiß gleich Bescheid. Es ist sonnig, ohne zu viel Direktbestrahlung, perfekt. Ich bin, wie es scheint, faul geworden.* „Gar nicht", sagte ich, „du verhältst dich richtig, das freut mich! Es verringert meine Sorge ein bisschen." Lediglich Enites Streitlust hing wie eine Gewitterwolke über dem besonnten Paradies. Sie scheuchte Obie auf, wenn sie weder Beate noch mich in Sichtweite wähnte (und dabei die Badfenster vergaß!) und vertrieb auch Obilot von ihrem Schlaflager, das sich unweit Obies Platz im Stalleingang befand. Wenn Obie sich weigerte, das Feld zu räumen (was ja mit erheblichen Mühen verbunden war, sie musste sich an den Holzbalken abstützen), füßelte Enite energisch und teilte Boxhiebe mit dem Kopf aus, die sie zurückbekam. Mit Obilot verfuhr sie ähnlich. Eilte ich dann hinzu und schalt Enite, imponierte ihr das wenig. Sie zog sich zwar meist beleidigt zurück, fühlte mir aber zuvor ihren ungebremsten Unmut zu: *Ich denke, das sei geklärt! Ich habe doch wohl das Vorrecht, kapiert das alle mal!* Ich gab mir Mühe, ihr verständlich zu machen, dass sie, vergleichsweise, noch relativ beweglich war und weitaus sicherer auf den Füßen stand als Obie. Und dass Obilot unweit ihres Zwillings ruhen wollte, war schließlich auch klar. Mir, wohlgemerkt, und den beiden beinahe-Heimatvertriebenen. Irgendwann gab Enite klein bei und plumpste fortan vorwurfsvoll in geringem Abstand zu Obies bequem ausgestreckten Hinterbeinchen ins Stroh. *Sie ist stur!*, brummelte Obie, *und nennt das Charakterstärke!* Ich kenne da noch ein kleines charakterstarkes Wesen, dachte ich bei mir. Sie hatten es doch sämtlich faustdick hinter ihren Öhrchen. Früher, als noch alle sieben Herdenmitglieder sich Ruheplätze auf den diversen Weiden teilen mussten, hatte es ebenfalls Rangeleien, Boxkämpfe und drohendes Stampfen gegeben. Und sobald jemand sich unwohl fühlte, war er – oder sie – gemobbt worden. Daran erinnerte ich mich, als ich diese Kleinkriege um den Liegeplatz miterlebte und die wolligen Kampfhähne mit demselben, berechtigten Schimpfnamen wie damals betitelte: unsozialer Haufen.

Beate und ich genossen nur kurzfristig eine kleinere Verschnaufpause (die diese hochtrabende Bezeichnung zwar nicht verdient, aber immerhin einen Unterschied zur üblichen Dauerbeschäftigung darstellt!), bis unserer Obie etwas Neues einfiel, womit sie unser Engagement auf einer Skala von eins bis zehn auf zwölf hochtreiben konnte. Es begann ganz harmlos mit einer gelegentlichen Dauerblöksalve, die – ich zählte interessehalber mit – bei einer halben Minute begann und sich auf drei Minuten am Stück steigerte, vor allem vormittags und nachmittags. Die frühmorgendliche Stimmgewalt setzte immer noch zeitiger ein, bis Obie lange vor dem verschlafenen Nachbarsgockel den Tag begrüßte, der mitunter noch nicht einmal eine noch so zarte Rötung des Himmelsgesichts vorweisen konnte. Wir hatten keine Ahnung, was Obie damit bezweckte, auf meine wiederholten Fragen antwortete sie ausweichend: *Ich muss einfach reden, es drängt mich dazu.* Obwohl ich mich mittels *Fühlreden* und klassischer Tierkommunikation fabelhaft mit ihr unterhalten konnte, nahm auch ich das Geblök nur als Schafskrawall wahr, ebenso wie jeder, der es im Umkreis mitbekam. Beate erging es genauso. Ich wusste also nie, was Sache war, wenn Obie loslegte. Vereinzelt fühlte mir Janti dann hilfreich irgendein aktuelles Obie-Problem zu, das ich oder Beate dann aus der Schafswelt schafften, aber meist blieb es beim ratlosen Überlegen, was zu tun sei. So richtig spannend aber wurde es, als das redselige Schafsmädchen auch die Nacht für ihre stimmgewaltigen Monologe entdeckte. War Hälmchen also zu einem braven Nachtschläfer geworden, der nur noch selten einen Mondscheinspaziergang unternahm und sich dabei verirrte, so entwickelte sich seine Tante zu einer nachtaktiven Rednerin. Als mich zum ersten Mal Obies Rufe aus dem Schlaf rissen, war ich völlig desorientiert und meinte, es handle sich um Hälmchen, der einen Rückfall in alte Verhaltensmuster zeigte. Etwas wacher geworden, empfing ich Jantis Mitteilung, die meiner Wahrnehmung auf die Sprünge half: *Kannst du bitte Aufstehhilfe geben? Ich glaube, das wäre gut.* Beate hatte Obie ebenfalls gehört und sich gleichfalls gefragt, wer das Schreischaf wirklich war; wir trafen im Schlafanzug an der Haustür aufeinander und eilten hinaus, stellten Obie auf die Füße und befragten sie eingehend. Wir erfuhren: *Hm, ich habe nicht gesagt, dass ihr rauskommen müsst, ich rede öfter in die Luft, das befreit. Man darf nichts unterdrücken, das macht krank. Aber es ist schön, dass ich nun weiterlaufen kann, danke! Geht nur wieder ins Bett, lasst euch von mir nicht stören.* „Lieb gemeint, Süße, aber so einfach ist das nicht! Du darfst nicht das halbe Dorf wecken, wenn dir mal zum Quasseln zumute ist. Wenn du in Not bist, musst du uns freilich rufen, das ist etwas anderes.“ Wie gesagt, dieser Vorfall wiederholte sich nächtelang, wenn auch nicht in jeder Nacht. Es kam vor, dass Obie nicht umgefallen war und dennoch herzhaft in die Dunkelheit blökte. Wir lauschten andauernd mit halbem Ohr hinaus, was der Qualität des Schlafes abträglich war. Sorge und Liebe ließen uns keine

Wahl, wir hatten wieder Bereitschaftsdienst rund um die Uhr. Irgendwann sahen wir uns veranlasst, die direkten Nachbarn auf den Ausnahmezustand anzusprechen, da wir nicht wussten, wie stark Obies Rufgewalt war, ob sie z.B. geschlossene Fenster durchdrang und Kleinkinder weckte. Wir fürchteten kommende Konflikte. Indes, wir hatten Glück; nein, sagte man uns, die Kinderzimmer lägen in die andere Himmelsrichtung, und die Eltern hätten einen tiefen Schlaf. *Na bitte, immer diese Sorgen! Völlig unnötig, ihr Armen!* Obie fühlte sich rehabilitiert.

Waren es nicht die wolligen Lieblinge höchstpersönlich, die uns besagte Sorgen bescherten, so brachten nicht selten Wind und Wetter Unruhe in unser Herz und unseren Tagesablauf. Seit die Schafe so nahe bei uns am Haus lebten, waren die meteorologisch bedingten Erschwernisse und Probleme geringer und seltener geworden; dennoch blieben Knackpunkte wie beispielsweise Tiefschnee, eisige Temperaturen und starke Windböen bestehen. Komischerweise lag in jedem Winter hundertprozentig dort, wo wir und/oder die Schafe lebten, viel mehr Schnee als ein paar Meter weiter um die Ecke. Zudem tobt sich bis dato der Wind gerne am Eingangstor zur Weide aus, indem er es scheppernd durchschüttelt und uns den Eintritt durch Gegenkraft erschwert. Oder aber ein tückisches, lebhaftes Lüftchen weht aus dem Hinterhalt und drückt das Tor auf, was ein Schaf durchaus missverstehen kann und als Aufforderung zum Hinausmarschieren interpretiert. In jenem schafsintensiven Sommer und Herbst kam es, dem Himmel sei Dank, zu keinen stürmischen Zwischenfällen, auch wenn im Wetterbericht erschreckend hohe Windstärken vorhergesagt wurden; die Winde warfen weder den Schäferwagen um, noch krachten große Zweige vom etwas maroden Zwetschgenbaum; es hätte uns den letzten Nerv geraubt, noch einmal fürchten zu müssen, dass einer unserer Lieblinge von herumfliegenden Ästen verletzt werden könnte: Ein heftiger, orkanartige Sturm lag noch keine drei Jahre zurück und stand Beate und mir nach wie vor dräuend vor Augen. *Wir waren damals vollkommen geschützt und wir sind es heute* – Janti erinnerte mich sanft aber nachdrücklich an die Präsenz der Schutzwesen, deren fühlbare Nähe wir selbst in vielen Notsituationen erfahren durften. „Ja, mein Schatz, das ist wahr.“ Ich saß im Heunestchen bei Janti, und während es draußen goldgelbe Birkenblätter durch die Luft wirbelte und grauschwarze Wolken wie schmutzige, prall gefüllte Säcke über Haus und Weide hingen, erinnerten wir uns gemeinsam an den überstandenen Schrecken des damaligen Unwetters: Oben auf dem Dach des provisorischen Stalls und quer über die ganze Weide verteilt lagen armdicke Äste; die Bäume standen zwar alle noch, doch baumelten zahlreiche Äste und Zweige wie gebrochene Glieder an gesplitterten Astgabelungen. Das Gras war pitschnass. So fanden Beate und ich den Schauplatz vor, als wir mit überhöhter Geschwindigkeit bei unseren Tieren eintrafen, die unversehrt am Zaun standen und uns laut blökend erleichtert begrüßten. Die Schafe hatten die stürmische Aufregung ohne unseren Beistand verkraften müssen, da sowohl Beate als auch ich bei Ausbruch des Unwetters gerade auf dem Heimweg von der Arbeit waren – ich saß im Auto, mehr als 20 Kilometer entfernt, und wurde durch einen querliegenden Baumstamm auf der Straße zu Umwegen gezwungen, die schlecht befahrbar waren; ich rutschte mehr, als ich fuhr, nasses Laub bildete einen glitschigen Teppich auf dem Asphalt. Beate saß im Bus, der wie ein Tretboot bei starkem Wellengang auf dem Bodensee schaukelte. Man kann sich unschwer vorstellen, wie besorgt wir waren, was wohl auf Bergeshöhe bei den Lieblingen vor sich ging. Die Schnelligkeit und Beweglichkeit mancher Herdenmitglieder war bereits altersbedingt eingeschränkt, die Hütte bot wenig Schutz und war klapprig. *Ich glaube, wir hatten viel weniger Angst als ihr! Eigentlich fürchteten wir uns überhaupt nicht, wir legten uns flach auf den Boden und wussten genau, dass wir behütet sind. Es war uns absolut nicht bestimmt, erschlagen zu werden! Wir waren aber trotzdem sehr froh, als ihr da wart, wir gehören ja alle zusammen!* Janti sandte mir ein liebevolles Seelenlächeln. „Wisst ihr eigentlich, dass auch noch einige Zeit danach Grund zur Sorge bestand?“, fragte ich sie. „Es baumelten doch ein paar abgeknickte Äste an den Bäumen, die euch noch später hätten treffen können! Sie wurden nicht gleich abgesägt.“ *Oh, die haben wir schon bemerkt und waren vorsichtig, außerdem hätten wir eine Vorwarnung erhalten. Bäume sind großartige Freunde, sie kommunizieren mit ihrer Umwelt. Man braucht aber feine Ohren.* Ich verstand wieder ein Stückchen besser, wie groß das Vertrauen der Tiere in die Verbundenheit allen Seins ist, und ich bemühte mich, es ihnen gleichzutun. Tiefe Dankbarkeit für alle behütenden Engel und sonstigen Schutzwesen erfüllte mich. Janti bestärkte mich: *Ja, sie sind da. Ob man an sie glaubt oder nicht. Sie freuen sich, wenn sie um Hilfe gebeten werden, also scheut euch nicht. Es gibt kein Limit und keine Bedingung, nur Liebe.* Und nichts als Liebe strahlte auch dieses kleine wollige Geschöpf in rosafarbener Zärtlichkeit aus, ebenso bedingungslos und ohne Limit.

Man kann auch bei Windstille die Lebenssituation als stürmisch empfinden, und so erging es uns mit dem weiteren Verlauf des Jahres, als der Winter nahte. Die gesunden Anteile im physischen Bereich unserer Schafsenioren verringerten sich rasch und erforderten von uns abermals vermehrten Einsatz und großes Vertrauen in die eigenen Entscheidungen. Auf Seelenebene jedoch überraschten uns die Heißgeliebten mit wachsender Stärke und Souveränität; ausnahmslos unterstützten sie uns zuversichtlich und heiter auf unserem Weg der außergewöhnlichen menschlich-tierischen Lebensgestaltung. Obie hatte ihren Rededrang zu nachtschlafender Zeit dank eines wirksamen Globuli-Einsatzes in den Griff bekommen, was sie beeindruckte: *Hm, das war sehr aufschlussreich! Nach ein paar deiner Gaben hatte ich das Gefühl, keinen Anlass mehr zum dauernden lauten Quatschen zu haben. Ich bin jetzt nachts angenehm müde und wenn ich was zu sagen habe, warte ich, bis es hell ist und ihr da seid. Manchmal habe ich morgens vergessen, was ich sagen wollte, aber dafür fällt mir immer etwas Neues ein!* Und, wohlgemerkt, durchaus nicht nur in Bezug auf Gesprächsstoff!
Im Spätherbst hatte die Herdenfamilie insgesamt eine (was wir damals noch nicht wussten) letzte Phase relativ stabiler Gesundheit, d.h. die bestehenden Beeinträchtigungen verschlechterten sich nicht und es kamen keine Auffälligkeiten hinzu. Allen schmeckte es, Jantis zeitweilige Nierenkoliken hatte ich *wegglobuliert* (so nannte es die geliebte Patientin), Obilot und Enite hielten sich wacker und mit Hälmchen führte ich eine weitere Augenkur durch, die ein Erblinden weiterhin verhinderte. Er war glücklich. Obie schaffte es, halbwegs sicher zur Schäferwagentreppe zu kommen, wo ich mehrmals täglich ein Heubüschel deponierte, das von ihr und Obilot mit größtem Vergnügen aufgefuttert wurde. Es machte ihnen einen Riesenspaß, abwechselnd Heu zu mampfen und zwischen den Stufen hindurchzugrasen, um die halb versteckt wachsenden Wiesenköstlichkeiten zu zupfen. Ich teilte die notwendigen Medikamente und Bachblüten ebenfalls beim Schäferwagen aus, wobei ich genau aufpassen musste, die Schraubverschlüsse aus der Mäulchenreichweite Obies zu halten – sie war bekanntermaßen grandios neugierig und experimentierfreudig. Einmal rutschte mir so ein Verschluss aus der Hand, weil ich einen kleinen Schubser von irgendeiner wild schnüffelnden Schafsnase bekommen hatte, die es gar nicht erwarten konnte, bedient zu werden. Ich bückte mich schnell, doch Obie war noch schneller. Ehe ich mich versah, hatte sie das Teil im Mäulchen und kaute und lutschte darauf herum. *Also, das schmeckt aber kein bisschen*, meinte sie und schob den

Fremdkörper dennoch weiter hin und her, anstatt ihn auszuspucken. „Du sollst ihn ja nicht essen!“, rief ich aufgeregt, „los, heraus damit, Schatz!“ *Äh, geht irgendwie nicht, das Ding rutscht nach hinten, ich glaube, es verkeilt sich zwischen meinen Zähnen.* Auch das noch! Ich spielte im Geiste ein Schreckensszenario durch, in dem Obie zu ersticken drohte, eine Vorstellung, die mich maßlos aufregte. Beate tropfte sich Rescue auf den Finger und steckte ihn todesmutig in Obies Mäulchen, da man ihr in dieser Situation definitiv keinen Zwieback geben konnte. „Nicht zubeißen!“, bat sie. Ich massierte wie ferngesteuert von außen den Oberkiefer unseres unmöglichen, süßen Schafes und rief innerlich die Engel zu Hilfe, denn allmählich wurde es Obie zu anstrengend und bei mir bahnte sich ein weiterer *Nervenniedergang* an: Mein Liebling schnaufte stoßweise und wirkte etwas gestresst. Doch dann, ganz plötzlich, empfing ich ein mentales *Bäh aber auch!*, und es ploppte ein feuchter, angenagter Schraubverschluss im hohen Bogen vor meine Füße. *Das hätten wir!* Zufrieden mit sich und ihrer Leistung sah Obie uns an – als hätte sie eine Heldentat vollbracht. In gewisser Weise stimmte das sogar; es war garantiert nicht einfach gewesen, das verkeilte Teil loszuwerden, ohne es versehentlich zu schlucken. Ich war fortan noch konzentrierter bei der Verwendung der Fläschchen, und es blieb zu meiner Nervenschonung bei diesem einen Verschluss-Abenteuer. In anderer Hinsicht gab es Abenteuer zuhauf!

Wir hatten die stützenden Strohballen für Obie Tag und Nacht auf der Wiese stehen, lediglich bei starkem Regen schleppten wir sie in die Scheune, damit sie nicht zu faulen begannen und als beliebtes Naschwerk unbrauchbar wurden. Zwar schmeckte den Schafen – allen voran Hälmchen – Gammelstroh fast besser als frisches, aber hier ließ ich nicht mit mir reden, Gesundheitsschädliches hielt ich, so gut es ging, von den fragwürdigen Feinschmeckern fern. Obie gefielen die *Stolpersofas* so gut, dass sie am Abend gerne dort verweilte, anstatt in den Stall zu gehen. Üblicherweise konnten unsere Schafe selbst wählen, ob sie die Nacht draußen verbringen wollten oder im Stall oder auf dem „Balkon“; wir hakten die Stalltüre mittels eines Windhakens immer außen an der Wand ein, damit sie offen blieb. Mittlerweile aber hielten wir es für angeraten, die ganze Herdenfamilie für die Nacht in den Stall zu bringen, da Obie auch nachts umfiel und es besser war, wenn dies im geschützten Stall, auf weichem, warmem Einstreu passierte und nicht unter freiem Himmel, bei sinkenden Temperaturen. Es war nach Sonnenuntergang bereits empfindlich kalt, zumal für zarte ältere Persönchen. Wir

konnten schließlich nicht garantieren, allzeit kurz nach dem Sturz bereits hilfreich zur Stelle zu sein. Um niemanden auszusperren, mussten eben auch die gesundfüßigen Wolleproppen auf nächtlichen Freigang verzichten; es war allemal besser, Zugang zu Heu und Wasser zu haben, als an frischer Luft womöglich Hunger und Durst zu leiden und den Unbilden der Natur ausgesetzt zu sein. Diese Einführung der verpflichtenden Stallübernachtung für alle Schafe stellte für keinen ein Problem dar, bis auf die süße Verantwortliche selbst: Obie war empört. *Was? Ich soll in den Nachtknast? Wieso denn? Ich will lieber draußen bleiben!* Nach vielen Erklärungen, Bitten und Appellen an ihre Mitarbeit brummelte sie ihr Einverständnis: *Na gut, aber erst, wenn ich draußen fertig bin! Überhaupt, wir managen das dann schon.* Was das bedeuten sollte, erfuhren wir schnell. Obie machte sich nämlich in der Dunkelheit unsichtbar, indem sie zwischen den Strohballen herumstrolchte und hinter ihnen verschwand. Wir riefen und riefen, aber nichts als eine mentale *bin noch beschäftigt, komme später nach* – Erklärung erfolgte. Mit Stirnlampe bestückt leuchtete Beate nun allabendlich jeden Ballen ab, wobei die clevere *Beschäftigte* ihr stets mindestens einen Strohballen voraus war. Hatte Obie dann endlich ihre Arbeiten erledigt (grasen, den Sternenhimmel betrachten, an *Stolpersofas* nagen…) und ließ sich gnädig mit einem Leckerli zum Stall und dortigen Abendessen lotsen, überfiel Hälmchen die Wanderlust und er kehrte Stall und Futter den Rücken. Holte ihn der Hunger zurück, marschierte prompt Enite oder auch Obilot hinaus, sodass grundsätzlich ein Schaf nicht im Stall war und wir die Tür nicht zumachen konnten. Es nahm eine geraume Weile in Anspruch, bis endlich, endlich alle drin und gesättigt waren. Dieses Spielchen trieben sie so lange, bis Ende November ein jäher Einschnitt wieder neue Maßnahmen unsererseits erforderte.
Die Zeiten relativer Schafsenioren-Gesundheit waren endgültig vorbei, als wir eines Nachts einen doppelten Notruf empfingen: Janti fühlte mir zu: *Bitte, seht im Stall nach dem Rechten! Jetzt gleich!*, und aus dem Stall ertönte Obies langgezogenes, lautes Geblök. Gleichzeitig schossen Beate und ich aus unseren Schlafzimmern, fuhren in Jacken und Stiefel und eilten besorgt zu unseren Schafen. Wir fanden sowohl Obie als erstmalig auch Enite mitten im Stall liegend vor, beide zappelnd und unfähig, wieder auf die Beine zu kommen. Obie meinte lakonisch: *Jetzt hat es die eisern Gesunde auch erwischt!* Ich half Obie hoch, die sich sehr schnell wieder berappelte und zur Wasserschüssel hinkte, um einige tiefe Züge zu nehmen. *So, fertig. Das war alles, was ich wollte.* Zufrieden wackelte sie in ihre Schlafecke und

richtete sich scharrend das Plätzchen her. Ich nahm mir vor, im Tageslicht nach ihrer Schulter zu sehen, der diese Robberei auf dem harten Boden (die Aufsteh-Übungen hatten das weiche Heu- und Strohgemisch beiseite gefegt) sicher nicht gut bekommen war. Enite war von Beate erfolgreich auf alle Viere gestellt worden, was der Herdenältesten einen mentalen Erleichterungsseufzer entlockte und sie zu dem Ausspruch veranlasste: *Komisch! Der Boden senkte sich unter meinen Füßen weg, ich hatte keine Möglichkeit, ihn mit den Hufen zu erreichen. Bin ich jetzt so ein Fall wie Obie?* „Schwer zu sagen, ich muss dich untersuchen und dann behandeln", erklärte ich ihr und fühlte mich unbehaglich. Der *Fall Obie* sah zu uns herüber und meinte munter: *Ach was! Mich und meine Problemsachen gibt es nur einmal, wir sind überhaupt alle sehr einmalig!*

Ungefähr zwei Wochen lang machten wir regelmäßig Nachtvisite im Stall; manchmal war der Anlass hierfür ein mentaler Ruf von Janti, manchmal lautes, physisches Blöken von Obie, manchmal aber auch die pure Sorge, was da bei den wolligen Lieben abgehen mochte. Ich hatte Enite von Kopf bis Fuß untersucht sowie Reflexe, Temperatur und Urin mittels Diagnose-Stick überprüft – nichts Auffälliges war zu entdecken, der Appetit und das Verhalten waren gleichfalls völlig normal. Dennoch fiel sie nachts oft um, tagsüber passierte das komischerweise nie. Auch Obie hielt sich bei Tag wieder besser auf den Beinen, in den Nachtstunden war es aber nötig, ihr beim Aufstehen zu helfen – sie wartete meist ab, bis wir kamen, ehe sie sich zum Aufstehen entschloss, was sehr klug war. Es verhinderte unnötige Stürze, die ihre heilende Schulterwunde wieder aufgerissen hätten. Später siegte Obies Ungeduld über jede Vorsicht, aber zu jenem Zeitpunkt konnten wir sie nur loben für ihr – menschlich gesprochen – vernünftiges Verhalten.

Ich saß viele Stunden bei Janti, die mitunter starke Bauchschmerzen hatte und sehr unruhig war; sie wünschte sich, fast ununterbrochen eine von uns in der Nähe zu haben, und wir erfüllten ihr dieses Bedürfnis sehr gern. Es gelang mir, ihre Bauchschmerzen zu lindern, da sie in der Lage war, mir ihre Symptome präzise zu schildern und ich so ein bestmöglich passendes Mittel heraussuchen konnte. Es war eine innig erlebte Zeit, die uns immer noch enger verband. Trotz ihres verschlechterten Allgemeinzustandes war Jantis Anwesenheit bereichernd und beglückend. Sie strahlte eine ungebrochene Zärtlichkeit und Daseinszufriedenheit aus, die uns von Herzen wohltat. Wir kosteten unsere tiefe Beziehung bewusst und aufmerksam aus, denn die gemeinsame Erdenzeit wurde knapp – das wussten wir. So fielen Beate und ich aus allen Wolken (na ja, es waren längst keine heiteren Schäfchenwölkchen mehr…), als es Enite war, die uns zwei Tage vor Nikolaus befürchten ließ, ihre letzten Stunden seien gekommen. Wir fanden sie morgens, nach einer unspektakulären Nacht, festliegend mitten im Stall, schwer atmend, mit rollenden Augen. Ansprechbar war sie, und ihre Auskunft war anfangs mehr als verwirrend: *Ich wurde geschlagen, mitten auf den Kopf, direkt hinein. Dann wusste ich nicht mehr, wo ich bin, jetzt schon wieder. Aber nun ist jedes meiner Beine weg, wie geht denn das?* Nach einer sofortigen Gabe von Rescue beruhigte sich ihr Atem, und ich machte verschiedene Tests; sie hatte keinerlei Gefühl in den Gliedmaßen, daher wohl die Auskunft *Beine weg.* Sie waren zudem völlig steif, wie vier Stecken. Das Augenrollen war nach der dritten Verabreichung von Rescue verschwunden, Enites Blick klärte sich, und sie meinte: *Ich habe Hunger, gibt es heute nichts?* Bei aller Sorge und allem Erschrecken musste ich doch lachen. „Das ist ein gutes Zeichen, egal, wie die Lage aussehen mag!", sagte ich zu ihr. „Ein bisschen dauert es noch, ich muss dich genau untersuchen. Dann werden wir dir irgendwie Futter verabreichen!" Es war dann auch ein abenteuerliches Unterfangen, ein stocksteifes Schaf, das aber immerhin kauen und schlucken konnte trotz ebenfalls starrem Kopf (das hatte ich zuvor natürlich überprüft!) mit kleinen Fenchelstücken, Karottenscheibchen und Dinkelflocken zu füttern. Zuvor war es freilich unumgänglich, Enite aus der Stallmitte wegzutragen, da Hälmchen schon mehrfach über seine hinderliche Mama gestolpert war und nervös wissen wollte, warum sie im Weg herumlag. Ich konnte ihn einigermaßen beruhigen, und er fraß zufrieden sein Frühstück. Auch die übrigen Herdenmitglieder widmeten sich ihrer Mahlzeit. Obies Kommentar war wenig mitleidig, aber herzerfrischend: *Mann, wird die aber bedient, so ein faules Schaf! Machst du sie wieder selbständig?* Ich bezweifelte es stark. „Ich tue, was ich kann, aber was daraus werden mag, weiß ich nicht!", antwortete ich ihr wahrheitsgemäß.

Während Beate bei Enite saß und sie beruhigend streichelte, setzte ich mich für ein ausgiebiges Kuschelmuschel zu Janti und konnte sie dazu bewegen, eine große Ration Flocken, Rosinen und Salat zu futtern. Nebenher besprachen wir die neue Situation, denn ich hatte längst gelernt, dass mein Goldspatz untrüglich wusste, was im jeweiligen Gefahrenmoment das Wesentliche war. Vor allem erkannte sie die inneren Zusammenhänge der Höheren Gesetze – eine Fähigkeit, die mir von unschätzbarem Wert war und bewirkte, dass ich meinen geliebten Schafspatienten die ihnen bestimmte

Hilfe geben konnte. Nach einer Weile sagte Janti: *Sie muss selbst eine Entscheidung treffen, aber zuerst braucht sie ganz schnell Unterstützung.* Janti sandte mir das Bild, wie Beate Enite Reiki gab und mir fielen spontan die Namen einiger homöopathischer Mittel ein. Ich war mir sicher, ein oder zwei davon würde ich auswählen und so zumindest ein bisschen etwas Gutes für Enite bewirken. Ich versorgte Janti mit Heu, versprach meine baldige Rückkehr zu ihr ins Strohbettchen (was ich auch tat) und dankte ihr mit einem Kuss für ihre Hilfe. Dann starteten Beate und ich die Aktion „Sofortmaßnahmen für Enite".

Die folgenden Tage brachten bei Enite alte Symptome zum Verschwinden und leider neue hervor; sie konnte wieder alle vier Beine bewegen (sie strampelte heftig), spürte sie (*oh, meine Beine sind ja wieder vollzählig da!*) und war auch fähig, den Kopf zu heben und ihn ein wenig oben zu halten. Auch die Reflexe funktionierten und sie hatte weiterhin einen normalen Appetit. Dafür atmete sie schnarchend und sehr laut, was Hälmchen stark irritierte. Wir hatten für Enite ein Lager errichtet und es rundum mit Strohballen gesichert, ähnlich wie damals bei Erec. Hälmchen hörte nun zwar seine merkwürdig schnorchelnd-schnarchende Mama, entdeckte sie aber nirgends und fürchtete sich. Ich erklärte ihm, was los war und er fragte eingeschüchtert: *Ist sie jetzt gefährlich?* Ich glaube, er stellte sie sich wie eine Art Raubtier vor, denn seine mental gesandten Bilder hatten mit dem wahren Aussehen Enites keine Ähnlichkeit, sie sahen eher aus wie eine Mischung aus Fabelwesen und Tiger. *Das ist seine Angst!* Janti bestätigte mit ihrer Aussage meine Vermutung. Wir mischten ihm Bachblüten, die ihm seinen Seelenfrieden zurückbrachten; er reagierte immer sehr schnell und anhaltend auf sie.

Es war eine bedrückte, pflege- und sorgenintensive Adventszeit; ich rechnete beinahe damit, noch vor dem Fest - oder gar an einem der nahenden Feiertage selbst - Enite leblos vorzufinden. Aber sie hatte wohl eine Entscheidung getroffen; von Janti wusste ich ja, dass sie das tun musste. Mir war aber nicht klar, inwieweit sie - oder irgendein Lebewesen – Einfluss auf das eigene Leben und Sterben nehmen kann. Zuerst fragte ich Enite, was ihre Absicht war, einerlei, ob sie etwas steuern konnte oder nicht. *Man muss den Gesetzen trotzen! Lasst euch das gesagt sein! Und das mache ich jetzt eine Weile.* Mehr verriet sie nicht. Also befragte ich die anderen Herdenmitglieder, ob sie etwas wussten, das sich mir entzog und wie sie zu der Situation standen. Obie warnte mich einfach: *Sorgt für sie, lasst keinen sonst an sie ran, es versteht niemand, dass sie ihren Weg geht!* „Also, kein Tierarzt?", vergewisserte ich mich. *Nein. Der würde ihr den Weg abschneiden.* Das war deutlich. Obilot wirkte etwas bekümmert, da ihr abermals die Hinfälligkeit des Alters vor Augen stand, sie meinte aber: *Ich sehe es auch so. Sie hat gewählt, das muss man respektieren! Und ihr seid ja da.* Hälmchen meinte nur: *Lasst sie nicht hungern, fressen ist wichtig!* Wie genau er damit die Ansicht seiner Mama auf den Punkt gebracht hatte, erkannten wir im Laufe der Pflege Enites, da ihr größtes Anliegen und Vergnügen bis zum letzten Tag das Futter war. Ich wusste nun immer noch nicht, was es mit Wahl und Weg auf sich hatte. Ich setzte mich zu Janti; von ihr durfte ich eine klare und hilfreiche Aussage erwarten. Obwohl es ihr bereits nicht sehr gut ging, freute sie sich nach wie vor, mit mir – oder bei Reiki mit Beate – über all die Dinge zu *fühlreden*, die uns gemeinsam bewegten. Ich brachte ihr eine Portion ihres Lieblingsheus und ein paar Apfelringe mit; später wollte ich ihr noch einige Blätter Endiviensalat anbieten, den sie sehr mochte. Es schmeckten ihr momentan nicht viele Dinge, aber sie gab sich Mühe, genügend zu sich zu nehmen, um einigermaßen bei Kräften zu bleiben und mich nicht noch mehr zu beunruhigen. *Ich will versuchen, dir ein paar Zusammenhänge aufzuzeigen, auch wenn das in Menschenworten sehr schwierig für mich ist,* meinte sie vorsichtig. *Ich sage es mal so: Wir alle, Tiere und Menschen, folgen einem Seelenplan. Manches ist festgelegt, manches kann beeinflusst werden. Der irdische Tod ist die Rückgeburt in die Geistige Welt, unser aller Heimat. Den Augenblick des Übergangs können wir bis zu einem gewissen Grad mitbestimmen, wenn das so für uns vorgesehen ist. Enite – und unsere ganze kleine Herdenfamilie – hat dieses Mitspracherecht. Es ist ein Geschenk und zugleich eine Aufgabe, bei der ein weiteres seelisches Wachstum möglich ist. Auch für dich, für euch. Wir wissen uns dabei zweifach geborgen und beschützt, von Helfern aus der Geistigen Heimat und von euch beiden: Wir wollen unseren Weg bewusst bis ans Ende gehen, und weil wir bei euch sind, ist das möglich. Jeder Weg ist ein wenig anders, je nach persönlicher Aufgabe. Es ist nicht unbedingt leicht, aber es ist richtig. Kannst du damit etwas anfangen?* Janti fühlte mir mit dieser Erklärung eine Welle des Vertrauens und der Nähe zu. „Ja, mein Schatz, du hast mir sehr geholfen", antwortete ich ihr. Da Beate damit beschäftigt war, Enite zerkleinertes Frischfutter in einem Schüsselchen anzubieten (was Anklang fand) und die übrigen Herdenmitglieder ihrerseits allesamt sich mit Grasen oder Wiederkäuen die Zeit vertrieben, entschlossen Janti und ich uns für ein intensives Kuschelmuschel, bei dem Janti sogar richtig Appetit auf ihre Mahlzeit hatte und es ihr, wie sie mir zufühlte, wohlig und gut zumute war.

Enite ging es jeden Tag anders; ich hatte ein Mittel gefunden, das ihre schnarchende Atmung wieder völlig normalisiert hatte, was den Stall-Mitbewohnern vermutlich eine Wohltat war. *Meine Mama ist mir nicht mehr ungeheuer*, freute sich Hälmchen. *Man schläft besser, wenn niemand schnarcht!*, stellte Obie fest. Dieser Aussage schlossen sich alle an. Enite war manchmal unruhig und warf den Kopf hin und her (*sonst fehlt mir doch der Rundumblick!*) oder sie rutschte vom Sitzen in die Liegeposition. Schließlich verkündete sie, als wir sie erneut aufsetzen wollten: *Ich will jetzt liegen! Ich bin mein ganzes Leben lang fleißig gewesen, habe die Herde geleitet und Kinder erzogen!* „Du hast die Herde angeführt?", fragte ich erstaunt. „Davon haben wir gar nichts bemerkt!" *Daran siehst du, wie gekonnt ich das machte, ohne Aufsehen. Also: Ich muss nichts mehr arbeiten, ich lasse mich bedienen. Macht ihr das bitte?* „Wie soll das aussehen?", fragte ich skeptisch, „ich meine, wir bringen dir gerne weiterhin alles her, aber du kannst doch nicht einfach bloß liegen, wie willst du da fressen?" Enite sandte mir ein empörtes Gefühl: *Ja, dir wird doch da auch was einfallen!* Ich traute meiner Übersetzung mal wieder nicht ganz, denn das klang doch zu seltsam – ich vermutete, dass ich etwas falsch verstand oder dass Enite nicht zugeben wollte, nicht sitzen zu können und stattdessen sagte, sie wolle nicht. *Nein, du hast schon kapiert und doch, ich kann sitzen, du hast mir ja die Lähmungen wegtherapiert, danke, aber ich will liegen. Bitte!* Mir war klar: Wenn wir nachgaben, würde sie bald versteifen und wirklich liegen müssen – für den Rest ihres Lebens: Tage, Wochen oder gar Monate. Ich sagte es ihr in aller Deutlichkeit und auch, dass dies eine gute Pflege sehr erschwerte. Ein wenig schuldbewusst aber hartnäckig bat sie erneut: *Ich möchte das ausprobieren, bitte, es geht bestimmt. Es ist mein Wunsch und meine Verantwortung.* Obilot stand vor Enites Stroh-Burg (so nannten wir fortan die Krankenbuchten) und fühlte mir aufgeregt zu: *Wie kann sie das wollen, wovor ich mich so fürchte? Ich verstehe es nicht!* Ich strich Obilot über das rotbraune Wuschelköpfchen und sagte zu ihr: „Schatz, ich kann es ebenfalls nicht nachvollziehen, aber durch deine Stellungnahme bin ich mir nun sicher, nichts falsch verstanden zu haben. Danke, Liebling!" Und so betteten wir Enite auf dicke Decken, polsterten die recht harten Seiten der Burg, die aus fest gepressten Strohballen bestanden, mit Heu (das sie regelmäßig im Eiltempo auffraß) und ließen ihr ihren Willen.

Die „Tischmanieren“ Enites waren nun dahin; sie konnte zwar ihren Kopf heben – was sie auch tat – aber aus der Schüssel zu fressen war im Liegen nicht mehr machbar. Handfütterung war angesagt. Das ließ sich bewerkstelligen, aber mit dem Trinken sah es ein wenig komplizierter aus. Wir besorgten also eine kleine Babytrinkflasche, die fortan zu Enites höchstem Begeisterungsobjekt avancierte: Mit lustvollem Schmatzen saugte sie kräftig drauflos oder biss auch mal in die weiche gummierte Öffnung, bis lauwarmes Wasser mit Rescue-Tropfen bzw. einer Spezialmischung ihren Durst löschte. Das Futter wurde enitegerecht zubereitet. Beate, die ihrem ersten eigenen Schaf schon immer einfach alles nachsah und die Wünsche von den Augen ablas, raspelte jetzt die Karotten und sonstiges Gemüse, denn die Scheiben waren zu schwer zu kauen. Als sie bemerkte, dass die heißgeliebten Getreideflocken zu staubig waren und Enite sich verschluckte, mischte sie Wasser bei und Enite erhielt fortan einen Brei, den sie ebenfalls von Hand gefüttert bekam, ein Schauspiel, das an Komik kaum zu überbieten war: In einer kleinen Frischhaltedose mit Deckel war der Brei, und sobald Beate diesen Deckel zu drehen begann, patschte Enite mit allen Beinen aufs Stroh, fiepte jämmerlich wie ein Welpe, wenn es ihr nicht schnell genug ging und riss vorsorglich das Mäulchen weit auf, sodass man ihre Zähne bewundern konnte, die sie noch vollzählig besaß – eine absolute Besonderheit. Beate hatte einen speziellen Griff, mit dem sie den pappigen Brei dann häppchenweise zwischen zwei Finger nahm und Enite hinhielt, die ihre Zunge herausschnellen ließ und die Pampe begeistert aufschleckte. So fuhren die beiden fort, bis die Portion aufgefuttert und die Dose leer war. Den Rest leckte Enite von Beates Fingern, die relativ sauber geblieben waren, und auch Enite war kaum verschmiert. Wenn ich mit der Bedienung unserer Ältesten dran war, klappte das nicht so sauber – ich hatte den speziellen Griff eben nicht drauf, und so waren am Ende der Mahlzeiten grundsätzlich Schaf und Mensch ziemlich mit nassen, pappigen Flocken verschmiert. Mir entlockte das meist ein etwas angeekeltes „Bäh!“, worauf Enite nur zu warten schien, denn prompt schoss daraufhin ihre Zunge heraus, wickelte sich um meine Finger und verteilte großzügig Schafspucke. Das fand ich dann noch weniger toll, aber das Vergnügen, das Enite dabei hatte, gefiel mir. *Das könnte ich den ganzen Tag so machen, das ist so lustig!* Ich spürte, dass Enite tatsächlich höchst zufrieden mit ihrem Dasein war. Sie hatte obendrein unglaubliche Flausen im Kopf. Das merkten wir nicht gleich, aber sie lehrte es uns. Eine besonders bescheuerte Idee hatte sie eines Nachmittags. Ich war gerade bei Janti im Heubettchen; wir schliefen beide vor uns hin und genossen die gegenseitige Nähe. Plötzlich rieb Janti hektisch ihr Köpfchen an meiner Wange, bis ich ganz wach war. „Was ist los, Goldschatz? Tut dir etwas weh?“, fragte ich höchst besorgt; Janti hatte massive Nierenprobleme. *Nein, mir gehts recht gut, Enite macht Mist. Sieh doch bitte nach, jetzt gleich!* Ich wusste, dass Janti sich in Schafsbelangen bestens auskannte und niemals irrte. Also nichts wie nachsehen! Ich kämpfte mich aus dem Heu heraus und begab mich zu Enite. Zuerst bemerkte ich nichts Verdächtiges. Sie widerkäute (wie ich annahm) und lag ansonsten ruhig da. Im Stall war es ziemlich dunkel, der ohnehin trübe Tag ließ gegen Abend nur noch wenig Licht durch Türe und Fenster sickern und Enites schwarzer Kopf hob sich kaum von der Umgebung ab. Da ich überzeugt von Jantis Aussage war, beugte ich mich tief über Enite, um den *Mist*, den sie *machte*, unbedingt zu entdecken. Und da sah ich es! Enite wiederkäute nicht, sie zerkaute etwas. Das Etwas entpuppte sich nach einem beherzten Griff in ihr Mäulchen als Teil eines Geschirrtuches, das wir als Unterlage für ihre Heuration neben ihrem Kopf ausgebreitet hatten. Ich versuchte, den Stofffetzen (zu dem das Tuch degradiert worden war) herauszuziehen, was gänzlich misslang. *Verdirbst du mir etwa den Spaß?*, fragte Enite und presste die weichen Lippen aufeinander. „Jawohl!“, sagte ich aufgebracht, „das ist ein gefährlicher Spaß! Lass mich bitte sofort ran!“ Mein ungewohnt strenger Ton und ein Hustenstoß veranlassten Enite, gehorsam den Zugang zu Zähnen, Zunge und Tuchresten freizugeben. Sie hatte es fertiggebracht, einzelne Fäden um die Zähne zu wickeln und mit der Zunge ein langes Stück Stoff bis weit in den Rachen hinunter zu schieben. Daher auch der Hustenreiz. Es dauerte lange, bis ich das zerrissene ehemalige Geschirrtuch in – wie ich inständig hoffte – allen Bestandteilen herausgezupft und -gezogen hatte, immer darauf bedacht, nicht einen Zahn mit herauszureißen. Enite war dann doch dankbar und froh, des Fremdkörpers wieder ledig zu sein: *Äh, danke, ich war da vielleicht etwas unvorsichtig. Bringst du bitte frisches Heu nach? Oder am besten das ganze Frühstück? Man kriegt doch Hunger so langsam.* Aha, sie war unversehrt! Aber - wie war das? „Enite, wieso willst du Frühstück? Es ist bald Abendessenszeit, und du hattest schon ein paar Zwischenmahlzeiten, vom Geschirrtuch mal abgesehen!“ Ich empfing ein verblüfftes Gefühl: *Echt? Na ja, wenn du es sagst. Bring bitte trotzdem was Essbares.* Klar; sie sollte ja nicht hungern, egal, wie man das Futter nennen sollte: Frühstück, Snack, Mittagessen, Zwischenmahlzeit, Abendessen, Nachtmahl, Betthupferl, Mitternachtsstärkung… All das gab es nämlich im Hotel Schafstall.

Künftig gab es kein Geschirrtuch als trennende Unterlage bzw. Serviette mehr, wir trauten Enite nicht, ob sie aus der Sache etwas gelernt hatte; das Heu rutschte dann eben auch mal zu den Augen oder pikste ins Gesicht, bei Strampelreien geriet es zeitweilig sogar an Enites Bauch, von wo sie es sich nicht holen konnte, was sie ärgerte. Aber wir wollten das Risiko einer Wiederholung nicht eingehen. So vergingen die Tage, und am Weihnachtsmorgen war klar, dass Enite zumindest die Feiertage lebendig überstehen würde. Insgesamt hielt ich mit diversen Mitteln und Bachblüten ihren Zustand stabil, die unmittelbare Lebensgefahr war gebannt. Befragt, gab Enite zur Auskunft: *Kein Drama! Ich liege, wie gewünscht. Ich werde bedient, wie gewünscht. Mir fehlt es an nichts, machen wir alle so weiter. Wann gibt es Essen?*
Wir feierten das Fest der Liebe in wirklicher, gegenseitiger, spürbarer und gelebter (Schafs)Liebe – zu meiner Freude ging es Janti besser als die Wochen zuvor, sie nahm mit Appetit ihre weihnachtlich aufgestockten Leckerli-Rationen zu sich, genau wie die anderen Herdenmitglieder. Beate und ich saßen weder beim Essen auf einem Stuhl, noch bei Lektüre und Weihnachtsmusik auf einem Sofa: Wir hockten (bisweilen ein wenig unbequem, aber glücklich) auf Strohballen und alten Kissen und balancierten Teller und Tassen wacklig auf den Knien bzw. stellten sie oben auf dem Rand von Enites Stroh-Burg ab, wo u.a. auch ein batteriegespeister CD-Player, Led-Kerzen in Laternen und natürlich Nachschub für festtäglich-hungrige Schafsmäulchen ihren Platz gefunden hatten. *Fühlreden*, Schlemmen ohne Reue (Veganer unter sich!), Kuschelmuschel – wir alle fühlten uns wohl miteinander, spürten das Besondere der Festtage und unserer Gemeinschaft. Ich kann nicht sagen, dass ich damals schon gewusst hätte, dass es das letzte irdische Weihnachtsfest im Kreise dieser menschlich-tierischen Patchwork-Familie war, aber eine leise, wehmütige Ahnung trug ich in meinem Herzen, als ich in den Augen meiner über alles geliebten wolligen Lebensbegleiter einen tiefen, das Sein bejahenden Frieden leuchten sah. Die unsichtbare, doch spürbare Seelenanwesenheit Karsis und Erecs gab uns allen das Gefühl einer gesegneten, heiligen Weihnacht.
Das Jahr ging dem Ende zu, ein unruhiges, sorgenvolles, aber auch innerlich bereicherndes Jahr voll neuer Erkenntnisse und intensiver Momente tierisch-menschlicher Seelenbegegnung. Die Silvesternacht verbrachten wir natürlich wieder alle gemeinsam, ich bei Janti im Heubettchen, Beate bei Enites Burg, während Obie, Obilot und Hälmchen im Stall umhertigerten

oder sich in einer Ecke niederließen; sie waren zufrieden, unseren Beistand zu haben und zur Beruhigung Rescue-Tropfen zu bekommen. Das Geknall und Gezisch dröhnte in ihren armen, empfindsamen Ohren sicherlich doppelt so unangenehm wie in unseren, dabei war noch gar nicht ganz Mitternacht und somit noch viel mehr Krach zu erwarten. *Ich sehe nicht ein, warum die Menschen so laut sein müssen, sie überhören ja die Stimme der Ewigen Wahrheit!* Nicht zum ersten Mal beanstandete Obilot diesen Umstand; auch bei anderen Gelegenheiten brachte sie (oder auch ein anderes Herdenmitglied!) den Lärmpegel der Welt zur Sprache. Ich musste ihr, wie gewohnt, zustimmen: „Ja, Liebes, das siehst du richtig, aber so sind sie, die meisten Zweibeiner." Obie posaunte: *Und wenn unsereiner was Wichtiges sagt, hört fast keiner hin! Jaaa, so ist das!* Ich beeilte mich ihr zu versichern, dass wir genau hinhörten, was sie zu sagen hatte. *Das weiß ich, darum erzähle ich euch auch so viel!* Und das ist sehr gut so.

Unsere kleine Schutzoase lag so still und friedvoll inmitten der krachenden, knallenden, überlauten Welt, dass die Glocken der Dorfkirche wie ferne feine Himmelsgrüße zu uns durchdrangen. Ich empfing ein zartes Zittern aus der Tiefe der liebevollen Seele meiner süßen Janti, und ich drückte sie an mich, so fest und vorsichtig ich konnte. Was kam da auf uns zu? *Aber jetzt sind wir hier, wir können es genießen!* Janti fühlte mir Freude und Zufriedenheit zu, sie kannte meine Verlustängste, die immer realer und berechtigter wurden. *Nur der Moment ist wichtig, was kommt, ist nicht jetzt. Also sei jetzt einfach mit mir glücklich!* Meine Herzensohren vernahmen denselben Rat von der ganzen Herdenfamilie. Die zutiefst spürbare und bedingungslos mit uns Menschen geteilte Hingabe an das Sein verfehlte nicht ihre heilsame Wirkung; es war unmöglich, länger besorgt und zukunftsorientiert mögliches Unheil zu erwarten, wenn reine Liebe und Jetztbewusstsein Seele und Geist umfingen. Diese Ruhe und innere Stille stimmte uns sanft auf Kommendes ein. So begrüßten wir Menschen und Schafe die ersten Minuten des neuen Jahres nicht mit Lärm und Alkohol, sondern mit einem Dank an das ewige Sein, das uns zusammengeführt hatte und diesen Moment gemeinsam erleben ließ.

Das große irdische Finale

Für Janti, Obilot, Enite, Obie und Hälmchen war dieser Jahreswechsel der letzte, den sie in ihrer irdischen Schutzoase bei und mit uns verbrachten – sie alle sahen im Laufe der kommenden 12 Monate ihren jeweiligen Seelenplan erfüllt. Janti machte Ende Januar den gefürchteten Anfang, ihr folgte gänzlich unerwartet Obilot Mitte Juni; Enite ging Anfang August, Obie nur 20 Tage später noch im selben Monat. Hälmchen hielt aus bis nach Weihnachten, dann war auch sein Auftrag vollendet – mein Herz aber war wie versteinert. Obwohl die Krankheitsphasen sich teilweise zeitlich überschneiden, erhält auf Wunsch meiner geliebten Schafe im Folgenden jedes einzelne Herdenmitglied eine eigene Schilderung seines Aufbruchs für die Reise nach Hause ins Licht.

Jantis Heimkehr in die Geistige Welt

Die ersten Januartage brachten noch keinen vorwarnenden Hinweis; zwar unterstützte ich verstärkt Jantis Kreislauf und Verdauungsorgane mit geeigneten Präparaten, doch diese Notwendigkeit bestand schon seit längerem und mein Liebling fühlte sich einigermaßen wohl: *Es ist gut so, du hilfst meinem Körper sehr, er ist ein bisschen bedürftig geworden.* Steigende Sorge bereitete mir aber ihre Neigung zu Krämpfen, da ihre Nieren erneut schmerzten und die Blase drückte; so erklärte sie es mir und ich suchte sofort nach lindernden Therapien. Wenn Beate ihr Reiki gab, entspannte sie sich und bekam sogar gesunden Appetit, der ihr ein wenig abhandengekommen war. Dieser verringerte Appetit war es dann auch, der mich alarmierte – nicht die Menge der aufgenommenen Nahrung an sich; diese war ausreichend und ausgewogen, dafür sorgte ich. Nein, ich erinnerte mich angstvoll daran, was Janti schon ganz zu Beginn ihrer Erkrankung und auch zwischendurch bei Krisen mir gesagt hatte: *Sei gewiss, solange es mir schmeckt, bleibe ich auch körperlich bei dir; erst wenn das Futtern keine Freude mehr macht, ist es Zeit.* Was damals sehr beruhigend war, beunruhigte mich nun maßlos. Sie hatte noch hinzugefügt: *Ich werde es dir auch sagen, wenn der Ruf für mich gekommen ist.* Oft, wenn ich dicht bei ihr im Heubettchen saß und wir kuschelmuschelten, bemühte ich mich, völlig im Jetzt ihre Nähe zu genießen, ohne einen bangen, schmerzlichen Gedanken an einen eventuellen baldigen Abschied hochsteigen zu lassen. *Ich werde auch nach dem Abschied bei dir sein! Ein bisschen anders halt.* Ich konnte (und wollte) Janti absolut nichts vormachen, sie fühlte alles, was mich betraf. Ich kannte das ja zur Genüge, unsere Lieben konfrontierten uns mit schöner Regelmäßigkeit auf ihre liebevoll-nachsichtige Weise mit unseren ureigenen, noch nicht bereinigten Problemen.

Am Dreikönigstag hatte Janti nur sehr zögerlich ein paar Schnäuzchen voll Frühstücksheu zu sich genommen und arg gekrampft; ich befürchtete schon das Schlimmste, sie fühlte mir aber sanft zu: *Es geht schon, hab keine Angst um mich, bitte. Wenn ihr nachher bei mir esst, nehme ich auch nochmal was.* Wir saßen dann natürlich – wie oft zuvor und die ganzen nachfolgenden Tage – mit Teller und Besteck im Heunestchen und freuten uns wie die Schneekönige, dass Janti sichtlich gern ihre Portionen vertilgte und wir ihre Appetitanreger waren. Beate und ich blieben abwechselnd in ihrer Nähe, während die jeweils andere sich um die restliche Herdenfamilie kümmerte. Enite hatte auch keine überragend gute Zeit, sie wurde zusehends steifer, da sie sich konstant weigerte, ihre ohnehin geringe Bewegunsfähigkeit zu nutzen. Obie lag viel, Obilot fühlte sich unverändert bedrückt angesichts der Kranken und Hälmchen hielt sich bescheiden im Hintergrund. Ich beobachtete alle mit Argusaugen.

Ich habe mich nie für einen Feigling gehalten, aber ich getraute mich nicht, Janti die Frage zu stellen, die mir bleischwer auf der Seele lag – bis mein Spatz während eines intensiven, beseligenden Kuschelmuschels die Initiative ergriff und mir Gewissheit gab: *Ja, ich habe den Ruf bekommen. Er trennt uns nicht, bitte denke immer daran!* Trotz dieser tröstlichen Versicherung fühlte ich mich sehr unglücklich; ich liebte dieses Goldgeschöpf unsäglich. Gleichzeitig wollte ich Janti, gerade auch aus diesem Grund, auf keinen Fall durch meinen Kummer das Herz schwer machen. Also gab ich mir Mühe, die momentan noch gegebene Nähe voll auszukosten ohne an später zu denken. Ich nahm gehäuft die Seelenanwesenheit Erecs wahr, und Janti bestätigte dieses Gefühl: *Er ist ein wundervoller Freund, er ist immer zur Stelle, wenn man ihn braucht. Wir alle, auch ihr beide, sind mit ihm eng verbunden. Das ist wichtig für dich zu wissen, es erleichtert die Erkenntnis einer unsterblichen Gemeinschaft.* Gewiss, es war Seelenbalsam, das zu erfahren. Und doch

sträubte sich jede Faser meines Seins, sich auch nur vorzustellen, dieses zarte, sanfte und zugleich kraftvolle Liebeswesen nicht mehr in den Arm nehmen zu können, kein gemeinsames Kuschelmuschel mehr genießen zu dürfen... *Aber jetzt! Jetzt dürfen wir es doch! Komm, das machen wir!* Ich folgte ihrem Rat, ich blieb jede mögliche Minute bei ihr und genoss lehrreiches *Fühlreden*. Manchmal, wenn Janti gerne Reiki bekommen wollte, schickte ich Beate stundenlang zu ihr ins Heubettchen und beobachtete, wie gut das allen beiden tat. Ich wusste nicht, wie viel Erdenzeit noch übrig war, um offene Seelenfragen klären zu können; ich verspürte noch einen ganzen Packen davon. *Keine Sorge, das können wir auch noch unleiblich erledigen!*, beruhigte mich Janti. *Für das Wesentliche braucht man keinen Körper!*
Aber für ein Leben auf der Erde leider schon. Mit grenzenloser Sorge sah ich, wie der Körper Jantis seine normalen Funktionen mehr und mehr einschränkte und sie, nach meiner menschlichen Einschätzung, bisweilen starke Schmerzen leiden musste. *Nein, das ist nicht so. Ich bin auch gar nicht krank, denn ich habe ein fröhliches Herz! Liebe macht nämlich das Herz fröhlich. Wer in der Liebe ist, ist niemals krank. Das mag zwar so aussehen, aber nur wenig ist ja wirklich so, wie es aussieht.* Meine Bewunderung für Jantis Seelenklugheit wuchs ins Unermessliche. Sie, die verdient hätte, von mir getröstet und gestärkt zu werden, tröstete und stärkte mich! Ich versorgte sie mit allem, wovon ich glaubte, dass es ihrem Körper half, die letzte Wegstrecke möglichst erträglich durchzustehen. Ich war darin erfolgreich, denn jede offensichtliche Erschwernis wie beispielsweise Krämpfe, Unruhe und stagnierende Verdauung konnte ich weitgehend beheben. Ich nahm ausnahmsweise eine reine Symptombehandlung vor, es zählte ja nur noch, Linderung zu schaffen. *Danke, das funktioniert gut.* Ich war glücklich, ihr wenigstens diesen Liebesdienst erweisen zu können; sie erlaubte mir, jede Idee, die ich hatte, an ihr auszuprobieren. Obie tat es ihr später nach. Ich hätte sofort jeden Versuch eingestellt, wenn Janti mich darum gebeten hätte, wie damals Erec. Ich war aber herzensfroh, irgendetwas unternehmen zu dürfen.
Eine Woche vor ihrem Geburtstag wollte Janti nichts mehr zu sich nehmen; Pflaume, Endiviensalat, Rosinen – keiner ihrer Favoriten verlockte sie, selbst die heißgeliebte Brezel besah sie nur argwöhnisch. Ich war todunglücklich, wusste ich doch, was das bedeutete. Ich hatte wenige Tage zuvor eine leichte Tympanie festgestellt, die Wiederkäutätigkeit aber nochmals anregen können und so das Ärgste verhindert. „Ist dir schlecht?", fragte ich, „oder warum möchtest du kein Futter mehr?" *Ach, weißt du, es interessiert mich nicht, ich*

brauche es einfach nicht mehr. Ich knuddelte sie vorsichtig und gab ihr einen Kuss auf die Stirn; zärtlich fühlte sie mir zu: *Oh, das ist fein! Seelennahrung nehme ich gerne weiter zu mir!* Ich beschloss, ihr davon Riesenportionen zu geben. Beate machte sofort mit.
Noch am selben Abend ging es ihr ziemlich schlecht; sie atmete sehr mühsam, war ruhelos und vereinzelt hustete sie sogar. Für eine Unterhaltung war sie zu schwach, ich erspürte aber Hingabe und Akzeptanz, was immer sie erleben mochte. Sie fühlte uns zu, Reiki und körperliche Nähe zu brauchen. Ich blieb die Nacht über bei ihr, richtete mich bestmöglich im Heunestchen ein und legte den Arm um sie. Beate war ebenfalls da und gab ihr das erbetene Reiki. Gegen Morgen ging es ihr plötzlich besser. Sie atmete leichter und trank sogar ihren Fencheltee, den sie anstelle des üblichen Wassers bekam, seit sie häufiger Bauchschmerzen hatte. *Der schmeckt trinkbar, und er lässt sich gut schlucken. Ich nehme gern noch mehr.* Sie schaffte einen knappen Liter. Ihre Nieren waren damit ein wenig überfordert, aber ich ließ sie bewusst so viel trinken, wie sie wollte – sie wusste genau, was sie tat. Es zeichnete sich ab, dass die akute Lebensgefahr noch einmal vorbeigegangen war, aber fraglos war es nur ein Aufschub. Janti verriet mir beim *Fühlreden: Du, wir feiern nochmal Geburtstag! Ja, das darf ich! Freust du dich?* Ich antwortete gepresst: „Liebling, ich freue mich ungeheuer! Ich wünschte nur, es wären noch viele, viele Geburtstage!" Janti sandte mir ein fast schelmisches Seelenlächeln und sagte sanft: *Oh, es werden noch viele, viele sein – im Herzen feiert sichs doch noch viel intensiver!*
Beate hatte frei, sodass sie Janti ausgiebig Reiki geben konnte und wir unseren Herzensspatz nie lange allein lassen mussten. Obie übermittelte mir eine Botschaft von Erec, die besagte: *Meine kleine Zwiebel ist bereit für die Heimkunft, versuche bitte, dich für sie zu freuen. Sie hat Großes geleistet, und ihr habt sie unterstützt. Ich danke euch.* So rückte noch einmal Jantis Festtag heran, der eine große Überraschung brachte: Ich hatte ihr weiterhin mehrmals täglich ein kleines Häufchen frisches Heu vor das Schnäuzlein gelegt, falls sie doch irgendwann Interesse daran verspüren sollte. Sie hatte es stets ignoriert oder mir zuliebe darin herumgewühlt und es hin und her geschoben. Doch heute verputzte sie zwei Portionen zum Frühstück, und sie arbeitete sich durch alle ihre bevorzugten Leckereien. Mein dummes, hoffnungshungriges Herz wollte glauben, die Genesung sei nahe und der drohende Abschied bis auf weiteres vertagt. Die unsichtbare, doch intuitiv

wahrnehmbare verstärkte Präsenz von Engeln und anderen Lichtwesen, die Janti umgaben, half mir aber, die Wahrheit zu erkennen.

Trotz der traurigen Grundstimmung, die Beate und ich nicht abschütteln konnten, gestalteten wir auch diesen Janti-Geburtstag äußerlich so bunt und heiter wie die vorigen. Wir sangen ihr ein Ständchen, ich las ihr ein Gedicht vor, das ich für sie geschrieben hatte – ganz wie in frohen Zeiten. Kaffee, Fencheltee, Wasser, Rosinen, Brezel, Zwieback, Butterkekse, Pelletbrei (sogar diesen verschmähte das Geburtstagskind nicht!), Heu und Salat gab es am Festbüfett für Schaf und Mensch. Janti und ihre Herdenfamilie genossen die reiche Auswahl; ich war gerührt, dass mein Schatz einen so unerwartet guten, sogar „nahrhaften" Tag mit uns erleben durfte. Ich ahnte, dass es ein himmlisches Geschenk für Janti und ihre zwei Menschen war, eine Gnade. *Es ist großartig mit euch, es macht mir Spaß! Nicht traurig sein, es gibt keinen Anlass!* Ich spürte, dass sie sich momentan ziemlich wohl fühlte, und auch, dass sie eine tiefe Freude in sich trug, bald zurückzukehren in die lichte Heimat, zur Einen Liebe.

Als alle gesättigt waren und sich dem wichtigen Akt des Wiederkäuens hingaben, setzte sich Beate zu Enite und Janti lud mich ein zu einem *innigen Sonder-Kuschelmuschel.* Ich war gespannt, warum sie es so nannte. Also drückte ich Janti einen Kuss auf die Nase (daran fanden wir neuerdings beide einen großen Gefallen) und sagte zu ihr: „So, mein Herzblatt, was hast du mit mir vor?" Janti suchte Blickkontakt, und wir sahen uns eine Weile in die Augen, vergaßen Raum und Zeit. *Liebe ist das Wichtigste, immer und überall. Sie bewirkt, dass man die Schönheit in allem erkennt, die sich unterschiedlich zeigt. Ein Moment vollkommener Schönheit und Liebe ist uns jetzt gewährt. Hast du einen besonderen Wunsch? Wir dürfen uns beschenken lassen.* Ich wusste natürlich, dass meine Sehnsucht, dieses einmalige Gottesgeschöpf noch hier auf Erden bei mir behalten zu dürfen nicht erfüllbar war – und Janti fühlte mir sanft zu: *Das ist gar nicht dein Wunsch, dafür hast du mich viel zu lieb, wirklich lieb. Du möchtest mein Heil, meine Heilung. Ich werde immer bei dir sein, das besiegeln wir jetzt mit einem heiligen Herzens- und Seelenbündnis.* Ja, das war es, was ich mir zutiefst ersehnte! Wir kuschelten uns aneinander, fühlten uns gegenseitig Vertrauen und Liebe zu, und ich sagte leise in Jantis Ohr: „Mein Liebstes, ich schenke dir einen Teil meiner Seele, damit ich dir etwas Unverlierbares von mir überlassen kann." Janti antwortete mit süßer Seelenstimme: *Und ich schenke dir dafür einen Teil meiner Seele, damit du mich immer spüren kannst, ohne Zweifel und voller Nähe.* Mein geliebtes

Stubenlamm verströmte eine kraftvolle, beglückende Freude, die uns in eine fühlbare rosafarbene Geborgenheit hüllte und zugleich einen Sog schuf, der uns in reines Bewusstsein zog und untrennbar vereinte. *Es hat geklappt! Oh, wie schön!* Wir saßen Stirn an Stirn und dankten der Einen Liebe ergriffen für dieses Geschenk.
Die letzten beiden Erdennächte Jantis verbrachten Beate und ich beide bei ihr im Heubettchen, wir wollten es alle so. Tagsüber wichen wir ebenfalls kaum noch von ihrer Seite, wechselten uns ab. Es gab keinen Aufschub mehr, der irdische Abschied stand kurz bevor. Jantis Befinden hatte sich deutlich verschlechtert; das Bäuchlein war aufgetrieben, keine Maßnahme zeigte eine bessernde Wirkung. *Ich bin bereit, aber ich weiß, wie hart es für euch beide ist!* Janti hatte kaum noch Kraft, mit mir zu sprechen, aber ihre Liebe strömte unablässig weiter in mein Herz. „Ich möchte nur, dass du wieder glücklich bist – und heil, ganz so, wie du es gesagt hast, Liebling!", flüsterte ich ihr ins Ohr. „Und Beate denkt ebenso." Ich fragte immer wieder nach ihren Wünschen, und ob ich ihr weiterhin Bachblüten und Tropfen zur leichteren Atmung geben durfte. *Ja, tu bitte einfach das, was dein Herz meint,* sagte Janti vertrauensvoll. Ich war tiefunglücklich, traurig, verstört – ich wollte Janti nicht hergeben müssen; die dramatische Karsi-Situation, die unbegreifliche Erec-Erfahrung: Ich hatte beides noch nicht wirklich verarbeitet, wollte nicht erneut leiden. Aber noch viel weniger wollte ich, dass Janti irgendwann zu leiden beginnen würde. Nein! Ich besann mich auf meine übergroße Zuneigung zu ihr und versuchte zu akzeptieren. Am Morgen des letzten Erdentages unseres wunderbaren *Stubenlamms* schenkte mir Janti nochmals ein liebevolles Kuschelmuschel. Ich wusste nicht sicher, ob ich nachmittags noch zu Tim fahren sollte, der anderntags eine Schulaufgabe schrieb. Womöglich war ich dann nicht da, wenn Jantis Seele ihren Körper verließ! Aber mein wolliges Herzenskind beruhigte mich: *Geh nur, das ist für alle gut! Ich bin ja nicht allein. Und ich warte auf dich. Ich möchte euch beide bei mir haben.* Beate war zu Hause, sie versprach, mit Janti ihr geliebtes Reiki zu machen. So fuhr ich los; zuvor küsste ich Janti und wir sahen uns fest in die Augen, ein wortloses Verstehen in Liebe.
Ich brachte nicht so viel Konzentration auf beim Unterricht wie sonst, aber da ich Tim erklärt hatte, wo mein Herz und mein Kopf waren, hatte er vollstes Verständnis für mich, ebenso seine Mutter. Nach dem Unterricht gab mir diese noch ein paar Tipps gegen Jantis Bauchschmerzen (ihr Vater war Tierarzt gewesen), sie wollte einfach nicht glauben, dass es zu spät dafür

war; sie wollte es vor allem um meinetwillen nicht. Ich spürte Jantis wachsende Unruhe, verabschiedete mich und fuhr mit überhöhter Geschwindigkeit Richtung Janti. „Ich komme, Schatz, ich komme!“, liebte ich ihr ununterbrochen zu. Als ich aufgeregt und durcheinander beim Heubettchen ankam, sah sie mir entgegen. Ich streichelte sie, flüsterte tausend unsinnige Worte der Zärtlichkeit und nahm sie in die Arme. Beate tat dasselbe. Janti atmete schwer, wir tupften Rescue-Tropfen auf ihre Zunge und merkten, dass sie sich entspannte. *Ich liebe euch, danke für alles!,* fühlte sie uns zu. Sie zitterte ein wenig; ein Hustenstoß ließ sie erbeben, ein weiterer folgte. Ich war es, die nun Höllenqualen litt. Ich wusste nicht, wie sich mein Liebling fühlte, ihr Husten war der meine, ich wollte ihre Erlösung, wenn es doch keine Rettung mehr gab. Noch immer hielten sowohl ich als auch Beate Janti umschlungen, als ein dritter leichter Hustenstoß erfolgte und ich fürchtete, Janti müsse sich quälen. Mir war, als hörte ich Erecs Stimme tief in mir, die sagte: *Es ist gut, sie ist bereit und sicher.* Ich liebkoste Janti noch einmal und rief ohne zu überlegen: „Raphael! Bitte! Hilf ihr nach Hause!“ Und so geschah es. Jantis Köpfchen neigte sich in unsere Hände, ein sanftes rosafarbenes Glücksgefühl hüllte uns ein, und die Engel nahmen Jantis liebevolle, so unsäglich zärtliche Seele mit sich in die lichte Heimat. Sie sah aus, als schliefe sie. Dies sagten auch unsere Tierbestatter, die wir nun schon zum dritten Mal hatten rufen müssen. Sie standen vor Jantis Lager und betrachteten mit Tränen in den Augen das goldene Herz und das weiße Engelsfigürchen, zwei stumme und doch so beredte Zeugen unserer Liebe zu Janti. Ich hatte unser Schafsmädchen in seine geliebte hellrosa Decke gehüllt; es war Winter, und auch wenn sie die Kälte körperlich nicht mehr spüren konnte, wollte ich ihr wenigstens einen kleinen schützenden Gruß von mir mitgeben. Um den wunderhübschen, weißkruschelwolligen Hals hatte ich ihr ein kleines Amulett gebunden, ähnlich wie schon zuvor ihren vorangegangenen Familienangehörigen Karsi und Erec.

Um Janti irgendwie weiterhin nahe zu sein, schrieb ich ihr viele Gedichte; ihr erstes Gedenkbüchlein war sehr schnell voll; ich hatte ihr noch eine Unmenge von Seele zu Seele zu sagen, daran hat sich bis heute nichts geändert. Eines der allerersten Sehnsuchtsgedichte möchte ich hier als herzlichen Liebesgruß an mein süßes *Stubenlamm* einfügen:

Tag für Tag, mein Liebling,
wünsche ich dich
mir zurück;
Tag für Tag
weiß ich genau,
wie egoistisch dieser Wunsch ist;
Tag für Tag
mühe ich mich
deine vollkommene Freude zu teilen -
eines Tages, mein Liebling,
werden wir
gemeinsam glücklich sein.

Danke, mein tapferes, geliebtes *Stubenlamm*, mein Herzensliebling, für deine liebevolle Nähe, die uns Momente zeitentzogener Glückseligkeit und Gnadenerfahrung geschenkt hat.

Ich vermisste sie in der Folgezeit dermaßen, dass ich innerlich aus lauter Trennungsschmerz vollständig blockiert war und ihre unverlierbare Präsenz kaum spüren konnte. Ich verdanke es Obies liebevoller Bereitschaft, Jantis Botschafterin zu werden, dass ich wieder Zugang zu meinem eigenen Herzen bekam und darin meine tröstliche Verbindung zu Jantis Seele wiederfand. Ich werde bei der Schilderung von Obies letzten Erdenmonaten näher darauf eingehen.

Obilots Aufbruch ins Licht

Janti fehlte mir in vielen Bereichen des täglichen Lebens unvorstellbar; ganz abgesehen von ihrem zärtlichen Naturell und der Empfindung, in ihrer Nähe von Lichtwesen umgeben zu sein, waren es ihre hilfreichen Hinweise auf die Befindlichkeit ihrer Herdenmitglieder, die ich nun entbehren musste. Auch die Seelenfilme hatten mir so manche Vorwarnung geschenkt, und ich fühlte mich ziemlich verlassen und manchmal ratlos. Enites Zustand war für ihre Verhältnisse stabil, ich hatte eine gute Medikation gefunden. Obie sorgte immer wieder mal für Überraschungen und Hälmchen hatte beginnende Verdauungsprobleme. Obilot hinkte und humpelte seit Kurzem eher schlecht als recht durch die Gegend, war aber ansonsten scheinbar gesund. Ich probierte einige Komplexmittel aus, die ihr wenigstens eine erhöhte Trittsicherheit gewährten und sie davor bewahrten, es ihrem fallfreudigen Zwilling nachzutun. Ich rechnete nicht mit Komplikationen aus Obilots Richtung; nach wie vor sah ich Enite als diejenige, die am meisten gefährdet war.

Die abendlichen Hauptfütterungen waren trotz der quälenden Trauer eine mitunter erheiternde Angelegenheit – dafür sorgte in erster Linie keine andere als Obilot. Rosinen, die sie stets *Korinthen* nannte, hatten es ihr angetan. Um sie zu ergattern tat sie einfach alles. Ich machte die Runde mit den verschiedenen Leckerlis und brachte Enite und Obie ihre Portionen an den Liegeplatz; Enite stand sowieso nicht mehr auf und Obie auch nicht mehr oft, also wurden sie *extra beliefert*, wie Obilot anmerkte. Ich marschierte demnach quer durch den Stall, getreu verfolgt von Obilot, die mich und das Döschen mit den getrockneten Sehnsuchtsfrüchten nicht aus den Augen ließ. Ich gab immer ihr die erste Ration, da sie gar so glücklich damit war, aber sie war der Ansicht, dass dies nicht genügte. Natürlich konnte ich dem flehenden Blick und dem leisen, bittend-auffordernden Gegrummel nicht widerstehen und schob ihr so manche Extrakorinthe ins Mäulchen. Hälmchen wartete derweil brav beim Heuschober, bis er an der Reihe war. Obilot schnüffelte mich übrigens grundsätzlich bereits beim Betreten der Weide nach Köstlichkeiten ab, schob dabei ihr Näschen vorwitzig in die Jackentaschen oder beklopfte mich mit den Hufen. Eines Abends hatte ich leichtsinnigerweise die Proviantasche unbeaufsichtigt auf einem der niederen Querbalken stehenlassen; Beate war mit Enite beschäftigt und ich kümmerte mich um Obie. Mit einem kaum hörbaren Plopp landete die Tasche auf dem strohgepolsterten Stallboden, was ich erst später merkte – das Geräusch hatte ich als irrelevant eingestuft und ignoriert. Erst ein Rascheln, Schaben und schließlich herzhaftes Schmatzen erregte meine Aufmerksamkeit. Ich sah, wie Obilot den Kopf tief in der verführerischen Tasche versenkt hielt und Dosen und Tüten herausgezogen hatte, die nun teils offen herumlagen. Allerhand Nützliches (aber Ungenießbares!) wie Taschenlampen und Handschuhe gruppierten sich um das Hinterteilchen des fündigen Schafsmädchens. „Obilot!", rief ich leicht ärgerlich, „was machst du denn da?! Also, was soll denn das?!" Statt ihre Klugheit zu loben, brüllte ich sie beinahe an, was mir noch heute leidtut. Ich hatte einfach die Befürchtung, sie könnte Plastik oder andere schafsgefährliche Dinge erwischen. Nicht auszudenken! Obilot hob ihren Kopf aus den futterreichen Tiefen der Tasche und meinte etwas verdattert: *Da sind Korinthen drin, es ist doch viel einfacher, wenn ich sie selbst hole, das macht euch weniger Arbeit. Die anderen Sachen beachte ich nicht.* Ich kraulte sie zärtlich am Hinterkopf und sagte einlenkend: „Schon in Ordnung, Schatz, ich möchte nur nicht, dass du zu viel von den Korinthen nimmst, das ist sehr ungesund!" Obie warf fröhlich und ungefragt ein: *Hm, so satt machen die aber nicht, wenn man bloß wenige bekommt! Also, ich bin da ganz der Meinung meiner Schwester!* Ich erklärte den lieben Naschkatzen (Pardon: Naschschafen) den Unterschied zwischen Snack und Hauptmahlzeit, was sie jedoch wenig beeindruckte. Es war unterhaltsam und erfreulich, die Senioren bei jugendlich ambitionierten Unternehmungen zu beobachten – es wird noch einiges zu berichten sein – zeigte es doch, dass sie sich das Interesse an ihrer Umgebung bewahrt hatten und ihre diversen Handicaps sich nicht negativ auf ihre Lebensfreude auswirkten; das war (und ist) mir sehr wichtig.

Meine innere Alarmbereitschaft war jetzt 24 Stunden am Tag und auf Höchststufe eingestellt, denn ohne die Seelenbotschaften Jantis musste ich mich auf meine Liebesinstinkte verlassen. Obie bemerkte meine immense Unruhe und meine Unfähigkeit, mich ohne Selbstmitleid einfach für Janti zu freuen. *Das Stubenlamm ist restlos glücklich, na ja, fast restlos.* Ich erschrak. „Was fehlt Janti denn?", fragte ich besorgt. *Hm, natürlich nichts, aber sie wünscht sich selbstverständlich, dass du auch glücklich bist. Ist doch logisch.* Ich schämte mich. *Das ist unnötig, sei einfach wieder froh!* Ich brummte verzagt: „Als ob das so leicht wäre, ich bin ja kein Schaf." *Aber lange genug mit uns zusammen, da ist sicher einiges hängengeblieben!* Das stimmte, ich gab mir daraufhin noch größere Mühe.

Obilot rieb in den folgenden Wochen häufig ihr Köpfchen an meiner Hand, und ich spürte dann jedes Mal die Seelenpräsenz ihrer Mutter. Ich ahnte nicht, dass die Häufigkeit ihrer geschenkten Nähe den nahenden irdischen Abschied ihrer treuen Botschafterin ankündigte. *Wir kennen unsere Aufgabe, und wir erfüllen sie. Ihr Menschen tut euch da oft viel schwerer!* Das sah Obilot völlig richtig, sogar ich war von Zeit zu Zeit im Zweifel, worin denn nun meine ureigene Aufgabe bestand. *Was? Das fragst du? Ich hoffe, das ist ein Scherz!* Obie war entsetzt über meine Selbstzweifel. Karsi ließ mich durch Obilot wissen: *Der richtige Weg ist ganz einfach zu erkennen: Wenn sich das, was du tust, richtig anfühlt und du bereit bist, dein Handeln notfalls zu verteidigen und klar dazu zu stehen, dann stimmt alles. Dann ist jeder Zweifel vergeudete Kraft, die du stattdessen lieber in deine Herzensangelegenheit investierst. So ist das immer.* Ich verstand die Botschaft, ich lebe bis heute danach: Ich möchte meinen Mitmenschen aufzeigen, wie anmaßend es ist, von „Nutztieren“ zu sprechen und sie gegen Haustiere abzugrenzen, ja sogar sie auszugrenzen, wenn es um gelebte Tierliebe geht. Ich stimme voll und ganz mit Obilot überein, die mir zu diesem Thema sagte: *Alles Lebendige ist von der Einen Schöpferkraft beseelt, die unterschiedslos aus der Einen Liebe heraus Leben schenkt. Unterschiede macht nur der Mensch, der beurteilt und bewertet, der verurteilt und abwertet.* Meine sieben wolligen Goldschätze haben mir (jeder Schatz auf seine individuelle Art) unbezweifelbar bewiesen, dass ein enges, vertrautes und familiäres Miteinander mit ihnen ebenso möglich ist wie mit Hund oder Katze.

Über ihr eigenes Befinden verriet mir Obilot nicht viel; ich bemerkte, dass sie weiterhin gerne fraß, umherlief so weit und gut es klappte, und dass sie immer noch ein wachsames Auge auf Obie gerichtet hielt, die jetzt ebenfalls eine eigene Stroh-Burg bekommen hatte und nur noch gelegentlich auf die Beine gestellt werden wollte, um nicht gänzlich zu versteifen, denn: *Ich habe nicht die verquere Absicht und Denkweise meiner großen Schwester!*, verkündete sie gleich mehrmals. Obilot legte sich für jede Pause vor die Burg Obies, sie suchte sich keinen anderen Platz mehr. Einen kleinen pragmatischen Vorteil bot ihr dieser Akt der hehren Schwesternliebe obendrein: Wenn ich mit Leckereien (z.B. *Korinthen*) zu Obie kam, konnte sie auch gleich ohne jede Anstrengung mitfuttern. Ich vermochte keine krankhaften Veränderungen bei ihr festzustellen, sie zeigte lediglich Symptome, die jenen einer Erkältung ähneln, die ich trotz bewährter, sonst gut wirksamer Maßnahmen nicht wegkurieren konnte. Dieses Rätsel fand aber eine plötzliche und sehr einleuchtende Erklärung: Eines Vormittags nieste Obilot heftig, und vor ihr auf dem Stallboden krümmte sich eine Nasendassellarve – nun war mir alles klar und ich konnte wenigstens die gereizten Schleimhäute erfolgreich behandeln.

Obies vermehrtes Liegen bzw. Sitzen bereitete Obilot allerdings großes Unbehagen. *Ergeht es uns allen so? Ich will das nicht! Das gehört nicht zu meiner Aufgabe.* Ich beruhigte sie: „Liebling, wenn ihr mir eines beigebracht habt, dann dies: Nichts geschieht, was uns nicht bestimmt ist oder was wir nicht bewältigen können. Sei also ganz unbesorgt." Obie zeigte sich beeindruckt von meinen Worten und lobte mich: *Gut aufgepasst, so ist es; das hat dir sicher das Stubenlamm so deutlich gesagt! Hm, mein Zwilling hat wohl ein Problem, mach mal bitte was!* Ich fragte mich, wie ein solch einfühlsames, kluges Schaf wie Obilot, ein völlig im Jetzt lebendes Wesen, eine Art Zukunftsangst entwickeln konnte, und das schon seit längerer Zeit. Sie gab mir eine nachdenklich stimmende Antwort: *Wir Tiere nehmen euch Menschen vielerlei Ängste ab, damit ihr freier leben könnt. Aber abgesehen davon haben auch wir unsere eigenen Schwachpunkte, die wir überwinden sollen. Ich helfe gern, ich vermittle gern und ich liebe euch. Ich will aber meine Freiräume nicht aufgeben, ich will stark und unabhängig bleiben. Schwäche liefert uns aus. Das heißt aber nicht, dass ich euch nicht vertraue, bitte verstehe mich nicht falsch!* Ich verstand, und heute verstehe ich noch viel besser: Obilots Aufgabe war es in der Tat nicht, durch eingeschränkte körperliche Beweglichkeit meinen und Beates Geist neu auszurichten, ihn zu unbekannten Ufern aufbrechen zu lassen – sie war Karsis Botschafterin, und ihre Botschaften bewegten viel in uns.

Mit Bachblüten und viel Zuwendung stärkte ich Obilots Zuversicht; deshalb traf es mich völlig unvorbereitet, als sie am Pfingstmontag hohes Fieber hatte und sich nur schwankend vorwärtslavierte. Ihre Atemfrequenz war stark erhöht, der Puls raste. Ihr Appetit war unvermindert, die Verdauung in Ordnung. Ich hatte sie sofort gründlich untersucht, als ich bei der Frühstücksrunde ihre hechelnde Atemweise bemerkte. Es war bereits hochsommerlich warm, obwohl es erst auf Mitte Juni zuging. Da die anderen Schafe dennoch nicht schwerer atmeten, lag es nahe, dass sie krank war. Obilot legte sich am Spätvormittag wie gewohnt vor Obies Burg nieder und blieb für den Rest des Tages dort liegen. *Ich muss etwas klären*, fühlte sie mir zu. „Darf ich dich mit Medikamenten dabei unterstützen?", fragte ich sie vorsichtig. *Ja, das ist in Ordnung, vielen Dank.* Ich war erleichtert, dass sie sich nicht vor mir verschloss. Zunächst gab ich ihr eine Stärkung für Kreislauf und Immunsystem, da sie auf meine Bitte hin ihre körperlichen Hauptbeschwerden genannt hatte: *Ich fühle mich ganz dusselig, schwindlig und grippig. Ich muss mich sortieren, da ist alles aus der Balance in mir. Aber ich bin nicht traurig und auch nicht durcheinander, das ist nur mein Körper.* Bis zum Abend hatte sich die Atmung normalisiert und das Fieber war gesunken. Sie leerte sogar ihre Schüssel mit Karottenscheiben und Dinkelflocken ziemlich rasch und alleine, denn manchmal ließ sie einen Rest übrig, dessen sich Obie dann stets freudig-verfressen annahm. Ich verabreichte ihr nun dennoch zusätzlich Rescue-Tropfen, da sie unruhig wirkte und so besser einschlafen würde. Wir blieben bis spät in die Nacht im Stall, um bei einer Krise sofort zur Stelle zu sein. *Ihr braucht nicht bei mir zu bleiben, es geht schon. Ich möchte, dass ihr euch ausruht!* Es war klar, dass sie lieber ihre Ruhe wollte, und wir verabschiedeten uns von allen Stallbewohnern mit viel Streicheln und etlichen Betthupferln aus Zwieback und Apfelringen. Obilot gab ich ein paar *Korinthen* extra, was sie sehr freute. „Bitte rufe mich mental, wenn du doch Hilfe brauchst!“, bat ich Obilot eindringlich, bevor ich mit Beate ins Haus ging. Ich hoffte inständig, das Richtige zu tun. Von Obie bekam ich die hilfreiche Mitteilung: *Wenn sie zu stur sein sollte, bin ich auch noch da! Ich rufe dich, wenn es unbedingt nötig ist, versprochen!* Auf Obie war immer Verlass, das wusste ich.

Der folgende Morgen führte zu keinen neuen Erkenntnissen; Obilot fraß und verdaute weiterhin gut, das Fieber sank. Sie suchte auffallend oft meine Nähe und vermittelte mir mehrmals die Seelenanwesenheit Karsis. *Was wir als Ende empfinden, ist oft nichts anderes als ein neuer Anfang.* Karsis Botschaft hätte mich vorwarnen sollen, aber ich grübelte erfolglos über die Worte nach, da ich nicht darauf gefasst war, Obilot sehr bald schon loslassen zu müssen. Es ging ihr besser, daran klammerte ich mich. Wieder stärkte ich ihren Organismus, beschäftigte mich intensiv mit ihr und brachte das Fieber völlig zum Verschwinden; sie klagte auch nicht mehr über Kreislaufbeschwerden. Allerdings konnte sie nur unter höchster Anstrengung laufen, die Gehfähigkeit verschlechterte sich fast von Stunde zu Stunde. All meine und Beates Versuche fruchteten nichts, Reiki nahm ihr die Schmerzen, mehr war nicht zu helfen. Wieder fragte ich, ob wir eine Nachtschicht im Stall oder zumindest im Schäferwagen einlegen sollten, aber Obilot wünschte uns eine *gute Nacht im Haus, seid ganz beruhigt.* Auch von Obie erfolgte keine anderslautende Mitteilung. Am Mittwochmorgen konnte Obilot sich nicht mehr erheben; sie lag wie am Vorabend auf ihrem Platz vor Obies niedriger Stroh-Burg, doch die Wasserschüssel war umgeworfen und eine aufgewühlte Strohschicht führte zu Obilots Lager. Unser Schafsmädchen war wohl irgendwie zur Schüssel und wieder zurück gerobbt. „Konntest du noch trinken?“, fragte ich erschrocken. *Ja, das klappte, aber dann ging alles etwas anders als gewollt. Und jetzt gehe ich gar nicht mehr! Es ist passiert!* Ihre Seelennot schnitt mir ins Herz. „Sei ganz ruhig, das wird sich erst zeigen“, versuchte ich sie zu trösten. Einige Gaben Rescue verhalfen ihr zu größerer Gelassenheit, sie meinte schließlich: *Wo war denn mein Vertrauen? Jetzt verstehe ich euch viel besser, das ist ein schlimmer Zustand! Danke, ich richte mich wieder in mir ein.* Gerade wollte ich fragen, was das bedeuten mochte, als sie erklärend fortfuhr: *Meine Gelassenheit kehrt zurück, mein Vertrauen in meine Aufgabe und deren Erfüllung.* Das klang wenigstens nicht mehr verzweifelt. Ich wandte mich notgedrungen pragmatischen Gedanken zu. Sie brauchte vorerst einen geschützten Liegeplatz. Wir beschlossen, Obilot an Ort und Stelle ein weiches Bettchen zu richten, mit Unterlage und einer etwas verkleinerten Strohmauer – hoch genug, damit Hälmchen nicht über seine Tante stolperte und niedrig genug, damit die Zwillinge einander sehen konnten. Während Beate Decken zusammensuchte, das Stroh brachte und alles vorbereitete, saß ich neben Obilot auf dem Stallboden, wo ich uns beiden eine dicke Heuschicht untergelegt hatte. Obilot war sehr zutraulich und anschmiegsam, sie legte sogar ihren Kopf in meinen Schoß und ließ sich unentwegt kraulen und streicheln – ungewöhnlich, aber sehr schön. Ich fragte sie, ob sie einen besonderen Wunsch habe. *Nein, ihr wisst bestens, was ich brauche, das erleichtert alles. Ich bin jetzt auch ganz zufrieden, ich muss nichts mehr leisten, das ist gut.* Ich konzentrierte mich auf die Bilder, die sie mir sandte und fühlte mich in sie ein, bis ich plötzlich einen goldenen Punkt wahrnahm, der Karsis Nähe signalisierte, deutlicher als je zuvor. Dann strahlte ein zweiter goldener Punkt auf, der Obilots Seelenessenz zu sein schien. Beide Punkte glänzten, strahlten und flossen schließlich ineinander. Mir war, als hielte ich Obilot und Karsi zugleich im Arm. Ich empfing Dank und Liebe, und ich fühlte ihnen dasselbe zurück. Ich genoss diesen Augenblick, aber seine Bedeutung erkannte ich erst später: Karsi wusste, dass Obilots irdisches Leben zu Ende ging und sie verabschiedete sich auf diese Weise von mir; es war Obilots letzte Aufgabe als ihre Botschafterin.

Wir betteten Obilot auf Beates altes Meditationskissen, das auch Janti eine Zeitlang als Unterlage gedient hatte und erbauten auch um sie herum eine kleine Stroh-Burg. Nun war der Stall um einiges enger geworden, Hälmchen meinte etwas ratlos: *Da sind lauter Stoppschilder, und die Gassen sind weg.* Ich sah ein, dass er die Hindernisse beschwerlich fand, aber wir lotsten ihn ein paarmal zur Stalltüre und ins Freie, was er schnell begriff; so kam er zurecht. Ich betrachtete die „Burgenlandschaft" und erinnerte mich deutlich an Jantis Seelenfilm, der mir genau dieses Bild vermittelt hatte. Jetzt verstand ich. Janti wusste schon damals, was geschehen würde, zeigte es mir, ich aber kapierte nicht viel. Obilot akzeptierte die Unterbringung und Einschränkung ihres Freiraums widerwillig, aber schlussendlich einsichtig: *So ist es eben, für den Moment.* Wir wichen kaum von ihrer Seite, und am Abend fraß sie fast die ganze normale Portion Frischfutter; ein Restchen blieb übrig. Ich war darüber nicht sehr beunruhigt, da dies öfter vorkam; allerdings gab ich nicht wie gewohnt Obie die Reste, denn immerhin hatte Obilot zuvor gefiebert und eine klare Diagnose lag nicht vor. Als Nachtisch gab es *Korinthen*, hier punktete Obilot wie gewohnt mit begeistertem Appetit. Nichts wies darauf hin, dass ihre Seele beschlossen hatte, den Körper zu verlassen. Ich gab meiner Süßen einen Gutenachtkuss und fragte nochmals, ob sie etwas brauchte, oder ob wir bei ihr bleiben sollten. *Nein, ich bin mit mir im Reinen, Danke. Danke für die Liebe! Danke!* Es klang lieb und endgültig, aber ich begriff noch immer nicht, Beate ebenso wenig.

Wir fanden Obilot leblos vor, als wir morgens zum Stall kamen. Die Sonne schien strahlend auf ihr hübsches rötliches Wollepelzchen, die schützende Decke hatte sie weggestrampelt. Sonst sah alles friedlich aus. Es war der 12. Juni, ein Tag vor Enites 20. Geburtstag. Fassungslos standen wir vor ihr, sehr traurig und doch zugleich froh für Obilot, der ein Liegenmüssen, das sie so sehr gefürchtet hatte, erspart geblieben war. Sie hatte ihren Auftrag aufs Beste erfüllt und durfte gehen. Dieser unerwartete, zumindest verdrängte Abschied zog mir den letzten Schleier der Selbsttäuschung vom Seelenauge: Ein Goldschatz nach dem anderen würde dieses Jahr dem Ruf der Einen Liebe folgen, zu ihr zurückzukehren. Ich strich Obilot über die Stirn und liebte ihr zu: „Hab Dank, meine großartige, geliebte Botschafterin. Du bist unvergessen, wie ihr alle."

Mir blieb nichts mehr zu tun, als auch ihr ein kleines Amulett umzubinden und sie zuzudecken; die frechen Stallfliegen sollten nicht über ihr Gesicht und ihren Körper rennen. Es war heiß, wir mussten die Tierbestatter möglichst schnell holen. Ich wäre lieber noch eine Weile einfach so bei ihr gesessen, zeitlos und noch immer verbunden. Obie, Enite und Hälmchen verhielten sich ruhig, sie ließen sich ihr Frühstück schmecken, doch ohne die sonst üblichen Bemerkungen und kleinen Eigenheiten. Sie wussten Bescheid, hatten es schon vor uns getan. Ich wagte erst einige Zeit später, Obie nach den Geschehnissen in jener Nacht zu fragen; sie sagte nicht viel: *Jeder geht diesen Weg allein zu Ende, selbst wenn hundert Leute um ihn herumstehen. Meine Zwillingsschwester hatte es eilig, und es wurde ihr bewilligt – ich bin schon ein bisschen sauer gewesen, und ich vermisse sie auch. Ihr habt nichts falsch gemacht, sie wollte ohne Verzögerung los. Eure besorgte Liebe hätte sie festgehalten, zumindest meinte sie es. Und ich glaube, das ist tatsächlich so.* Ja, ich auch.

Es war den netten Tierbestattern anzusehen, wie leid es ihnen tat, schon wieder in Aktion treten zu müssen. Gut 19 Wochen nur lagen zwischen Janti und Obilot – eine für mich unfassbar kurze Zeit, in der es mir nicht einmal ansatzweise gelungen war, mit meiner Trauer um Janti fertigzuwerden. Und nun der erneute Tiefschlag. Achtsam und in Ruhe, wie die vorigen Male, wurde auch Obilot auf die Bahre gelegt und wir konnten uns noch einmal von ihr verabschieden – ein letzter Kuss auf die hübsche Stirn, ein letztes Liebeswort.

Mit Obilot hatte ich auch meine Botschafterin Karsis verloren; mein Verlust war zweifach und wog schwer. Ich musste mich zusammennehmen, um nicht zu hadern und zu klagen. Es war so schnell gegangen! Ich hatte gar keine Zeit gehabt, mich wirklich auf die Situation einzustellen und mich innerlich zu wappnen. Ich fühlte mich im Stall unwohl und im Herzen unvollständig; diese Empfindung fasste ich für Obilot in Worte und schrieb in ihr Gedenkbüchlein:

Ohne dich
fühlt sich der Stall
nicht richtig an,
fehlt
ein pochendes Herz
und eine liebende Seele -
ohne dich
fühlt sich
in mir
etwas falsch an,
weil du,
mein geliebtes Mädchen,
mir fehlst.

Es folgten viele weitere Gedichte und Texte, auch heute noch kommt das Büchlein zum Einsatz und füllt sich weiter. Es ging so schnell, süße Obilot, aber es war gut für dich. Und auch für uns, deine Menschen; es hätte uns sehr geschmerzt, deinen Kummer zu sehen. Wir liebten und lieben dich sehr.

Ein langer Weg zum Ziel: Abschied von Enite

Auch wenn uns nicht nach feiern zumute war, es galt, Enites Zwanzigsten am Folgetag dennoch festlich und dankbar zu begehen. Wir waren freudig erstaunt, dass sie es tatsächlich geschafft hatte. Doch bis dahin war es ein anstrengendes Auf und Ab gewesen, Zeiten der tiefsten Sorge und Zeiten des erleichterten Aufatmens hatten sich abgewechselt. Während der ersten Monate des neuen Jahres hatte Enite mich immer wieder gefragt: *Bin ich jetzt schon zwanzig?* Vor allem fragte sie, wenn sie eine miese Phase durchmachte, mit Durchfall und zeitweiligem Augenzittern. Dieser Nystagmus trat nur dann auf, wenn wir sie hochhoben und umdrehten, damit sie keinen Dekubitus entwickelte. Sie regte sich jedes Mal derart darüber auf, dass sie beinahe kollabierte. *Ich will doch nur liegen, das wisst ihr! Muss das sein?* Es musste. Des Weiteren kämpfte sie mit einigen Hautausschlägen, die durch den Heustaub hervorgerufen wurden und zwischendurch kam es zu kleineren Verletzungen am Auge, wenn ein besonders hartes Heuhälmchen in die Lidbindehaut stach. Bei all diesen Unpässlichkeiten konnte ich ihr helfen, sie wieder loszubekommen. Nur zum Sitzen konnte ich sie nicht bringen, obwohl sich ihre Beweglichkeit stark verbessert hatte, da ich – anfangs sehr zum Missfallen unserer „Miss Weide“ (jetzt eher: „Miss Stall“) – ein paar physiotherapeutische Maßnahmen ergriffen hatte. *Älteren, ja eigentlich hochbetagten Ladies sollte man ihren Willen lassen, er ist von Lebenserfahrung durchdrungen und verdient Respekt. Ihr seid zu jung, um das zu erkennen, aber ihr meint es gut, das ist die Hauptsache. Macht einfach, was ich euch sage.* Nun, meist taten wir das auch, es sei denn, ich musste zu ihrem Wohl ein tierheilpraktisches Machtwort sprechen. Enite war sich unserer uneingeschränkten Fürsorge und Liebe sicher, sie genoss offensichtlich sogar ihre Stellung als ältestes Schaf der Familie, bewundert von uns für ihre dickschädelige Selbstbehauptung und ihren Lebensmut. Auf diese Art und Weise brachte sie es fertig, ihr Ziel zu erreichen und zwei Jahrzehnte zu vollenden.

Schon ein paar Tage vor diesem denkwürdigen Ereignis war uns Enites Appetit aufgefallen, der sowieso ausgeprägt war, sich nun jedoch langsam ins beinahe Ungesunde steigerte. Ich fragte mich zuerst, ob vielleicht eine Stoffwechselstörung vorlag; mein überwacher Instinkt für meine Schafe sagte aber etwas anderes – Enite verfolgte einen finsteren Plan. Einen, den sie für genial hielt. Ich vermutete, dass sie sich überfressen wollte, weil sie meinte, dies sei ein toller Tod. Dass man daran nicht unbedingt gleich stirbt, sondern erst einmal unter Umständen von großer Übelkeit und verschiedenen anderen Beschwerden geplagt wird (die **ich** dann wieder richten darf!) war ihr wohl entfallen. Obie bestätigte meine absurd scheinende Idee: *Fressen ist super, das finde ich auch. Bis zum Schluss, und da ganz enorm viel und Gutes! Man muss das ausnützen, und wenn man Geburtstag hat, gibt es bekanntlich besonders feine Sachen und auch mehr als sonst. Schon ein genialer Abgang.* Von wegen! Natürlich wollte ich Enite nicht hungern lassen, aber davon waren wir meilenweit weg. Ich besprach mich mit Beate, die ihrem absoluten Herzensgoldschatz zum Wiegenfest wahrlich jene Genüsse in Fülle darbieten wollte, von denen die wollige Jubilarin träumte. Wir beschlossen, zwar viele Leckereien zu genehmigen, diese aber streng zu portionieren. Die vermehrte Nahrungsaufnahme der vorigen Tage hatte prompt ein paar Unregelmäßigkeiten in der Verdauung ausgelöst, es durfte nicht passieren, dass auch noch die Mägen in ihrer Arbeit überfordert wurden und das Wiederkäuen Probleme machte – ich war gebranntes Kind von Tympanie und Co.

Wir feierten unser erstes Lamm, das in die Jahre gekommen war, mit Pomp und Glamour, mit Herzgirlanden, Gesang, und Literatur: Ich las Enite ein Kapitel aus meinem Buchkonzept über die Jugendjahre unserer Herdenfamilie vor, jenen Abschnitt, der den Tag ihrer Erdenankunft beschrieb. Als ich damit fertig war, hob sie den Kopf vom Stroh, drehte ihn in meine Richtung und ließ mich telepathisch wissen: *Vielen Dank, da fühle ich mich gleich wieder jung. Und jetzt ran an die Delikatessen, ich verhungere sonst.* Sie kam nicht zu kurz, jede ihrer Lieblingsspeisen wurde ihr vor die Schnauze gelegt oder hineingeschoben, auch Obie und Hälmchen durften mitschlemmen. Es sollte schließlich eine Party sein, so sehr uns alle auch Obilots Fehlen betrübte. Wie glücklich wäre sie über die Festkorinthen gewesen, deren Menge ein wenig großzügiger als üblich bemessen war. Bevor wir den lieben Stallinsassen eine gute Nacht wünschten, sagte ich zu unserem Geburtstagsschaf: „Na, Enite, wie war dein Tag?" Sie rubbelte ihre Nase freundlich an meiner Hand und meinte: *Sehr schön, danke! Nur schade, dass es so wenig zu essen gab, das*

hatte ich mir anders gedacht. Wenig? Jetzt wusste ich sicher, dass ich Madame (aus Liebe und Verantwortungsbewusstsein!) überlistet hatte.
Und so trotzte Enite weiterhin den Gesetzen, wie sie vor Monaten entschieden hatte. Die nachfolgend geschilderten Eskapaden und Aussprüche unseres ersten und langlebigsten Lammes zeigen, dass selbst in der letzten Lebensphase und bei stark beeinträchtigter Gesundheit das Dasein intensive Freudenmomente bergen kann und das Leben bis zum Schluss lebenswert ist. Daran lässt Enites Durchhaltevermögen und Lebensbejahung keinen Zweifel.
Ich konnte mir nicht verkneifen, Enite nach der Ursache ihres ausgeprägten Geburtstagsappetits zu befragen; womöglich lag ihm eine tiefe seelische Störung zugrunde, die einer Behandlung bedurfte. Auch machte ich mir Gedanken darüber, ob ich womöglich Enite gegen ihren Willen am Leben hielt durch all meine Stärkungsmittelchen. Ich wollte soeben das mentale Gespräch eröffnen, als ich bereits Kontakt zu ihr spürte, den sie selber hergestellt hatte. *Was soll der Blödsinn? Sehe ich elend und sterbenswillig aus? Ich hätte gern, wenn schon, einen genüsslichen Tod gehabt, ja, aber egal jetzt. Du hast es mir vermasselt, auch gut. Wahrscheinlich war es einfach noch nicht Zeit. Und nein, ich habe keine Seelenprobleme, wo sollte ich die herbekommen? – He! Schreibst du das etwa auf? Werde ich jetzt berühmt?* Ich kitzelte sie unter dem Kinn, das wir beide mal wieder mit klebrigen Flocken verschmiert hatten, und sagte erheitert: „Liebe Enite, du wirst eher berüchtigt, aber das ist auch eine tolle Sache. Bist du einverstanden, wenn ich dich weiterhin mit passenden Naturheilmitteln behandle?" Sie sandte mir das Äquivalent eines mentalen Kicherns und meinte: *Klar, ich will dir doch helfen!* Ich stutzte kurz, dann wollte ich es genau wissen. „Du mir? Ich dachte immer, **ich** würde **dir** etwas Gutes tun!" Enites Antwort fühlte sich fast wie der Seufzer an, den Janti immer parat hatte, wenn ich mit Menschenlogik daherkam. *Also, sagen wir, es ist gegenseitig. Du musst einiges lernen und ausprobieren, und ich auch.* Bevor sie weiter ausholte und mich darauf hinwies, wie klar mir das doch sein musste nach all den Jahren, sagte ich schnell: „Kapiert, akzeptiert, so geht es uns mit euch allen. Aber gib bitte Bescheid, wenn ich dich mit Medikamenten in Ruhe lassen soll." Ich verspürte ein innerliches *Okay, geht klar.* Dann bekam ich die ultimative Aufforderung, mit Heu und Frischfutter herauszurücken, *ohne Hintergedanken, einfach zum Mittagessen.* Ich sparte es mir, Enite darüber aufzuklären, dass es eher das Abendessen war; ihr Zeitgefühl kam seit längerem reichlich durcheinander, wie mir schien.

Auch ohne Maxi-Fressorgie musste ich in immer kürzeren Abständen Enites Verdauung regulieren; es war zur Zeit der Fußball-WM, als sie anfing, pferdeäpfelgroße Kugeln zu produzieren, die an weiche, braune Fußbälle erinnerten. Enite hatte die unfeine Angewohnheit, diese „Bälle" vehement von sich zu kicken, möglichst, wenn Beate gerade dabei war, für Hygiene und Sauberkeit in der Stroh-Burg zu sorgen. Ich beobachtete die beiden dann grinsend, und einmal sagte ich scherzend zu unserer wolligen Kickerin: „Na, Enite, willst du für Kamerun oder für Deutschland antreten?" (Ich darf daran erinnern, dass Enite ein Mufflon-**Kamerun**-Skuddenschaf war und viel schwarzbraune Wolle trug.) Ich staunte nicht schlecht, als sie hochnäsig erwiderte: *Wenn ich könnte, dann für Deutschland. Ich gehöre gern zu den Siegern.* Zu diesem Zeitpunkt war noch längst nicht klar, wer Weltmeister werden sollte. Enite landete damit bekanntlich einen Volltreffer; als ich damals spaßeshalber ein paar Skeptikern der Tierkommunikation davon erzählte (natürlich sofort und nicht erst, als sich die Wahrscheinlichkeit abzeichnete!), waren sie hinterher sehr, sehr verblüfft und wurden sehr, sehr nachdenklich. Uns allerdings, Beate und mich, überraschte Enites richtige Prognose nicht, wir erlebten täglich Wunder und Wunderbares mit unseren Lieblingen.

Eine andere Unart Enites, die uns ebenfalls erheiterte, war ihre fressgierbedingte Ungeduld. Wenn ich den Stall mit einer Tüte feinsten Bio-Kräuterheus betrat, raschelte ich stets ein bisschen gemein mit der Verpackung, bevor ich die Leckerei an alle auszuteilen begann – zu sehr gefiel es mir, damit sofort Enites Protestgeblök auszulösen, begleitet von heftigem Hochwerfen der Vorderbeine, die beim Zurückfallen die Einstreu ihres Lagers nur so umherspritzen ließen. Obie (hiervon wird noch zu berichten sein) schmetterte gleich mit, nur Hälmchen trottete geduldig umher, bis er an die Reihe kam. Enite empörte sich über meine Taktik, aber wirklich beleidigt war sie nie; eine Handvoll (na ja, es waren wohl zehn Hände voll) des Heus stimmte sie augenblicklich besänftigt. Generell machte unsere Herdenälteste auf der Stelle durch Grummeln, Fiepen oder eben lautes Blöken – je nach Dringlichkeit – auf sich aufmerksam, wenn Beate oder ich den Stall betraten, manchmal sogar schon beim Zuziehen der Haustür. Da ich Enite bei Laune und bestmöglichem Befinden halten wollte, erkundigte ich mich ab und zu, ob sie mit unserem Service zufrieden war. Ihre Laute konnte ich nämlich nicht immer deuten, sie klangen einfach nur nach „Schaf mit irgendwelchen Beanstandungen oder Informationen" in meinen menschlichen Ohren. *Er ist absolut lobenswert, ich vermisse sehr wenig.* Ich hakte nach, und sie ergänzte:

Na, das hat mit euch nichts zu tun, ich vermisse die Wiese unter und den Himmel über mir, ansonsten ist alles richtig. Nun, mit Wiese und Himmel konnten wir leider nicht dienen; was wir aber unter Enite gelegt hatten, war Jantis Spezialmatratze. Seit Enite auf dieser lag, hatte sie keine kalten Extremitäten mehr und ein verringertes Dekubitus-Risiko. Ihr Wunsch nach Himmel über sich war für uns nicht erfüllbar, doch das Stalldach schien mit ihr zu kooperieren, indem es undicht wurde und bei Regen direkt über Enites Stroh-Burg himmlische Wassergrüße auf sie herniedertropfen ließ – in steigender Menge. Wir berieten, was wir schnellstmöglich dagegen unternehmen konnten; einer der jungen Stallbauer von damals erklärte sich bereit, bei der nächsten Gelegenheit sich der Sache anzunehmen; für ein paar Tage (leider bei Dauerregen) mussten wir ausharren und eine Zwischenlösung finden. Ein alter Eimer, direkt unter der ärgsten Duschgelegenheit und unter Mühen aufgehängt, fing die Tropfen laut scheppernd auf, was die drei Stallbewohner sehr störte – ein Handtuch im Eimer stoppte wenigstens die Lärmbelästigung. Aber das Behältnis musste alle paar Stunden ausgeschüttet werden und das Handtuch gewechselt - insbesondere nachts ein abenteuerliches Unterfangen: Enite lag exakt darunter, ein süßes, aber schwierig zu umgehendes Hindernis. Andere Stellen der Burg, die ebenfalls angeregnet wurden und Gefahr liefen zu faulen, deckten wir mit Planen ab, was wiederum für Hälmchen nicht gut war. Er liebte es, Halme aus dem Stroh zu ziehen und sie zu verspeisen – er regte sich auf, als er stattdessen Plastik zwischen die Zähne bekam. *Das ist aber kein feines Essen, es ist grässlich und künstlich. Muss ich fasten?* Ich beruhigte ihn: „Nein, gewiss nicht." Wir versuchten ihm zu erklären, dass es eine Maßnahme gegen die Nässe war. *Ach so, es ist ein Regenmantel für das Essen!* Das klang herzig, stimmte aber im Prinzip. Er war zufrieden.

Die undichte Stelle im Stalldach kam erst nach zweimaligen Versuchen in Ordnung, kurz darauf wurde durch sengende Hitze der Regen abgelöst; eine weitere, ganz anders geartete Herausforderung trat an uns heran: die Invasion der Stallfliegen. Noch zahlreicher und lästiger als damals bei Erec suchten sie uns heim, der Hochsommer machte sich eben auch dadurch bemerkbar. Enite strampelte und fiepte, aber die Fliegen umsummten sie und krabbelten auf ihrem Gesicht herum. *Ich mag diese schwarzen Widerlinge nicht! Holt sie bitte weg!* Das hatten wir längst vor. Aber erst musste uns etwas Praktikables einfallen. Die Position und Konstruktion der Stroh-Burg vereitelte den Versuch, das alte Moskitonetz Erecs auch bei Enite zu verwenden; eine andere

Lösung musste her. Schlussendlich spannten wir ein Fliegennetz von Strohballen zu Strohballen und befestigten es mit Wäscheklammern. Zuvor aber galt es, die Fliegen von Enite herunterzuscheuchen und schnellstmöglich das Netz zuzuklappen, ehe sie wiederkehrten. Man kann sich vorstellen, dass dies immer eine geraume Zeit in Anspruch nahm und jede Menge Geduld kostete. Hälmchen interessierte sich für die Wäscheklammern und lutschte und kaute auf ihnen herum. *Kann man die essen? Vielleicht mit etwas Pelletbrei?* Aha, sie schienen ihm besser zu munden als die Plastikplane, sie waren ja auch handlicher. Eingehend setzte ich ihm auseinander, dass er unbedingt das Mäulchen von den Klammern lassen sollte, da sie ungenießbar waren und sogar schlecht für die Gesundheit. *Schade, sie fühlen sich lustig an. Aber gut, ich lasse sie stecken. Ich möchte dich nicht besorgen!* Ich schmunzelte zärtlich – Hälmchen drückte sich manchmal drollig aus, das kannte ich auch von Janti und bisweilen vom Rest der Truppe. Ich hoffte das Beste. Soweit ich es kontrollieren konnte, hielt er brav Wort. Enite hatte Ruhe vor den Plagegeister-Fliegen, vereinzelte leisteten zwar Widerstand, aber wir entwickelten eine sichere Fangroutine und bekamen ein Schafslob: *Genial, ich finde euch prima. Danke!*

Noch immer war Enites Gebiss vollzählig, wir fragten uns, woher sie diese ungewöhnliche Zahngesundheit haben mochte; Karsi war bereits im Alter von zehn Jahren – also gerade mal halb so alt wie Enite! – im vorderen Bereich völlig zahnlos gewesen. Vermutlich hatte sie gute Gene von ihrem Vater Coralus, den wir kaum gekannt hatten, aber als extrem hübschen Burschen im Gedächtnis hielten. Obie jedenfalls war nicht so glücklich dran, sie hatte Lücken und auch Obilot konnte keinesfalls mit Enites Supergebiss mithalten. Ich selber war regelrecht neidisch auf so eine Prachtsbezahnung! Beate sagte nur: „Einmal Miss Weide, immer Miss Weide!“ Enite entwickelte allmählich eine Art panischer Eitelkeit: *Ich bräuchte mal eine Aufbesserung meiner Schönheit! Mich jagt das Alter!* Nun: Alle Models der Welt müssen damit leben; das sagte ich ihr auch. Es war nur logisch, dass auch sie nicht dauerhaft allen Gesetzen trotzen konnte. Im Laufe der vergangenen Monate war ihre herrliche Wolle etwas stumpf und auch brüchiger geworden, ihre ehemals schwarze Gesichtsfärbung war staubig vom Heu und durch die verringerte Bewegung waren die Muskeln natürlich etwas atrophiert. Wir bürsteten Enite regelmäßig vorsichtig und achteten täglich darauf, sie sauber zu halten, wie bei allen unseren liegenden Schafsenioren. Aber neue jugendliche Perfektion war nicht zu bieten! Es hatte ohnehin sehr lange

gedauert, bis die wirklich nahezu perfekte körperliche Erscheinung Enites erste Altersanzeichen erkennen ließ.
Ich wollte Enites Einstellung zu Schönheit und Körpergefühl besser kennenlernen und bat sie um ein *Fühlreden*-Gespräch, die für mich intensivste und missverständnisärmste Form der Tierkommunikation – Erec hat mich durch diese Methode sehr glücklich gemacht.
Enite war sofort gesprächsbereit. *Was möchtest du wissen? Ich finde das Thema echt spannend!* Ich bat sie, zunächst einmal ihre Meinung darüber allgemein und anschließend speziell zu ihrer momentanen Lage zu äußern. Mein Notizbuch bietet auch einen wahren Schatz an Eniteweisheiten, ich will versuchen, die prägnantesten und aufschlussreichsten hier wiederzugeben. „Also, mein Schatz, was ist Schönheit für dich? *Ich glaube, in manchen Punkten sehe ich das ähnlich wie die Menschen – ich finde zum Beispiel mich schön, und das denkt ihr doch auch. Ich möchte schön bleiben, was mir gerade schlecht gelingt. Ihr sagt eitel dazu, ich sage lieber: Ich mag mein Schönsein einfach, Punkt. Und wenn das jetzt den Berg runtergeht, finde ich das bedauerlich. Aber noch wichtiger ist mir, dass ihr mich immer liebt, das ist dann auch sehr schön!* Ich versicherte ihr, dass es hierüber keinen Zweifel gibt: „Wir lieben dich immer! Und wenn du grottenhässlich wärst, egal!" *Eben, ich weiß. Das ist beruhigend.* „Du wirst also nicht schwermütig, falls noch ein paar Schönheitsaspekte verloren gehen?", fragte ich aufmerksam. *Ach wo, ich sagte ja, es gibt Wichtigeres!* Ich fuhr fort: „Was hast du zum Thema Körpergefühl zu sagen?" Ich verspürte eine kurze Anspannung, dann kam die etwas zögerliche Erwiderung: *Das ist nicht ganz so leicht zu beantworten, da habe ich Schwankungen. Ich erinnere mich an großartige Gefühle, an die Geburt meiner Söhne, Frühling auf der großen Weide, mein zehnter Geburtstag mit geklauten Törtchen, die fabelhaft schmeckten – oh ja, das waren klasse Körpergefühle, ein zufriedenes Glücklichsein in der eigenen Wolle!* Ich fühlte mich selber sekundenlang wie ein bildschönes, junges Schaf, so intensiv schickte mir Enite die empfundene Erinnerung. Obwohl Tiere vollkommen im Jetzt leben, haben sie doch nichts von früheren Freuden vergessen. „Und nun?", wollte ich bange wissen, „was sagst du zum derzeitigen Körpergefühl?" Enite sandte mir wieder jenen mentalen jantiähnlichen Stoßseufzer für typisch menschliche Fragen und meinte: *Freilich ist das jetzt anders, ich komme mir manchmal vor wie ein Stoffschaf auf dem Sofa, doch das war meine eigene Wahl, schon vergessen? Ansonsten spüre ich dank deiner Hilfe wieder alles, was zu mir gehört, das fühlt sich jedenfalls gut an. Mir schmeckts* (an dieser Stelle empfing ich so etwas

wie ein wissendes Kichern) *und ich werde so artgerecht wie möglich behandelt, das ist angenehm! Auch wenn du das kaum glauben kannst: Mein Körpergefühl ist völlig akzeptabel, trotz Schönheitseinbußen, und irgendwann kriege auch ich wieder ein neues, perfektes Aussehen!* Mein geistiges Auge erblickte eine fröhlich umherhüpfende, wunderhübsche junge Enite. „Ist das eine Vorwarnung?“, fragte ich leicht traurig. *Nein, ein Versprechen!* Ich verstand.
Ich war erleichtert, dass Enite sich – in Anbetracht der schwierigen Umstände – doch einigermaßen zuhause fühlte in ihrem Körper; ich erinnere mich daran, wie Janti zu dieser Frage des Körpergefühls in Bezug auf sich selbst geantwortet hatte: *Ich bin auch als Stubenlamm ein vollwertiges Schaf, das lässt du mich wunderbar spüren. Ich habe dir ja schon gesagt, dass ich nicht im eigentlichen Sinne krank bin, es gar nicht sein kann. Dass mein Körper ein paar Probleme hat, merke ich schon, aber ich kann damit leben, ich habe mich eingerichtet.* Zu einem späteren Zeitpunkt sollte ich dann von Obie ähnliche Aussagen erhalten. Ich bin sehr dankbar dafür, dass meine Tiere sich nicht als Leidende empfinden mussten und sich mir anvertrauten, wenn sie Hilfe brauchten.
Gegen Ende Juli wechselte Hälmchen seinen Schlafplatz; bislang hatte er in der Stallecke in einer Kuhle geschlafen, nur zwei, drei Schritte von Obies Stroh-Burg entfernt. Nun rollte er sich regelrecht am oberen Ende von Enites Burg zusammen und tappte auch seltener durch Stall und Gegend. Er wollte in unmittelbarer Nähe seiner Mama bleiben. Für Beate und mich war dies das deutlichste Anzeichen für Enites nahenden Abschied. Auch konnten wir beide die Seelenpräsenz von Erec und Karsi spüren, ein Gefühl und fast schon ein Wissen, das nicht in Worte fassbar ist. Obie bestätigte unsere Wahrnehmung, indem sie sagte: *Die Erste und der Weise sind zur Stelle und warten auf sie.* Ich wusste, wen und was sie meinte, fand aber ihre Ausdrucksweise ungewohnt feierlich, nicht flott-frech wie sonst. *Stimmt. Aber ich wollte es angemessen auf den Punkt bringen; Mama war euer erstes Schaf, eure wichtige Erstbegegnung mit unserer Spezies und Erec war wirklich sehr weise, sehr weit in seiner inneren Entwicklung. Zudem geht es hier um ein großes und ernsthaftes Geschehen. Wir werden gerufen, wie du weißt. Enite weiß es natürlich längst auch. Ich glaube, sie möchte dir was dazu sagen.* Ich wandte mich Enite zu und fühlte mich in sie ein. *Ah, ja, schau mal!* Zu meiner nicht geringen Verblüffung zeigte sie mir Bilder einer gemächlichen altmodischen Dampflok und kurz darauf den silbrigen Blitz eines ICE-ähnlichen Zuges. *Ich möchte so langsam mal abreisen, ich muss aber den richtigen Zug erwischen.* „Enite!“,

sagte ich ratlos, du sprichst aber in komischen Bildern - ich bin doch kein Stationsvorsteher, und dies ist ein Stall, kein Bahnhof! Du kannst unbesorgt jederzeit dem Ruf folgen, aber sag mir bitte, was du von mir oder von Beate erwartest, damit wir dir helfen können, falls du das möchtest." Enite sandte mir ein mentales, nur schwer verständliches Gemurmel, aus dem ich heraushörte: *Keine Züge umleiten, ich will die Wahl behalten.* Ich riet drauf los: „Ich soll dir weder eine Medizin geben, die lebensverlängernd wirkt noch, im Gegenteil, etwas veranlassen, das einen raschen Schlusspunkt setzt, ist es so?" Enite warf ihren Kopf hoch und ließ ihn wieder auf ihr Heukissen fallen; es sah fast aus wie ein heftiges Kopfnicken. *Bitte, ja, so meine ich es. Meine Urabsicht hat ja nicht funktioniert, jetzt habe ich keine gute Idee mehr für ein Wie, dafür aber ein genaues Gespür für das Wann.* Ich gab ihr mein Wort: „Du sollst ganz deinem Gespür folgen, die Wahl behalten, wie du es nennst. Darf ich dir aber weiterhin Linderung bringen, wenn es hart auf hart kommt davor?" Die Antwort war klar und vertrauensvoll: *Ich nehme Unterstützung gerne an, es soll akzeptabel für uns alle bleiben. Du machst das schon richtig dann, danke.* Und so gingen wir zusammen die letzte Wegstrecke; wenige Tage vor ihrer „Abreise" erhöhte sich die Urinmenge bei geringer Flüssigkeitsaufnahme so drastisch, dass wir befürchteten, Enite könnte austrocknen. Zum Glück konnte ich homöopathisch ein letztes Mal hilfreich eingreifen, aber wir alle waren uns der Wahrheit bewusst: Enites persönlicher Fahrplan war geschrieben.

Enites Appetit blieb gut; zwar wurden die vertilgten Mengen pro Mahlzeit etwas kleiner und nahmen mehr Zeit und Anstrengung in Anspruch, doch es schmeckte ihr: *Ich muss mich stärken, und das macht mir Freude. Ich hätte gern noch Knäckebrot, bitte.* Dies war ihr letzter ausgesprochener Wunsch an uns, den wir schnell und gern erfüllten. Am Abend des *Abreisetages* (unsere Seniorin legte großen Wert auf diese Formulierung und zeigte mir unermüdlich sämtliche Arten von Zügen im Geiste) nuckelte Enite noch zwei Fläschchen leer, da das Knäckebrot sie durstig gemacht hatte. Wir sorgten wie jeden Abend für ein sauberes, trockenes Nachtlager, küssten unseren Schatz auf Nase und Stirn und stellten die obligatorisch gewordene Frage, ob wir bei ihr bleiben sollten, im Schäferwagen übernachten oder ins Haus gehen. Schläfrig fühlte sie uns zu: *Ihr geht ins Haus, wo ich hingehe, weiß ich gerade noch nicht, ich bin so müde! Jedenfalls danke für alle Liebe! Wir haben prima Zeiten zusammen gehabt. Ich bin sehr glücklich.* Wir streichelten sie nochmals, wünschten Obie und Hälmchen eine gute Nacht und verließen schweren Herzens den Stall, da wir ahnten, dass Enite wohl einen „Nachtzug" nehmen würde, falls sie uns nicht doch in ihrer Nähe haben wollte. Obie sandte mir die Botschaft: *Wir machen das schon, wir haben Übung. Es ist alles in Ordnung.* Ich lag ziemlich lange wach und dachte beim Einschlafen fest und lieb an Enite; ich sandte ihr mental den Seelengruß, den ich ihr jeden Tag ins Ohr flüsterte: „Du wirst immer mein Lämmchen sein, egal, wie alt du bist!" Und wie von weit her fühlte ich ihre fröhliche Antwort: *Genau so fühle ich mich wieder!*

Am nächsten Tag, als wir den Stall betraten, blickten Obie und Hälmchen unverwandt zur Stroh-Burg Enites, die in der Morgensonne goldgelb leuchtete. Wir traten heran und wussten, ehe wir sahen. Ganz entspannt ruhte Enites Körper unter der Strohdecke, die Augen geschlossen. Der kleine Heuhügel, ihr Nachtvorrat, lag unberührt neben ihrem Kopf, alles war so, wie wir es am Vorabend gerichtet hatten. Ruhig und ohne jede Angst und Qual war unsere Herdenälteste mit dem Nachtzug *abgereist.* Sie hatte wahrlich lange und tapfer den Gesetzen getrotzt, wir waren – bei aller Trauer - stolz auf sie.

Obie war ein wenig unruhig; ich setzte mich ein paar Minuten zu ihr und fragte: „Hast du etwas auf dem Herzen, mein Schatz?" Sie fühlte mir zu: *Nicht viel, ich möchte euch bloß ausrichten: Es war eine sanfte Loslösung, sie schlief sich einfach nach Hause. Die ganze Herdenfamilie war da, ich grüße euch herzlichst von allen.* Ich bedankte mich gerührt, und nachdem ich Hälmchen gestreichelt und beide gefüttert hatte, wandten wir uns der Liebesaufgabe zu, Enite für die Tierbestatter herzurichten. Natürlich fanden wir sie noch immer schön, wenngleich sie selbst nicht mehr so ganz mit ihrem Aussehen einverstanden gewesen war. Wir hatten soweit alles zur Abholung vorbereitet, als Beate plötzlich sagte: „Nein, so dürfen wir sie nicht präsentieren, das will sie nicht! Ich spüre ihren Widerstand überdeutlich." Ich betrachtete Enite genauer, denn ich bezweifelte Beates Aussage keinesfalls. Nun ja, gemessen an den ehemals wohlproportionierten Formen und der Farbenpracht und Dichte der Wolle sah sie freilich nicht mehr so beeindruckend und vollkommen aus; wir überlegten, wie das Erscheinungsbild zu verbessern wäre. *Hm, zieht ihr doch was Schickes über! Das passt für Models!* Obies Einfall gefiel uns sofort. Die Umsetzung war komplizierter. Was sollten wir nehmen, und wie passte man es ihr an? Sie war viel kleiner als wir und vierbeinig! Beate kramte in ihren Sachen und fand ein ausgedientes grünes T-Shirt. Wir zogen es Enite mit einiger Anstrengung und Vorsicht über. Das Ergebnis befriedigte uns nicht; auch verspürte Beate wieder eine starke Missbilligung, die von Enites Gefühlen herrührte. „Grün ist zwar nicht schlecht, aber es macht sie so unscheinbar – sie möchte was Poppigeres, das ihre Farben unterstreicht oder kontrastiert. Und was nicht so alt ist! Spinne ich, oder gibt mir Enite tatsächlich auch jetzt noch Instruktionen?“ Ich hatte Beate noch nie zuvor so fassungslos erlebt seit Beginn unserer speziellen Aufgaben. „Nein“, sagte ich, „das ist schon so, sie lässt dich ihre Wünsche wissen.“ Beate ging zu ihrem Kleiderschrank und begann ihn zu durchforsten. Kopfschüttelnd legte sie ein paar Textilien aufs Bett und musterte sie unzufrieden. Dann zog sie mit einem triumphierenden „Ja!“ ein pinkfarbenes, gut erhaltenes Shirt mit Halbärmeln aus der Schublade und hielt es mir zur Begutachtung hin. Ich verspürte eine begeisterte Zustimmung in mir aufsteigen und nickte. Es war die richtige Wahl. Und so staffierten wir die ehemalige Miss Weide mit kleinen Extras aus, bis sie ein wahrlich einmaliges Outfit besaß: Da die Passform nicht stimmte und ständig alles hochrutschte, banden wir die Ärmel mit bunten Schleifen fest und fixierten auf dieselbe Weise die Beine im Stoff, sodass Enite quasi einen Overall mit Puffärmeln trug oder auch wie ein entzückendes Geschenkpäckchen aussah. Ich hängte ihr noch das obligatorische Amulett als Talisman um, dann war sie hergerichtet. Ein zutiefst befriedigtes Gefühl breitete sich in mir und in Beate aus, die totale Zustimmung unseres schönheitsbewussten Lieblings.

Die Suche nach einer geeigneten Bekleidung für Enite hatte uns kurzfristig ein bisschen von unserer Trauer abgelenkt. Es war eine gänzlich neue Beschäftigung nach dem Ableben eines Lieblings, und doch zugleich stimmig in Bezug auf Enite. Sie hatte immer genau gewusst, was sie wollte und, im stolzen Bewusstsein ihrer eleganten Erscheinung, stets dafür gesorgt, dass sie es auch bekam. Wie man sieht, bis zuallerletzt. Es wäre uns nie in den Sinn gekommen, ihre Wünsche zu ignorieren, ob sie sie nun mit Nachdruck durch irdisch-leibgebundene Mittel zum Ausdruck brachte oder – wie jetzt – durch Übermittlung auf geistig-seelischer Ebene. Die anstehende Benachrichtigung der bewährten Tierbestatter brachte uns in die harte Wirklichkeit zurück.

Das Ehepaar Schuster blickte gerührt auf Enite; Frau Schuster sagte herzlich: „Sieht sie aber goldig aus! Und so hübsch! Die schwarz-beigen, samtigen Ohren, die glänzenden Hufe – und so liebevolle Schleifen, die stehen ihr gut.“ Und so machte Enite auch noch nach Beendigung ihrer Erdenkarriere als Schaf-Supermodel einen allerletzten und bleibenden guten Eindruck. Wir streichelten und küssten sie nochmals, dankten ihr im Herzen für ihre Zeit mit uns und gingen zurück zum Stall, der immer leerer wurde. Obie und Hälmchen galt fortan unsere geballte Fürsorge und Liebe, die leicht für 100 Schafe ausgereicht hätte. Gewisse sieben allerdings wären uns am liebsten gewesen.

Enites Gedenkbüchlein enthält vor allem Anspielungen auf ihre langjährige Jugendlichkeit und schafigen Gardemaße, ihren liebenswerten Eigensinn und ihre beiden prachtvollen Söhne. Eine herzliche Hommage, meine liebe und unvergessene Enite, sei dir auch dieses Gedicht:

Anmutig und schön,
mit Rasse und Klasse
hast du,
geliebtes erstes Lamm,
uns lebenslang verzaubert
und noch im hohen Alter
dich jugendfrisch am Dasein
und feinem Futter erfreut.
Ich danke dir für deine Söhne,
ich danke dir für dich selbst:
Du hast uns vieles gelehrt -
wie sehr wirst du uns fehlen!

Es war schwer, die ehemalige Enite-Burg auseinanderzunehmen und ihren verwaisten Platz mit frischem Stroh barrierefrei auszulegen, damit Hälmchen wieder ungehindert umherlaufen konnte – er schlief jetzt wieder manchmal an seinem früheren Plätzchen in Obies Nähe, manchmal aber wählte er die Stelle aus, wo zuvor Enite gelegen hatte. Er benötigte in der Folgezeit viel Zuwendung und Bachblüten, bis er sein seelisches Gleichgewicht wiedererlangt hatte. Beate und ich begannen uns allmählich zu fragen, wer von unseren beiden letzten Lieblingen allein zurückbleiben würde. Es war ein äußerst bedrückendes Gefühl.

Obies Liebesgabe

Obies Neugier, Experimentierlust und Herzensoffenheit blieben ihre Markenzeichen, auch als sie aufgrund fortschreitender Muskelschwäche in den Beinchen schließlich ebenfalls eine Stroh-Burg bekommen hatte, wenngleich mit niedrigeren „Mauern" als Enites, d.h. wir legten nur einzelne Strohplatten übereinander, keine Ballen. *Ich sehe ein, dass ich einen Schutzraum brauche, aber ich will bitte den Überblick behalten, sonst werde ich womöglich trübsinnig!* Das war zwar schwer vorstellbar, aber ich hätte es nicht ertragen, Obies Übermut und Daseinsfreude zu dämpfen. Hälmchen stolperte anfangs prompt über diese zusätzlichen, halbhohen Hindernisse, doch er prägte sich die Einzelheiten ein und machte bald erfolgreich einen Bogen um Obies Lager. Wir achteten sorgsam darauf, die Höhe und Breite der Burg beim Erneuern beizubehalten – Obie zerlegte nämlich regelmäßig die Strohplatten, indem sie sie teilweise auffraß und teilweise mit Schnauze oder Beinen herumschob. *Das macht Spaß und ich trainiere ein bisschen!* Aha, das kam mir äußerst bekannt vor. So hatte schon Janti argumentiert, und es war auch etwas Wahres dran, natürlich. Wir begrüßten jede Maßnahme, die Obies Beweglichkeit unterstützen mochte. Ihr wackliger Gang hatte sich fast unmerklich peu à peu zu beinahe völliger Gehunfähigkeit verschlechtert; ein wenig hatte Obies Draufgängertum diese Entwicklung begünstigt. Es war ihr nicht beizubringen gewesen, die Alarmsignale ihres Körpers zu beachten und sich zu schonen. *Ich schaue mal, wie weit ich komme! Dann kann ich immer noch stoppen.* Aber das tat sie eben nicht, und so wurde sie gestoppt, ganz gegen ihre Absicht. Immerhin brachte ich sie mit herzlichen Bitten dazu, keine Aufstehversuche im Alleingang zu unternehmen, da sie es meist nicht schaffte und durch Reibung ihre Schulter wieder malträtierte. Ich konnte mich darauf verlassen, dass Obie mir mental Bilder oder einzelne Begriffe sandte, wenn sie uns brauchte. Wir kamen dann schnellstmöglich. Ein tiefes gegenseitiges Vertrauen erwuchs.

Unser lange praktizierter Seelendialog wurde immer perfekter, und eines Tages bat mich Obie für ein *ausführliches und notwendiges Fühlreden* zu sich. Ich war noch immer tief verstört über Jantis Verlust; es waren ungefähr zwei Monate vergangen und ich kam mit ihrer körperlichen Abwesenheit überhaupt nicht zurecht – an manchen Tagen konnte ich ihre unverlierbare Liebe und Nähe nicht einmal in mir spüren, was wir doch durch unsere Seelenverbindung sichergestellt hatten. Bis zum Zeitpunkt von Obies Bitte war mir nicht bewusst, wie sehr meine aus der Balance geratene Gefühlslage den übrigen Herdenmitgliedern spürbar war – eigentlich hätte mir dies klar sein müssen, nach allem, was ich mit meinen Goldschätzen schon erlebt hatte. Aber ich war mittlerweile so vollkommen auf deren Pflege und bestmögliche naturheilkundliche Versorgung fixiert (zu dieser Zeit waren auch Obilot und Enite noch bei uns), dass ich mir kaum Gedanken über die Auswirkungen meiner eigenen Probleme auf ihr Befinden machte. Das *Fühlreden* mit Obie ließ mich ein für alle Male begreifen, wie eng wir alle miteinander verbunden sind, selbst über Raum und Zeit hinweg. Rassetypische Eigenheiten spielen hierbei selbstverständlich überhaupt keine Rolle.

Ich machte es mir dicht bei Obie bequem, Kopf an Kopf. *So! Und jetzt stelle mir erst mal gar keine einzige Frage, sondern erspüre, was ich dir mitteilen möchte – ich sage ausnahmsweise auch mal nichts!* Diese Aussage erheiterte uns beide gleichermaßen, aber ich folgte ihrer Bitte; ich schaffte es zudem, alle Gedanken anzuhalten und keine Erwartungen zu haben. Zuerst nahm ich eine feine, zartrosa empfundene liebevolle Schwingung wahr, die mich umfing. Dann wurde diese Empfindung stärker, und ich fühlte Jantis Seelenpräsenz beinahe schon körperlich. Ich konnte einen sehnsüchtig-glücklichen Seufzer nicht unterdrücken, der mit glockenhellem, glücklichem innerlich hörbarem Lachen beantwortet wurde. Ich fühlte Jantis Stimme: *Wir haben es hinbekommen, wir sind jetzt ganz zusammen! Ist das schön!* Obies zufriedener Kommentar kam postwendend: *Ich gebe mir ja auch alle Mühe!* Ich fragte vorsichtshalber: „Kann ich nun wieder was fragen, oder wirft uns das aus der Gemeinschaft?" Ich erfühlte eine zweifache, gleichlautende Antwort: *Frag nur, wir halten die Frequenz für dich!* Man muss mir zugutehalten, dass ich diesmal keinen Zweifel hegte hinsichtlich der Echtheit meiner Erfahrung, meines Geschenkes dieser zwei wunderbaren Geschöpfe. Ich hatte in den vergangenen Jahren doch tatsächlich etwas dauerhaft von meinen tierischen Lehrern gelernt: Es gibt eine Wahrheit, die der Verstand nicht fassen kann. Sie ist deshalb nicht weniger real. Ich genoss zunächst innig die unerwartete Seelenbegegnung, dann konnte ich meine Fragen nicht mehr zurückhalten. „Obie, bist du Jantis Botschafterin, so, wie Obilot für Karsi?" Obie antwortete: *Ja und nein; ich bin es immer dann, wenn du nicht genügend Kraft hast, durch Vertrauen in eure Verbindung Janti zu spüren oder mit ihr zu sprechen. Bei meiner Mama warst du noch nicht in der Lage, ohne Vermittlerin mit ihr zu kommunizieren, als sie ihren Körper verlassen hatte. Du hast mittlerweile neue Fähigkeiten entwickelt, aber dein Schmerz ist so groß, dass du momentan*

meine Hilfe brauchst, die ich gerne gewähre. Ich küsste Obie auf die Stirn und hatte das irrationale, dabei sehr echte Gefühl, beiden Lieblingen einen Kuss zu geben. *So ist es auch! Ich danke dir. Bist du nun getröstet? Heben sich deine abgesunkenen Gefühle wieder? Ich bin immer noch deine Janti, auch wenn ich jetzt noch viel mehr bin!* Seltsamerweise kapierte ich sofort, und ich konnte dankbaren Herzens zu ihr sagen: „Ja, meine Süße, ich bin unsäglich getröstet, ich glaube, es geht langsam aufwärts mit meinen *abgesunkenen Gefühlen*, ich komme der höheren Freude wieder näher, und damit dir, danke, mein Schatz!" Abermals hüllte mich die bekannte, tief entbehrte rosige Seligkeit liebevoll ein. Ganz langsam nur kehrte mein Alltagsbewusstsein zurück, und ich sah geradewegs in Obies gesundes Auge.
Obie sagte: *Und jetzt zu uns beiden! Hast du was zum Schreiben da? Du willst doch sicher später alles nachlesen können!* Ich zog Stift und Notizbuch aus den Tiefen meiner Jackentasche, worin sich natürlich auch ein paar Schafsleckerlis befanden, die das kluge Wesen an meiner Seite sofort für sich beanspruchte. „Ich habe immer etwas zum Aufschreiben dabei, wenn ich zu euch gehe", erwiderte ich, „ihr habt ja so viel zu erzählen, dass mein Gedächtnisspeicher nicht ausreicht!" Meine Plappertasche namens Obie musste hierzu augenblicklich einen Kommentar abgeben: *Ja, genau! Wir sind eben besser über die Daseinszusammenhänge informiert als ihr armen Menschen.* Ein Punkt für sie. *Wir haben gemerkt, dass es dir sehr schlecht geht, weil du Janti so sehr vermisst. Das verstehen wir, und wir wollen dir helfen, einen anderen Bezug zu Leben, Sterben und Weiterleben zu bekommen. Dann ist alles viel einfacher. Ich bin der Meinung, dass nur tiefgreifende Seelenerfahrungen hierbei hilfreich sind.* Nun, dazu hatte mir Obie soeben verholfen. Ich ahnte nicht, dass sie noch weitere, extrem aufrüttelnde Erlebnisse mit mir teilen würde. „Seid ihr enttäuscht von mir?", wollte ich ein bisschen niedergeschlagen wissen. *Nein, keineswegs! Wir haben schließlich unsere Aufgaben zu erfüllen, das war uns längst klar. Sei beruhigt, du und Beate, ihr habt eine respektable weise Herzensliebesstärke erlangt, die solch besondere Erfahrungen überhaupt erst ermöglicht.* Na, das hört man doch gern. Obie beschäftigte sich angelegentlich mit einem Häufchen Kräuterheu und fuhr fort: *Du bekommst jetzt viele Gelegenheiten, neue Erkenntnisse zu gewinnen, und wir auch. Pass bitte immer ganz genau auf, was wir dir und Beate vermitteln wollen; es ist wichtig für uns alle. Ich glaube aber, für heute hast du genug zu verarbeiten. Ich würde jetzt gerne trinken gehen und dann eine frische Rückenstütze bekommen. Danke!*

Für die neue Rückenstütze hatte ich mir überlegt, dass es vielleicht besser war, statt einer besonders dicken Strohplatte ein weiches, aber nicht allzu nachgiebiges Kissen zu verwenden. Bei Janti hatte ich hierfür nach verschiedenen Zwischenlösungen einen leeren Überzug mit Schafwolle gefüllt, den sie übrigens nicht auseinandergenommen hat wie damals die Tütensammlung. Ich unterbreitete Obie meinen Vorschlag. *Hm, das klingt schon gut, aber das wäre eher was für meinen Kopf! Das Stroh ist nämlich etwas stachlig für meine Augen.* „Wir probieren es einfach aus!", sagte ich, was Obie sehr gefiel, da sie sich bekanntermaßen für alles interessierte, was neu für sie war. Das Probesitzen und Testliegen nahm einige Zeit in Anspruch; es war eine vergnügliche Spielerei. Schließlich lehnte Obies Rücken an einer Strohplatte, die zusätzlich mit einer Heuschicht bedeckt und angenehm weich war. Ihr schmales hübsches Köpfchen konnte sie, wenn sie wollte, auf ein seitlich platziertes längliches Kissen mit wolligem Inhalt betten. Wann immer sie künftig so zu ruhen gedachte, sah sie vornehm aus – *wie eine bessere Dame.* Dies jedenfalls war Obies Meinung. Man konnte es durchaus so sagen.
Für noch größeren Komfort und als Schutz vor dem Wundliegen bestellte ich für Obie ebenfalls eine Spezialmatratze, ein wenig kleiner als Jantis damals, da Obies Lager weniger Platz beanspruchte als das Planschbecken oder Enites Stroh-Burg. *Ich hätte nicht gedacht, dass ich mich so schnell an den Kunstboden gewöhne!*, meinte Obie erstaunt. Sie war nämlich sehr empört gewesen, als sie nicht mehr im Liegen mit der Nase auf dem Stallboden nach den begehrten Kleinstheuhälmchen wühlen konnte, sondern auf besagten *Kunstboden* stieß, den die Matratze für sie darstellte. Freilich wuchs ein kleiner Heuberg vor ihrem Schnäuzchen, getreulich von Beate und mir mehrmals täglich erneuert, aber am Fuße dieses Berges galt: Stoff ist nicht gleich Erde, das mussten wir zugeben. Wir lobten Obie für ihre Flexibilität, und sie war auch froh über die Weichheit der Unterlage. *Und schön warm ist es auch, im Alter ist man ein bisschen luxusgierig. Nur schade, dass ich nicht draußen campieren kann!* Sie hob oft den Blick nach oben zum Stallfenster, das wir fast ununterbrochen geöffnet ließen, um unserem lufthungrigen Schatz wenigstens *einen Hauch von Freiheit und Frische* (laut Obie) zu gewähren. Wir bewunderten ihre Genügsamkeit und ihre gute Laune, die sie fast nie einbüßte. Besonderes Vergnügen bereiteten ihr die zahlreichen kleinen Rituale beim Fressen oder Trinken, die sich ganz von selbst entwickelt hatten durch die unterschiedlichen Bedürfnisse und Vorlieben der Pflegebedürftigen. Obie liebte Zwieback, den ich zuvor in Wasser getunkt hatte; er roch dann

wie frisch gebackenes Brot und zerging ihr auf der Zunge. Ich wusste, dass sie es kaum erwarten konnte, wenn sie die Haustüre klappen hörte und uns kommen sah. Ich wusste ebenfalls, dass sie Spaß daran hatte, wenn ich sie auf die Folter spannte und übertrieben langsam den Zwieback aus der Tüte zog, ihn in die Wasserschüssel tauchte und dann so tat, als wollte ich ihn selber essen. Dies hatte unweigerlich ein aufgeregtes Blöken zur Folge, und nicht selten schimpfte mich Obie mit gespielter Empörung: *Ich wusste gar nicht, dass du gemein sein kannst, hm, so was!* Da ich nichts weniger sein wollte als gemein und ein Obiequäler, rückte ich gleich nach dem Spielchen den Zwieback heraus und lieferte rasch einen zweiten, ebenfalls wassergetränkten, nach. Obies seliges Schnaufen und Schlucken machte mich glücklich, und ich spendierte ihr daher mehrmals täglich solche Leckerbissen; Dinkel, ungesüßt, Bio – es gab ungesündere Kost.

Hälmchen hatte einen etwas merkwürdigen Geschmack in Bezug auf Fressfreuden, zumindest war das meine Ansicht, auch Beate wunderte sich. Er hatte eine Riesenfreude daran, Uraltstroh aus den Wänden der Burg seiner Mama zu rupfen und es bedächtig zu zerkauen. Als ich dies entdeckte, stopfte ich frisches Heu in die schmalen Lücken zwischen den Ballen, damit er auch Bekömmliches mampfte. Seine erste Begegnung mit den manipulierten Rupf- und Zupfstellen verlief unterhaltsam. Ich saß gerade bei Obie und wollte sie ein paar Dinge fragen, als Hälmchen seine Tour begann. Er schob seine vorwitzige Schnauze weit in die Spalte, zog ein Büschel Heu heraus und hielt mit schräg gehaltenem Kopf inne. „Was ist los, mein Süßer?", fragte ich ihn und stellte mich auf seine Antwort ein. Ich verspürte eine Unsicherheit, gepaart mit ungläubigem Entzücken: *Da wächst ja Trockengras! Ob es auch klebrige Murmeln dort irgendwo gibt?* Ich sah Rosinen vor meinem geistigen Auge. Unmöglich konnte ich den goldigen Buben enttäuschen! Ich vertröstete Obie auf später und arbeitete mich aus dem Heu-Stroh-Lager heraus, um Hälmchen ein paar *klebrige Murmeln* ins Mäulchen zu stecken und Obilot, die damals noch bei uns war, etliche *Korinthen* zu spendieren. Heftiges Geraschel aus den Tiefen der Burg und ein kläglich-fiependes *Mähä* machten klar, dass Enite mitbekommen hatte, dass außerhalb ihres Blickfeldes Ungerechtigkeit herrschte. Ich beugte mich gehorsam über die Stroh-Brüstung und fütterte unsere Älteste mit einer Handvoll Rosinen. *Mehr! Ich habe Hunger!* Nun, dagegen gab es dann bald darauf reichlich Heu und jene Breipampe, die wir so schön herumzuschmieren pflegten.

Obie krakeelte ihren Unmut heraus, und ich beeilte mich, zu ihr zurückzukrabbeln, damit wir uns unterhalten konnten, gestärkt mit Apfelringen und Weintrauben. *Danke, nur immer her damit! Ich habs nötig!* Dieser Spruch war zu Obies Motto geworden; er kam unfehlbar bei jeder Mahlzeit, wenn es darum ging, uns eine weitere Portion abzuluchsen. Ich hatte Notizbuch und Stift auf Obies Kissen deponiert, bevor ich zu Hälmchen geeilt war, doch jetzt konnte ich beides nicht mehr finden. *Äh, ich liege versehentlich drauf! Ich dachte, das sei vielleicht was zu essen, mein schwaches Auge konnte es nicht identifizieren. Aber meine Nase schon, doch da war es schon heruntergerutscht.*
Ich suchte ein bisschen im Heu, dann zog ich meine Utensilien tatsächlich hinter Obies Genick hervor. Ich stutzte. Ihren Hinterkopf – normalerweise mit feinem Flaum und relativ kurzer, cremeweißer Wolle darüber – zierte eine langmähnige Wollepracht in Reinweiß. Daneben ringelten sich ebensoweiße Kruschellöckchen. Mir blieb beinahe das Herz stehen. „Obie!", rief ich fassungslos, „du hast ja eine Jantifrisur!" *Ich dachte schon, du würdest es nie bemerken!*, war ihr einziger Kommentar. Ich starrte ohne Begreifen auf Obies Köpfchen. Sie sah mich mit ihrem gesunden Auge unverwandt an. Ausnahmsweise sagte sie nichts, sondern sandte mir eine Woge der wärmsten Zuneigung. Ich war so verdattert, dass ich völlig vergaß, was ich hatte mit ihr besprechen wollen. Beate hatte nichts mitbekommen, weil sie mit Enite beschäftigt gewesen war. Jetzt kam sie, um auch bei Obie für eine frische Unterlage zu sorgen. Ich wollte sie gerade auf Obies verändertes Aussehen aufmerksam machen, als sie ausrief: „Schau mal, Obie hat ein Pinselschwänzchen bekommen – wie Janti!" Ich begutachtete das zartbehaarte Schwänzchen, dessen Spitze eine regelrechte Quaste zierte. Keines unserer Schafe hatte jemals diese Besonderheit gezeigt, außer Janti. Bei Skudden ist das üblich, bei ihr war es sogar noch ausgeprägter. Stumm wies ich auf Obies Nacken, und Beate nickte: „Ja, ich sehe, was du meinst. Aber ich verstehe es nicht." Ich bekam eine mentale Aufforderung, mich Obie zuzuwenden. *Da gibt es vermutlich nichts zu verstehen, es ist einfach so. Ich bin ein Beweis für Unerklärliches, freut euch ohne Fragen. Wir sind wirklich alle eins, das dürfte jetzt mal langsam klar sein. Warum wundert ihr euch bloß immer noch? Ist der Verstand tatsächlich so schwerfällig?* Ja. Definitiv.
Ich versprach Obie, nicht über diesen neuerlichen Hinweis der unglaublichen Zusammenhänge nachzugrübeln, sondern darin einen Liebesgruß meines *Stubenlamms* und einen Beweis für Obies Hilfsbereitschaft zu erkennen. *Aber sag es ruhig weiter, es ist kein Geheimnis! Vielleicht machen wir*

so zweiflerischen Tierhaltern Mut, wenn ihre verstorbenen Kameraden ihren Kontakt suchen und auf menschliche Skepsis stoßen. Alle Geschöpfe können, was ich kann – und wenn die gegenseitige Liebe stark genug ist, klappt die Begegnung auf vielerlei und unglaubliche Weise. Sie hat recht; ich habe von Katzen und Hunden gehört, die von der Geistigen Welt aus ihre trauernden Besitzer auf unterschiedlichste Art trösteten; meist durch Körperabdrücke auf der Bettdecke, leises Maunzen und Bellen oder auch kurzen Sichtkontakt. Wieder andere gaben mit Unterstützung von Tierkommunikatoren ihren Menschen Botschaften durch, die deren Leben veränderten. Bei uns funktionierte das alles ein wenig anders, aber unsere Lieblinge waren schließlich Schafe – ganz besondere, wunderbare, einzigartige Schafe.

Obie erschreckte mich eines Nachmittags durch die Dringlichkeit der Bitte, ganz genau hinzufühlen, was sie mir zeigen und sagen wollte; von ihrer üblichen Sorglosigkeit und seelischen Ausgeglichenheit war kaum noch etwas zu spüren. *Bitte sei leer im Kopf, aber voll von Herzensliebe – und schreib alles auf, vergiss nichts.* Alarmiert fragte ich sie: „Geht es dir schlecht? Brauchst du Hilfe?" Sie fühlte mir ein ungeduldiges *Nein, nein, ich bin völlig okay. Bist du bereit?* Ich ging in *Fühlreden*-Stellung und öffnete mich für ihre Bilder. Zuerst empfing ich ein schmerzliches Panikgefühl. Ich hatte Todesangst, die mir Obie übermittelte, aber es war nicht die ihre – es war eine kollektive Horrorerfahrung, und ich musste dabei an Ferkelchen denken. Not und Grauen umfingen mich. Es war kaum auszuhalten. *Sieh bitte hin!* Wie von ferne erreichte mich Obies Seelenstimme. Eine Bildergalerie des Todes zog an meinen entsetzten inneren Augen vorüber. *Sie wissen es! Sie wissen, was mit ihnen geschieht! Und ich weiß es auch. Ich muss es mitanhören, wenn sie um Hilfe rufen, die niemand gewährt.* Noch während des konzentrierten *Fühlredens* dämmerte mir, dass Obie gute Gründe haben musste, mir ein solch furchtbares Erlebnis zuzumuten. Sie würde mich gewiss darüber nicht im Unklaren lassen. Ich wusste nicht, wie lange es gedauert hatte, aber mir erschienen die Eindrücke langanhaltend; auch, als Obie in unseren normalen Kommunikationsmodus zurückgekehrt war, der lediglich unser beider Gefühle berücksichtigte, fand ich nur schwer aus dem Erlebten heraus. „Warum hast du mir das gezeigt?", fragte ich erschüttert. Obie wirkte traurig und genauso durcheinander wie ich. *Ich wollte, dass du weißt, wie nahe bei unserer Geborgenheit die Verzweiflung lebt, und dass wir, die Geretteten, mit den Ausgelieferten leiden. Du musst ihnen helfen, bitte.* Da erinnerte ich mich an Gespräche mit Janti, die mich ebenfalls gebeten hatte, etwas für die

geschundenen Sogenannten zu tun. *Ja, und indem du uns liebst, ist ein wunderbarer Anfang gemacht! Ich glaube, mittlerweile kannst du schon einen Schritt weiter gehen: Zeige den Menschen, wie du über uns denkst, lebe ihnen vor, was du für richtig erkannt hast. Sprich und schreibe von uns – und allen unserer Art wird es zugutekommen!* Diese Bitte ist einer der Gründe, warum ich nun mit Herzblut dieses Buch schreibe. In unserer unmittelbaren Nachbarschaft gibt es einen Schweinemastbetrieb, und darauf bezogen sich Obies Worte – sie und die anderen Schafe als die direkten Nachbarn dieser Todgeweihten nahmen all deren Angst und Qual wahr. Ich versprach Obie, immer wieder Licht- und Liebesgedanken in den benachbarten Schweinestall zu senden, und sie beruhigte sich sofort. *Danke, das ist gut. Ich hoffe, ich habe dich nicht zu arg erschreckt! Ich musste dir das zeigen, damit du den inneren Zusammenhang allen Lebens noch besser verstehst.* Ich strich Obie über das Köpfchen und versprach ihr, alles mir Mögliche zu tun, um eine Fürsprecherin für sämtliche „Nutztiere" zu werden. Es war das einzige Mal, dass während einer *Fühlreden* – Einheit meine eigenen Tiere mich Empfindungen fremder Lebewesen derart drastisch und ungefiltert erleben ließen.
Ich hielt ein wachsames Auge auf Obies Gesundheit; das vermehrte Liegen war immer eine potenzielle Quelle für neue gesundheitliche Einbußen. Obie nahm alles sehr gelassen; trotz ihres Lufthungers und extremen Freiheitsverlangens war sie fast immer guten Mutes. Selbst an weniger fitten Tagen beantwortete sie meine Fragen nach ihrer Befindlichkeit mit einem typischen Spruch: *Ich bin nur ein bisschen angeschlagen.* Ihre Bachblütenmischungen bekamen ihr ausgezeichnet, sie nahm sie sehr gerne an. Auffallend war Obies verstärkte Vorliebe für kuschelmuschelähnliches Beisammensein; nachdem ihr Zwilling die Erde verlassen hatte, wurde diese Auffälligkeit noch ausgeprägter. Wenn ich außer Sichtweite für sie war, dröhnte nicht selten ein stimmgewaltiges Geblök aus dem Stall, höchst erstaunlich für so ein zartes Wesen. Ließ ich mich dann in ihrer Nähe blicken, gab sie mir zu verstehen, ich solle mich zu ihr setzen. Ausgiebiges Kraulen, Umarmen und – natürlich! – Leckereien Verteilen und *Fühlreden* standen auf ihrer Wunschliste. Ich setzte mich herzlich gern zu ihr, denn mir fehlten die Seelenpausen bei Janti. So kam es, dass Obie und ich mehrmals täglich, sooft es eben meine Liebespflichten gegenüber allen verbliebenen Herdenmitgliedern zuließen (außer ihr war natürlich Hälmchen da und auch Enite lebte damals noch), dicht nebeneinander saßen und die gegenseitige Nähe genossen. Wir schlossen uns eng aneinander an. Während eines solchen Zusammenseins hatte ich

urplötzlich das Gefühl, nicht nur mit Obie zu schmusen; ich fing zugleich die liebevollen Schwingungen von Janti, Erec, Karsi und Obilot auf. *Das ist unsere Art, dir danke zu sagen!*, erklärte mir Obie, *und wir lassen dich damit wissen, dass wir noch alle in deiner Nähe sind.* Ich dankte nun meinerseits Obie für ihre Vermittlung, und ebenso allen anderen Mitwirkenden. Noch viele weitere Male durfte ich auf solche Weise allen spürbar nahe sein. Beate machte vergleichbare Erfahrungen, wenn sie Obie Reiki gab; ähnlich wie bei Janti stellte sich bei den beiden dadurch ein neues Gemeinschaftsgefühl ein. Obie nannte Reiki *die Kraftwelle*, und wenn sie diese bekommen wollte, ließ sie es Beate durch mich ausrichten oder sandte ihr einfach das mentale Bild einer goldfarbenen Welle. Das klappte gut. Bei vielen kleineren oder auch größeren Unpässlichkeiten wie Unruhe, Verdauungs- und Durchblutungsstörungen konnte ihr durch Reiki schnell geholfen werden.
Obies Anhänglichkeit erstreckte sich teilweise auch auf die Nächte; es kam wiederholt vor, dass durch die geöffneten Fenster mitten in der Sommernacht ein klägliches *Mäh* in Serie unsere Ohren erreichte. Ganz neu war das ja nun nicht. Kam dann ein mentaler Hilferuf hinzu, eilten wir in Schlafanzug und Gummistiefeln hinaus, um nachzusehen, was mit Obie los war. Die Gründe reichten von Hunger über Bauchschmerzen bis hin zu Alpträumen. Letzteres war eine interessante Erfahrung für mich; ich hatte bis dahin noch nicht über deren Vorkommen bei Schafen nachgedacht. Zwar hatte ich bei einem meiner Hamster den Verdacht gehegt, dass er gelegentlich alpträumte – er fiepte dann im Tiefschlaf, zuckte nervös und ruderte mit den Beinchen, bis man ihn vorsichtig weckte – aber bei meinen Schafen war mir derlei noch nicht aufgefallen. Nun: Obie belehrte mich eines Besseren. Auf ihren Wunsch hin übernachteten wir von Zeit zu Zeit im Schäferwagen, und eines Nachts wurden wir von klagenden Rufen geweckt. Da Beate nicht so schnell richtig wach wurde, übernahm ich den Liebesdienst allein. Ich rannte in den Stall und setzte mich schnell neben mein unglückliches Schafsmädchen. *Das ist gut, dass du da bist! Ich habe schlecht geschlafen und noch schlechter geträumt! Das Heu war weg und an seiner Stelle sah ich einen Berg Schlangen!* Ich beruhigte sie, und kurz darauf meinte sie auch schon wieder keck: *Hm, ich sehe gerade, da ist wirklich kein Heu mehr! Zwar sind da zum Glück keine Schlangen, aber es wäre mir sehr angenehm, wenn Heu da wäre!* Ich verstand den Wink mit dem Zaunpfahl (oder eher: Heuhalm!) und lieferte das Gewünschte. Ich blieb auch noch eine geraume Weile bei ihr sitzen und sah ihr beim zufriedenen Futtern zu. Ich war froh, dass sie sich rasch wieder beruhigt

hatte. Es war zudem wunderbar, dem Geräusch des Kauens zuzuhören und aus der anderen Stallecke ein Rascheln zu vernehmen, wenn Hälmchen seine Runden drehte. Aus Enites Burg drang gedämpftes Schmatzen, sie war beim Wiederkäuen. Selbstverständlich hatte ich auch bei ihr nach dem Rechten gesehen. Wir hatten immer Taschenlampen und andere batteriebetriebene Lichtquellen zur Hand, wenn wir zum Stall gingen, um gegebenenfalls Tier und Situation näher beleuchten zu können. Obie amüsierte sich königlich darüber. *Lustig, dass Menschen dauernd alles sehen und wissen wollen. Wir akzeptieren meist, ohne zu erforschen.* „Na, mein Schatz“, sagte ich lächelnd, „ich kenne da aber eine Forscherin von Gottes Gnaden, sie heißt Obie!“ Die begnadete Forscherin steckte unbekümmert ihre Nase in meine Hand. Ich strich ihr über den Kopf und den wuscheligen Nacken, der mich so sehr an Janti erinnerte. *Steht mir gut, gell?* Ich nickte. „Ja, meine Süße. Und jetzt wünsche ich dir eine erholsame Restnacht ohne Alpträume!“ Obie sah zufrieden aus und ich verschwand wieder im Schäferwagen. Ich ergatterte noch ein paar Mützen voll Schlaf ohne jede Unterbrechung. Also hatte ich mein unglückliches Schäflein wieder glücklich machen können.

Meine Tiere glücklich zu machen ist das Höchste für mich. So versuchte ich nach Kräften, weiterhin meine geliebten Schafsenioren munter und lebensfroh zu halten. Obie gab mir wertvolle Tipps, wenn ich nicht recht weiterwusste. Das bezog sich insbesondere auf die jeweils zu wählende Therapieart, denn ich hatte viele Ideen, die ich nicht alle ausprobieren konnte – was Obie aber gar nicht schlecht gefallen hätte. Neugierig fragte sie mich einmal: *Hast du Angst, das könnte uns umbringen? Das musst du nicht befürchten, ich probiere gern alles aus. Wenn es mir gut bekommt, wunderbar. Wenn nicht, kurierst du es ja wieder. Also, warum zögern?* Bei ihr wollte ich primär den beschleunigten Stoffwechsel regulieren und die neuerdings auch tagsüber auftretende Unruhe in den Beinchen, gepaart mit Durchblutungsstörungen, kurieren. *Prima, ich bin gespannt! Ich werde ja ein richtiges Arzneikästchen!* Das bestätigte ich, und Obie freute sich. *Spannend, was da so abgeht!*, meinte sie, als einige Zeit und Globuli später ihr Gesamtzustand eine deutliche Verbesserung erfahren hatte. Auch ihr Appetit war nach einer kurzen Phase der Karotten-Abneigung bald wieder uneingeschränkt: *Ich weiß ja nicht, was du mir da verpasst hast, aber jetzt finde ich die Karotten gar nicht mehr so total orange, das war langweilig! Sie waren mir zu wenig bunt. Jetzt finde ich das wieder in Ordnung!* Ich starrte sie verblüfft an. „Was ist los? Sie waren dir zu orangefarben? Mir verschlägt es die Sprache! Ich muss sofort das Arzneimittelbild nochmals studieren, um herauszufinden, welche Zusammenhänge sich da auftun!", sagte ich lachend zu ihr. Aber insgeheim war ich einfach nur froh, dass ihr wieder alles schmeckte. Schon verrückt, was man alles von seinen Tieren erfährt, wenn man sich mit Tierkommunikation beschäftigt... Beim Trinken lehrte mich Obie ebenfalls Neues: Manchmal schlürfte sie begeistert zwei Schüsselchen leer, andere Male beäugte sie kritisch das frische Wasser und schüttelte nur indigniert den Kopf, obwohl sie kurz zuvor den Wunsch geäußert hatte, etwas zu trinken zu bekommen. „Ist etwas nicht richtig mit dem Wasser?", fragte ich dann und bekam die wiederholte und seltsam klingende Antwort: *Es ist heute arg nass!* Damit fing ich nicht viel an, denn Trockenwasser gibt es meines Wissens nicht. Das sagte ich auch zu Obie. *Hm, ja, stimmt. Aber ich fände das zwischendurch gut, mir ist nicht immer nach nass!* An Trockenwasser-Wunschtagen dauerte es etliche Minuten, bis das durstige Schafsmädchen gnädig ein paar Schlucke nahm. An normalen Tagen lobte sie, wie erfrischend das Wasser sei und hatte offenbar vergessen, dass es das nicht immer für sie war. Aus einer Flasche zu nuckeln wie Enite lehnte sie kategorisch ab. *Das ist nichts für mich, ich bleibe bei der Ersatztasse!* Damit meinte sie ihre Schüssel. Ich hatte ihr zu erklären versucht, dass es bei einer Flaschennutzung weniger nass wäre, doch ich muss gestehen, dass Enite und ich es durchaus fertigbrachten, das Fläschchen wie eine Wasserpistole einzusetzen. Obie bekam das natürlich mit, sie nahm regen Anteil am Pflegeprojekt ihrer älteren Schwester.

Ein großes und unvergessliches Ereignis war die Feier von Obies 18. Geburtstag am neunten Juli. Obilot hätte nur gut vier weitere Wochen durchhalten müssen, um diesen Tag gemeinsam mit ihrem Zwilling zu begehen – aber es wäre unter den gegebenen Umständen kein schönes Erlebnis für sie gewesen. Obie hingegen genoss unsere noch intensivere Zuwendung in vollen Zügen. Sie ließ uns spüren, wie sehr sie sich geliebt fühlte und wie wohl dies ihrer Seele tat. *Man kommt sich vor wie eine enorm wichtige Person!*, meinte sie und fügte schelmisch hinzu: *Was ich freilich auch bin!* Ja, zweifellos. Wir hatten eine Stroh-Theke aufgebaut, worauf Obies Lieblingsgenüsse lagen, und wir holten nach und nach alles her, ließen sie aus der Hand fressen und kündigten als Höhepunkt einen kleinen Vortrag an, der Obies Besonderheit betonte und den ich in Versform gebracht hatte. Nachdem die Theke ziemlich leergefuttert war und Beate und ich den obligatorischen Kaffee getrunken hatten (dessen Geruch ja bekanntermaßen meine Schafe entzückte) stellte ich mich dem Geburtstagskind gegenüber und musterte

rasch noch einmal das Ambiente: Überall waren Girlanden mit Herzmuster aufgehängt. Man sah überdeutlich, wie lieb und wert uns Obie war. Als ich zu sprechen begann, wirkte sie nach ein paar Sätzen, als geniere sie sich ein wenig. Sie schob ein kleines Heuhäufchen hin und her, raschelte im Stroh und ich sagte schließlich: „Schatz, bitte, hör doch einfach zu!" Sie blickte mich an, und ich merkte: Jetzt habe ich ihre volle Aufmerksamkeit.
Ich machte zwischen den verschiedenen Inhaltspunkten des Gedichtes kleine Pausen, in denen ich einfach zu Obie sah und ihr herzlich zulächelte. Ich vergaß auch nicht, die geliebte Zwillingsschwester Obilot mit einzubeziehen, die selbstverständlich diesen Tag in unseren Herzen mitfeierte. Ich hatte dafür allen Herdenmitgliedern ein paar Extra*korinthen* spendiert. Schon während des Vortrags spürte ich eine besonders tiefe Verbundenheit mit Obie, die mich ganz erfüllte. Ich schloss das Festgedicht mit einem Dank an unser so lebensfreudig-positiv gestimmtes Geburtstagsschäfchen. Die darauf folgende Stille schuf eine geradezu verzauberte Stimmung im Stall. Unser sonst so redefreudiges Plappermäulchen sagte keinen Ton. Auch Enite und Hälmchen verharrten reglos. Eine Welle dankbarer, glücklicher und zutiefst berührender Liebe floss von Obies Herzen direkt zu mir und Beate. Es war, als habe unser Schafsmädchen all seine guten Gefühle für uns gebündelt und erfahrbar gemacht. Minutenlang genossen wir alle drei diese Einheit, die wir als irdisch nicht zählbar erlebten.
Obie war die Erste, die ihre Sprache wiederfand und uns in den Alltag zurückholte. *Das nenne ich einen gelungenen Geburtstag, danke! Ich bekomme direkt Lust, mindestens 19 zu werden!* Ich strich ihr über den Kopf und versprach: „Wenn du das möchtest und kannst, tu es! Wir freuen uns sehr, dich zu haben und wir werden immer für dich sorgen, das weißt du!" Obie sandte mir ein mentales Nicken und ergänzte: *Und ich sage euch immer, was Sache ist, wenn ihr mal zwischendurch wieder schwer von Begriff seid!* Mit diesen gegenseitigen, hilfreichen Zusagen fanden die Feierlichkeiten einen allseits befriedigenden Abschluss. Ich ging daran, im Haus ein Schafs-Abendessen der bunten Sonderklasse zu richten, mit Topinambur (weiß), Sellerie (grün), Roter Bete und Dinkelflocken, die ich den ach so orangefarbenen Karotten beimischte. *Ah! Sehr schön, die Mühe hat sich gelohnt! Ich bin höchst erfreut!* Wir auch.

Die warmen bis heißen Sommertage ließen die Stallluft trotz geöffneter Tür und Fenster stickig werden; ich befürchtete, dies könnte schlechte Auswirkungen auf die Atmung der Liegenden haben, aber zum Glück war dies nicht der Fall. Obie ärgerte sich lediglich über die frechen Fliegen, aber wir konnten sie nicht wirksam verscheuchen – es war absolut unmöglich, über Obie ein Netz zu hängen, wie bei Enite. *Nichts da! Ich brauche Freiraum, ich liege schließlich nicht so rum wie meine große Schwester! Dann krabbeln sie halt umher. Ich übe mich in Akzeptanz!* Das tat sie; ich selber hatte weitaus größere Schwierigkeiten, die schwarzen Summsler hinzunehmen, wenn ich von ihnen belagert wurde. Dies kam oft vor, denn ich liebte es ebenso wie Obie, wenn wir zusammensaßen, *Fühlreden* durchführten und über alles und nichts *fühldiskutierten* – es waren mitunter richtige Debatten, die wir uns gönnten. Immer waren wir uns am Schluss aber einig: Das Wichtigste ist das Sein, das reine, absolute, wertfreie Sein. Es ist großartig, dass wir das zusammen erleben durften.
Ich war mit Obies Gesundheitszustand einigermaßen zufrieden, es tat mir nur leid, dass sie nun selber nicht mehr aufstehen und ein wenig laufen konnte, ihr aber genügte es, immer kurz aufgestellt zu werden, solange wir ihr Strohbett frisch richteten. So gelang es mir auch, ihre malträtierte Schulter im Zweifelsfall einzucremen oder mit Wattepad zu schützen. Obie hatte mittlerweile begriffen, nicht zu sehr herumzuzappeln, wenn ihr etwas nicht schnell genug ging. Sie hatte die unangenehme Erfahrung machen müssen, dass dann die zarte heile Haut reißen konnte und Schmerzen verursachen.
Im Übrigen muss ich sagen: Ihre Sicht der Dinge beeindruckte mich sehr. *Ich sitze recht bequem, und ihr bringt mir ja die Welt herein!* So erklärte sie, als ich bedauernd geäußert hatte: „Ich bin schon traurig darüber, dass du derart eingeschränkt bist!" Wie brachte ich ihr denn *die Welt herein? Ganz einfach: Du bist ein vielseitiges Lebewesen mit einer Menge von Eindrücken, Erlebnissen, Neuigkeiten. Das kriege ich alles mit, wenn du zu mir kommst! Und sowieso nehme ich durch dich und Beate teil am Leben draußen und drinnen!* Ich erwiderte rechtschaffen reumütig: „Aua, das weiß ich eigentlich selber, sorry, mein Schatz!" Obies mentales Lachen klang gutmütig und verständnisvoll.
Nach einer ziemlich kühlen Nacht tränte Obies geschädigtes Auge, doch sie meinte beim morgendlichen *Fühlreden* ganz munter: *Nicht dass du denkst, ich heule! Das ist rein körperlich! Aber es klebt, es ist eine dämliche Fliegenfalle! Hast du eine Gegenidee?* Gewiss. Bis zum Abend hatten wir den Fliegen den Spaß genommen, das Auge war trocken und sauber. Ich gab Obie noch

zwei weitere Tage ihre hilfreichen Globuli, und sie blieb beschwerdenfrei trotz weiterer nächtlicher Temperaturstürze. Ansonsten hielt sie sich wacker, ich hoffte, es blieb noch lange so. Doch dann machten urplötzlich Obies Zähne Probleme. Da sie weiterhin in normalem Tempo normale Mengen mampfte, merkte ich es nicht sofort. Doch als ich sie einmal am Ohr untersuchte, weil sie beständig damit schlackerte und ich sie dabei an der Wange berührte, fühlte ich eine weiche Ausbuchtung. Das Ohr hatte nur einen kitzelnden kleinen Heuhalm als Störenfried vorzuweisen, doch ich inspizierte daraufhin Obies Mundhöhle. „Du siehst aus, als hättest du Mumps, aber das ist ausgeschlossen“, teilte ich ihr mit, „demnach stimmt etwas mit deinen Zähnen nicht!“ Obie senkte den Kopf und murmelte mental: *Ich wusste, dass du es mal merkst, ist ja echt so schlimm, wie Hälmchen immer sagt!* Ich ahnte, worauf Obie anspielte: Hälmchen kam auch öfter in den (für ihn zweifelhaften) Genuss meiner tierheilpraktischen Einmischungen. Er jammerte dann mitleidheischend: *Seit du Arzt bist, ist das nicht mehr lustig!* Wenn ich ihm erläuterte, gar kein Arzt zu sein, meinte er unbeirrt: *Aber es kommt auf dasselbe raus!* Erstaunt fragte ich Obie: „Was soll das heißen? Willst du diesmal keine Hilfe? So kenne ich dich gar nicht!“ Obie ließ mich fühlen, dass sie es nur nicht mochte, wenn man ihr im Mäulchen herumfummelte. Es half aber nichts, ich brauchte Klarheit. Schnell fand ich mittels Taschenlampenlicht heraus, dass ihre Zähne sehr ungleich abgenutzt waren und sich ein zerkauter Heubissen zwischen den Zahnräumen verwickelt hatte. „Obie, Schatz, jetzt halt mal ganz still, beiß nicht zu und lass mich helfen!“, bat ich, ehe ich todesmutig Fingerübungen in Obies Oberkiefer machte – erfolgreich. Ich zog den Heuwickel heraus, säuberte die Zahnzwischenräume und lobte mein kooperatives Schaf. Die weiteren Überlegungen galten der veränderungsbedürftigen Mahlzeiten. Heu wollte ich ihr gekürzt anbieten, die Karotten und das übrige Gemüse raspeln. Ich hatte nämlich auch verkeilte Karottenscheiben gefunden. Mein diesbezüglicher Vorschlag kam nicht so gut an, wie ich gedacht hatte. *Ich bin ein natürliches Schaf, ich mag nichts Gekünsteltes!* Merkwürdige Argumentation, dachte ich, Einspruch abgelehnt. Ob es nun Karottenscheibchen oder geraspelte Möhren waren, spielte doch wahrlich keine Rolle! Aber für Obie schon. Sie ließ die *gekünstelte* Nahrung links liegen und streikte. Hälmchen war ebenfalls nur mäßig entzückt, das verschmähte Schüsselchen zu leeren. Ich grübelte nach, wieso die Raspelmöhren für Obie *gekünstelt waren* – ich kannte ihre Einstellung, dass man immer so natürlich wie nur möglich sein sollte, darüber hatten wir uns unlängst ausführlich unterhalten. Sie sagte damals: *Nur wenn man natürlich lebt und bleibt, ist man echt und kann sein Soll richtig erfüllen. Dazu gehört selbstverständlich auch der natürliche Tod.* Hatte ich in puncto natürlicher Nahrung eine Verständnisblockade? Da Obie im Übrigen einen gesunden Hunger und Appetit behalten hatte, luchste sie mir erhöhte Mengen ihres geschätzten nassen Zwiebacks ab sowie anderer, leicht zu kauender Genüsse. Ich gab schlussendlich klein bei und kehrte zu Karottenscheibchen zurück, das Heu durfte ich gnädigerweise kürzen. Dennoch gab es so manchen weiteren Wickel, den ich herausziehen musste. Ich hörte schon von aller Weite, ob Obie wieder eine Pausbacke hatte oder nicht: Ihr morgendliches (oder auch mittägliches, nachmittägliches…) Blöken klang dann fremdländisch nach *ÖHM*, oder auch *ÄHM*, bis hin zu *MÖHM* und *MÄHM*. Erklang diese Fremdsprache, flitzte ich hinaus und befreite mein Schafsmädchen vom Fremdkörper im Mäulchen. Eines Morgens schielte sie von unten herauf zu mir, als habe sie ein schlechtes Gewissen oder eine Überraschung für mich. Beim Näherkommen entdeckte ich ein nasses, klebriges grünes Häufchen vor Obies Schnauze, und bei näherer Betrachtung identifizierte ich es als ausgespuckten Heuwickel. *Ich erledige das jetzt immer selbst, du hast genug Arbeit!*, verkündete sie und sah mich halb stolz, halb unsicher an. „Wenn das klappt und du genügend fressen und abschlucken kannst, geht das in Ordnung!“, versicherte ich ihr. „Du bist wirklich großartig!“ Erstaunlicherweise normalisierte sich die Situation bald dahingehend, dass die Zahnanomalien keine Behinderung mehr darstellten; ich machte nach ein paar Tagen keine grünen Funde mehr, und Obie war zur Schafs-Muttersprache zurückgekehrt. Ich wollte aber doch noch erfahren, was denn jetzt das Scheibenkarotten-Drama zu bedeuten gehabt hatte. Ich empfing ein koboldhaftes Schabernack-Gefühl, und Obie verriet mir treuherzig: *Mach dir keine Gedanken, du hast nichts Wichtiges verpasst. Ich brauchte einfach einen Grund, diese Form abzulehnen. Es geht mir damit so, wie dir mit den Nudeln: Dir schmecken die hier* (vor meinem geistigen Auge tauchten Fusilli auf) *auch besser als die da!* (Ich erkannte Farfalle.) Perplex gab ich zu, dass das stimmt. „Gut“, sagte ich, „kapiert.“ *Klar!*, posaunte Obie, *wir ähneln uns in so manchem! Sei also ganz zufrieden, mehr steckt nicht dahinter.* (Ach, wie schön, dass selbst meine spirituellen, hochentwickelten Lieblinge manchmal banale Momente haben!) Insgesamt ging es Obie dann recht gut. Die Unpässlichkeiten häuften sich erst, als Enite nicht mehr da war und Obie mit Hälmchen in einer Zweier-WG im Stall lebte, die keine Herde mehr bildete:

Ich wusste von Janti, wie wichtig wenigstens eine Dreierkonstellation war, um das notwendige Herdengefühl zu wecken. Meine zwei bejahrten Tapferlinge konnten sich gegenseitig nur bedingt Trost und Gemeinschaftsgefühl schenken. Es wurde ungemein wichtig, häufig und lange durch unsere direkte Anwesenheit eine – wenngleich keine klassische – Herdenstruktur zu schaffen. Dass wir zwei Menschen das bestmöglich hinbekamen, hatten wir von Janti bestätigt bekommen. Auch von Obie und Hälmchen wurden wir vorbehaltlos aufgenommen. *Auf die Zahl der Beine kommt es nicht an! Ihr habt das passende Schafsgefühl!* Hälmchen wirkte ausgesprochen zufrieden mit seiner Feststellung. Und doch war klar, dass die kontinuierlich schrumpfende Familiengröße ein harter und angsteinflößender Umstand war; für uns alle vier.

Ich wollte unbedingt, dass Obie möglichst komplikationslos fressen konnte, und da ich mir nicht sicher war, ob die Besserung anhielt suchte ich nach Futter-Alternativen. Das Gras, das ich ihr abrupfte, schmeckte ihr zwar sehr gut, aber es machte ihr Mühe beim Kauen. Sie schob ihre Kiefer knirschend hin und her und ich versprach ihr, mir etwas einfallen zu lassen. *Hm, das wäre toll, vielleicht etwas frisch-Feuchtes? Gerne grün!* Ich machte mich schlau und besorgte eine großen Sack Heucobs. Diese Cobs ergaben, wenn man sie in Wasser einweichte, einen grünen, faserigen Brei, der Obie an Gras erinnerte und den sie überaus schätzte. *Oh, das Spezialgras schmeckt aber fein! Da hat die miese Zahnsache was Gutes für mich bewirkt – sonst hättest du vielleicht nie die Idee gehabt, mir sowas zu bringen! Danke!* Ich freute mich herzlich darüber, dass es meinem Schatz so mundete. Obie hatte auch überhaupt keine Schwierigkeiten, dieses *Spezialgras zu kauen.* Sie schaffte ohne weiteres zwei Portionen am Stück und hätte auch noch mehr vertilgt, wenn ich nicht aufgepasst hätte, dass sie nicht zu viel auf einmal zu sich nahm. Ein verdorbener Magen (oder genauer gesagt: bis zu vier Mägen) hätte uns allen gerade noch gefehlt. *Ja, das ist schon wahr. Aber fressen ist eine prima Beschäftigung! Da nimmt man auch mal ein Völlegefühl in Kauf.* Hälmchen ergänzte: *Wenn es nicht unsere Aufgabe wäre, viel zu fressen, wären wir nicht so magenreich!* Er klang recht hungrig. Schnell brachte ich den geliebten beiden *Magenreichen* ihren Gemüsesnack; sie sollten ihre Gaumenfreuden allzeit haben!

Hälmchen liebte Obies Kommentare zu allem, sie vermittelten ihm ein Gefühl des Dazugehörens, was seine schlechten Augen manchmal beinahe unmöglich für ihn machten. *Sie ist mein Radio,* erläuterte er mir. *Da habe ich immer die neuesten Nachrichten aus ganz frischer Quelle!* Ich fand diese

Bezeichnung süß, und zudem passend. „Du hast dein ureigenes *Radio*, ein besonders liebes dazuhin!“, bestätigte ich ihm. Die beiden rührten mich, sie waren ein goldiges Gespann. Obie wirkte aber zunehmend gedämpfter auf mich, irgendwie schien etwas mit ihr nicht zu stimmen. Sie fraß normal, schmuste gern und gab auch nicht zu verstehen, dass sie sich unwohl fühlte. Dennoch signalisierte mir meine überwache Liebe zu ihr, dass ein Wandel im Gange war. „Was hast du, mein Goldschatz?“, fragte ich schließlich ernstlich besorgt. *Hm, du kennst mich aber genau und hast sehr viel gelernt!*, sagte Obie anerkennend, *du brauchst nicht mehr viel Unterricht!* Ich schluckte. Das klang nicht eben verheißungsvoll, trotz des Lobes. Es klang nach nahendem Abschied. *Komm mal ganz dicht her, ich möchte dir was vermitteln.* Ich setzte mich zu ihr und nahm sie in den Arm. *So. Sei einfach bei mir und denke vor allem nicht!* Ich gehorchte. Ich sah innerlich Obie und mich in ein sanftes goldgelbes Licht gehüllt, das uns als eine untrennbare Einheit empfinden ließ. Beide verspürten wir den dringlichen Wunsch, uns noch enger als bisher zu verbinden – spürbar über irdische Grenzen hinweg. Mit Janti hatte ich ein vergleichbar beseligendes Erlebnis gehabt, in rosafarben empfundenem Einssein. Längst wusste ich, dass es jeweils die Hauptfarbe ihrer Aura war. „Wir schließen ein Herzensbündnis!“, flüsterte ich Obie ins Ohr. *Ja! Lass uns das tun!*

Ich hatte mich intensiv in die Quantenheilung für Haustiere eingearbeitet und war von der sogenannten „Heilung mit Herzenergie“ sehr angetan; es galt vor allem, in Resonanz mit dem eigenen und dem Herzensraum des geliebten Tieres zu kommen. Dann war es möglich, den betroffenen erkrankten Körperpartien Energie zu senden oder auch direkt Liebe in das Herzzentrum des Patienten fließen zu lassen. Die Selbstheilungskräfte sprechen darauf sofort und stark an. Es erschien mir zudem als eine einmalige Möglichkeit, eine überaus enge und kraftvolle Verbindung zwischen zwei Seelen zu schaffen. Natürlich ist diese Methode weit komplexer, als gerade von mir beschrieben, es geht mir nur darum, aufzuzeigen, was ich für Obie und mich plante. Sie wusste Bescheid, noch bevor ich es ihr sagte – aber das war ja klar. Sie stimmte vorbehaltlos zu, und wir begannen. Ich legte eine Hand auf Obies Herzzentrum, anschließend auf mein eigenes. Ich ließ bedingungslose Liebe in Obies Herz fließen und spürte beglückt denselben Liebesfluss zurückströmen. Obwohl es nicht nötig war, formulierte ich innerlich das tiefe Versprechen, über alle menschlich-beschränkten Grenzen wie Raum und Zeit hinweg Obies Seelengegenwart zu suchen und willkommen zu heißen.

Fühlredend sandte mir Obie liebevoll die gleichlautende Antwort. In meinen Handflächen pulsierte es, Obies Herz klopfte im Gleichklang mit dem meinen. Wir waren unbeschreiblich glücklich.
Es blieben uns nur noch wenige gemeinsame Erdentage; Obies Gesundheitszustand verschlechterte sich nicht wirklich, allenfalls mit der Verdauung haperte es ein wenig. Sie bat Beate um ein paar Reiki-Behandlungen: *Die Welle könnte ich gut gebrauchen, das machst du super.* Die beiden waren dann ganz vertieft, während ich Hälmchen mit Salatblättern ablenkte, da er die *Welle* ebenfalls spürte und prompt den Drang hatte, in ihre Nähe zu gelangen – das konnte zu kleineren Turbulenzen führen. Manchmal saßen wir zu zweit bei Obie, kraulten sie und streichelten abwechselnd ihren und Hälmchens Kopf, da der trübsichtige Schafsbube oft über uns alle stolperte und anschließend bei uns bleiben wollte; er ahnte sicher, dass diese Zeit des Gruppenkuschelns bald vorbei sein würde. Wir vier bildeten wahrlich eine eigenartige Herde.
Eines Abends hatte Obie einen derartigen Hunger, dass sie um Extrarationen bat: *Also, ich könnte Wagenladungen voll Heu fressen, Tonnen von meinem Grasbrei, viele viele Karotten – egal wie orangefarbig – und Zwieback und so weiter! Gibts Nachschlag?* Ich überlegte, wie groß die Menge sein durfte, um keine Schäden zu verursachen. Ich kannte Obies großen, gesunden Appetit, aber das hier erschien mir verdächtig, roch nach Enites Plan des Überfressens als *Fahrkarte gen Heimat.* „Was hast du vor, meine Süße? Ist das eine Enite-Nachfolge?“, fragte ich unverblümt. Grundehrlich gab Obie zu: *Hm, so ähnlich, ich möchte einfach noch alles auskosten, es macht so viel Vergnügen! Und ich brauche meine Kräfte!* Höchst alarmiert aber bereit, Obies Wünsche bestmöglich zu erfüllen, spendierte ich eine weitere Schüssel des *Grasbreis* und erlaubte ihr auch, Hälmchens Schüssel vollends leerzufuttern, da ihm der Sinn gerade nicht nach Karotten stand, sondern nach Stroh. Als Nachtisch bekam sie zwei Stück des feuchten Zwiebacks, und das Trinkwasser war ihr diesmal auch nicht zu nass. Bevor ich ihr und Hälmchen eine gute Nacht wünschte, häufte ich noch frisches Heu vor ihr auf. Sofort versenkte sie ihre Nase darin. Da mir diese Mengen nicht ganz geheuer waren, brachte ich ihr kurz darauf bewährte Globuli für eine konsequenzenfreie Fressorgie. Sie dankte mir herzlich: *Du denkst einfach an alles, danke! Ich mach mal hier beim Heu weiter! Schlaft alle gut!*
Mit mulmigem Gefühl betrat ich am nächsten Morgen den Stall; ich hatte von Obie mentale Warnungen erhalten, dass sie nicht besonders fit war. Sie

saß vor einem Rest Heu (verdächtig!) und wackelte sofort wild herum, als sie Beate und mich entdeckte (Rückfall in abgelegte Unvernunft). *Bitte frisch richten, und mal nachsehen, was sonst noch los ist!* Ich überprüfte ihre Schulter, aber sie war in Ordnung. *Ich bin gar nicht wie normal, ich habe keinen Hunger!* Ich fühlte, dass dieser Umstand sie schwer beunruhigte. Mich auch. Zwar nahm sie dann im Laufe des Vormittags ein paar Bissen Gemüse und zwei Stücke ihres heiß begehrten feuchten Zwiebacks an, doch die rechte Begeisterung dafür blieb aus. *Ist das aber blöd, der schmeckt irgendwie nach nichts! Na ja, ich werde alt.* Ich verbrachte nahezu den ganzen Tag in Obies allernächster Nähe, auch Beate setzte sich zu ihr und ließ sie die *Welle* genießen. Gegen Abend steckte Obie kleinlaut ihr Schnäuzchen in meine Hand und fühlte mir entschuldigend zu: *Ach! Ich habe dir da was beinahe versprochen, das ich nicht halten kann – ich werde keine 19, tut mir so leid!* Ich küsste sie auf die Nasenspitze und sagte traurig, aber gefasst: „Schatz, mach dir keinen Kopf! Wenn es Zeit ist, kannst du unbesorgt dem Ruf folgen, so sehr wir dich auch vermissen werden!" Obie sandte mir einen mentalen Erleichterungsseufzer und meinte: *Danke, ich wäre gerne noch bei euch geblieben, aber ich habe anscheinend meine Aufgaben schon erledigt. War ich gut?* „Du warst und bist fantastisch!", sagte ich stockend, „wir haben sehr, sehr viel von dir gelernt!" Zufrieden senkte Obie ihr Köpfchen ins Heu, roch interessiert aber satt daran und meinte: *Dann fühlreden wir noch ein bisschen, bevor wir schlafen. Ich glaube, ich kann dir noch eine letzte wichtige Sache beibringen*, sagte Obie, *dein drittes Auge schläft noch. Ich könnte dir helfen, es wenigstens halb wach zu bekommen. Möchtest du das?* Ich antwortete: „Ja, das möchte ich." Erwartungsvoll sah ich sie an. *Dann schließe deine beiden normalen Augen und drücke deine Stirn an der Stelle des dritten Auges kräftig auf eines meiner Hörnchen!, bat sie. Fühle ganz tief in den Punkt und lass jeden Gedanken los. Konzentriere dich auf das Sein, ohne jede Absicht.* Ich tat wie geheißen. Ein starker, aber angenehmer Energiestoß durchdrang die Kontaktstelle zu Obies Hörnchen, der sich von meiner Stirnmitte aus über den ganzen Kopf verteilte. Als ich die Augen wieder öffnete, leuchteten alle Farben kräftiger und trotz meiner Kurzsichtigkeit erschien mir meine Umgebung schärfer und klarer. *Das ist erst der Anfang!*, versprach mir Obie. *Du wirst im Laufe der Zeit noch viele andere und wunderbare Dinge wahrnehmen. Ich bin glücklich, dir dies ermöglicht zu haben.* Ich war bewegt. „Danke, mein Schatz!", murmelte ich in ihre Halsbeuge, „ich achte darauf, dass mein drittes Auge niemals wieder ganz einschläft." *Das schaffst du! Denke dabei an mich!*, ermutigte mich

Obie liebevoll. Später fragte ich sie: „Möchtest du, dass wir heute die Nacht über bei dir bleiben?" Sie sandte mir ein überzeugtes mentales Kopfschütteln und ergänzte: *Nein, habt Dank. Ich fühle dir zu, wenn ich euch hierhaben möchte, es ist noch nicht ganz Zeit.* Schweren Herzens gaben wir ihr einen Gutenachtkuss, streichelten Hälmchen und gingen ins Haus – es gab nur wenig Hoffnung, dass der folgende Morgen ein erfreulicher würde.

Als mein Herzensohr Obies Wunsch nach unserer Gegenwart vernahm, gingen Beate und ich sofort zum Stall. Obie sah uns mit wachem Blick entgegen. Wir machten ihr das Lager frisch, und noch während Hälmchen frühstückte, setzte ich mich zu Obie. *Bist du stark?,* fragte sie mich besorgt. Da wusste ich: Sie war auf dem Weg zu ihrer Herdenfamilie im Licht. „Ich muss wohl, mein Engel!", sagte ich kaum hörbar. „Es fällt mir so entsetzlich schwer, dich loszulassen, obwohl ich dein Bestes will! Es tut weh, weißt du! Sehr weh! Aber entschuldige, das sollte ich nicht sagen. Eigentlich sollte ich nicht einmal so empfinden!" *Unsinn!,* widersprach mir Obie in gewohnt engagierter Art, *das zeugt doch von Liebe, das verstehe ich vollkommen! Ich erwarte nicht, dass du abgeklärt bist und frohen Herzens Adieu sagst. Aber ich werde dir helfen, dass es leichter für dich wird.* Ich winkte Beate heran, dass auch sie in Obies direkter Nähe war. Dann nahm ich mein geliebtes Schafsmädelchen fest in die Arme. Sie drückte sich eng an mich und wir wurden vollkommen eins. Obies herzlichste Dankbarkeit für Beates und meine Liebe und Pflege hüllte mich ein. Ich empfand die Nähe aller vorangegangenen Herdenmitglieder, erkannte jedes einzelne geliebte wollige Gesicht. Die glückliche Erwartung übertrug sich auf mich. Ich bekam nur am Rande mit, wie Obies Körper ein wenig zuckte und ihre Atmung unregelmäßig wurde. Eine kraftvolle, heilige Freude durchdrang mich, die von Obies Seele kam. Ich nahm teil an ihrer Loslösung von Erdenschwere und Leibgebundenheit. Ihr Jubel war meiner. Ich kam erst wieder zu mir, als die Glocken der Dorfkirche zu läuten begannen und Obies Köpfchen still an meiner Schulter ruhte. Ohne meine Position zu verändern tastete ich nach Obies Herzen und legte noch einmal meine Hand darauf. „Danke, mein Liebling, für dieses kostbare Geschenk."

Beate sagte mir später, dass ich laut jubelnd gerufen habe: „Ja, Obie, oh wie schön!" Und dass ich eine Weile gänzlich unansprechbar gewesen war, nicht von dieser Welt. Der tiefe Schmerz über den Verlust Obies kam verzögert, so wunderbar tröstlich war das unbegreifliche Miterleben ihres Heimgangs in die Geistige Welt. Seit dieser Erfahrung mag ich nicht mehr von „sterben" und „Tod“ sprechen, da diese Begriffe im üblichen Sprachgebrauch viel zu negativ besetzt sind. Aus diesem Grund habe ich auch bei der Niederschrift dieses Buches wann immer möglich auf sie verzichtet.

Wir brauchten nicht lange, um Obie für die Abholung herzurichten, sie war sauber und noch immer hübsch anzusehen. Ich ließ mir aber Zeit, sie noch ein wenig zu betrachten und um auch ihr ein kleines Amulett anzufertigen. Ich spürte ihren lebhaften Wunsch, ich möge ihr ein lustiges Verslein umbinden, eines, das ihrer fröhlichen, liebenswerten Koboldsnatur entsprach, nichts Trauriges oder Schwermütiges. Also schrieb ich ihr ein paar liebevoll-kecke Reime und band sie ihr mit einem gelben Blümchen zusammen um ihren langwolligen, anmutigen Hals. Ich hätte den Zeitpunkt des endgültigen irdischen Abschieds gerne noch hinausgezögert; solange sie noch vor mir lag, war sie irgendwie noch da. Aber es war Hochsommer, und Hälmchen sollte schnellstmöglich unsere ungeteilte Aufmerksamkeit und Tröstung erhalten.

Somit mussten wir nach nur 20 Tagen abermals die Tierbestatter benachrichtigen; Frau Schuster war am Telefon derart schockiert, dass sie sagte, erst in zwei Stunden einen Termin frei zu haben. Als sie bei uns ankam – zum ersten Mal allein, ihr Mann hatte auswärts einen Kunden – entschuldigte sie sich und gab unumwunden zu: „Ich war so durcheinander, konnte es nicht fassen, dass ich irgendetwas Unsinniges faselte. Wie muss es erst euch ergehen!“ Die nächsten eineinhalb Stunden saßen wir zu dritt in der Küche und Beate und ich erzählten vor Obies Foto deren halbes Leben. Frau Schuster war fasziniert von der Klugheit und Liebesfähigkeit unserer Tiere; sie meinte nachdenklich: „Ich hatte bevor ich euch kennenlernte keine Ahnung, wie außergewöhnlich Schafe sind! Und wie intensiv und nahe man mit ihnen zusammenleben kann, ich hätte es nie für möglich gehalten. Aber so ergeht es wohl den meisten.“

Als der Moment des Verbringens zum Auto nicht mehr hinausgezögert werden konnte und wir noch einmal die Gelegenheit bekamen, Obies Körper ein allerletztes Mal zärtlich zu berühren, umarmte uns Frau Schuster und sagte betont burschikos: „Ich will euch jetzt ganz lange nicht mehr sehen! Das wünsche ich mir und euch von Herzen!“ So ging es uns auch, aber ich zweifelte nicht daran, dass es ein unerfüllbarer Wunsch war.

Den Spätnachmittag und weite Teile des Abends verbrachten wir damit, Hälmchen mit allerlei tröstlichen Leckereien zu füttern, frisches Stroh für ihn aufzuschütten und einfach in seiner Nähe zu bleiben. Er zottelte verloren durch den Stall, wo noch die niedrigen Burgmauern Obies an die tapfere Bewohnerin erinnerten. Unser Schafsbub blieb wiederholt am ehemaligen Schlafplatz seines *Radios* stehen, starrte ratlos in die leere Kuhle (ob er überhaupt etwas erkennen konnte, ist ungewiss) und fühlte mir ein ums andere Mal verwirrt zu: *Da ist sie nicht mehr, aber sie ist doch trotzdem da. Das merke ich. Erklärst du es mir?* Da ich genau dieselbe Empfindung hatte, verstand ich gut, was er empfand. „Mir geht es ebenso, ich glaube, dein liebes Radio ist immer noch in deiner Nähe. Ihre Seele kann gewiss bei dir sein!" Im selben Moment hörte ich innerlich eine wohlbekannte, muntere Stimme: *Hm, natürlich! Außerdem sind wir alle da, das merkt er schon noch! Er kann ja nicht alleine bleiben!* Ja. Das war ein wunder Punkt – hoffentlich reichte es Hälmchen, eine körperlos-himmlische Herde und eine irdisch-zweibeinige Ersatzherde um sich zu haben.

Allmählich wächst meine kleine Sammlung von Gedenkbüchlein zu einer Privatbibliothek heran, wenigstens kommt es mir so vor; manch ein himmlisches Herdenmitglied besitzt mittlerweile mehr als nur ein Bändchen voller Seelentexte. Natürlich legte ich noch am selben Tag auch für Obie ein Büchlein an; aus Erfahrung wusste ich, dass es mir half und Obie ebenso wie die andern den Inhalt durch meine Gedanken kennen würde.
Meine Gedenktexte an und für Obie sind sehr unterschiedlich; manche betonen die Sehnsucht nach ihrer Anwesenheit, andere betonen den Aspekt ihres heiteren Gemüts. Eines der Gedichte stieß auf besonders starke Antwortresonanz in meinem Innern, die mir Obie zuliebte. Mit diesem Gedicht danke ich dir, mein süßer kleiner Herzenskobold, an dieser Stelle für alles und versichere dir, dich immer innig liebzubehalten!

Die Sonne,
kleiner Kobold,
war deine goldene Freundin
und gelber Löwenzahn,
die Blüte deines Lieblingskrauts,
erfreute dir Gaumen und Auge -
mich, geliebter kleiner Kobold,
erinnert nun
jede Sonnenblume
und jeder gelbe Löwenzahn
herzlich an dich
und gelbgoldene Zärtlichkeit
steigt in mir auf
und umfängt
dein Bild in mir.

Obies große Liebesgabe, mein Miterleben ihres Eintritts ins heimatliche Licht, veränderte meine Einstellung gegenüber dem sogenannten Sterben von Grund auf. Zwar fürchtete ich zutiefst den Augenblick, in dem es bei Hälmchen soweit sein würde, aber ich wusste zugleich, dass es dann nicht das vollkommene Ende war, sondern der Beginn einer anderen, neu erfahrbaren Existenzrealität. Für ihn und für mich.

Hälmchens letzter Auftrag

Die ersten Tage waren sehr schwer; die ungewohnte Stille im Stall, der leere Schlafplatz, die unnötig gewordenen Futterrationen für einen zweiten *Magenreichen* – all das legte sich uns bedrückend auf die Seele. Hälmchen, der von Natur aus kein großer Redner war, sagte noch weniger als sonst. Ich musste ihn regelrecht zu Meinungsäußerungen auffordern, ihm herzliches *Fühlreden* anbieten, damit er mir ein wenig Einblick in sein Gemütsleben gewährte. Dies war aber nötig, da er offenkundig aus der inneren Balance geraten war und unseren Beistand benötigte. Er fraß zwar seine Portionen auf und zupfte auch hier und da ein Gräslein, das er mühselig ausfindig machte, aber er wirkte einsam und orientierungslos. Körperlich entwickelte er eine hartnäckige Verstopfung und erste ausgeprägte Gangunsicherheiten, die nicht auf sein Augenleiden zurückzuführen waren. Er hatte buchstäblich den Boden unter den Füßen verloren und nach wenigen Wochen des Alleinseins fiel er um und kam nicht mehr von selbst auf die Beine. Vorausgegangen war diesem Ereignis ein intensiver Seelenkontakt, den ich von ihm erbeten hatte, als ich von Janti und Obie die spürbare Bitte erhalten hatte, mich zielgerichtet um Hälmchen zu kümmern. Ich hatte hierzu ein Bild empfangen, das unseren Schafsbuben zusammengekauert zeigte, mit einem Verkehrsschild neben sich, das nach Sackgasse aussah. Ich interpretierte es als Tipp, ihm eine Richtung vorzugeben, damit er weitergehen konnte. Die Unterhaltung mit ihm half mir, ihn noch besser zu verstehen und zu unterstützen. *Das alles macht mir schon ein bisschen Angst! Nebel, kein Radio, überhaupt ist da keiner! Gut, dass ihr noch da seid, sonst müsste ich bestimmt verhungern.* „Wir lassen dich gewiss nicht hungern, und **ver**hungern schon überhaupt nicht, sei völlig ruhig. Davon abgesehen: Was ist denn jetzt für dich das Wichtigste?“, fragte ich ihn. *Ich muss durchhalten. Ich soll noch bleiben, aber das ist gar nicht einfach für mich und gar nicht lustig. Ich hab euch sehr lieb, aber wie soll ich euch denn behilflich sein? Ich brauche doch selber Hilfe!* Er schien wirklich eine Orientierung zu brauchen, er klang so mutlos. „Wir sind glücklich, dass von euch sieben wenigstens noch einer, nämlich du, hier ist! Du bist uns enorm wichtig, mein kleiner Prinz, jetzt erst recht, aber du bist es seit deinem ersten Lebenstag. Wir wollen dich behüten, bis auch du den Ruf bekommst, wir wollen nichts als dein Wohl! Du musst nichts leisten, nur einfach sein. So, wie dein Bruder Erec es mich lehrte, erinnerst du dich?“ Hälmchen sandte mir ein treuherziges Seelennicken. *Ja, freilich.*

Ist das auch wirklich alles? „Von unserer Seite aus, gewiss!“, beruhigte ich ihn, „aber ich kenne deinen Seelenplan nicht, weißt du denn Näheres?“ Hälmchen erwiderte, schon etwas zuversichtlicher: *Was ich halt gerade sagte, ich muss noch ein wenig bleiben und euch langsam entwöhnen!* Trotz der ernsten Thematik musste ich lächeln – er drückte sich noch immer so drollig aus. Auch hatte er nach wie vor, mit über 17 Jahren, ein sehr junges Gesicht. Er war und blieb eben unser geliebtes Babyface. Jedenfalls sah ich nun klarer: Sein ehrliches Bemühen, vertrauensvollen inneren Kontakt zu mir zu halten während des *Fühlredens* rührte mich und zeigte mir, dass er aufgeschlossen war und bereit, sich - wo nötig - lenken zu lassen. Er war, situationsbedingt, im ausdauernden *Fühlreden* nicht so geübt wie Janti und Obie, aber wir konnten uns problemlos und liebevoll verständigen. Ich mischte ihm ein Fläschchen mit Bachblüten, die sein Selbstbewusstsein, seine Intuition und sein Durchhaltevermögen stärken sollten. Die hilfreiche Wirkung war nach wenigen Tagen deutlich spürbar; da er aber melancholisch blieb, fügte ich noch eine weitere Blüte hinzu, die fast sofort sein Gemüt erhellte. *Das ist ja, als ob du eine Lampe in meinem Herzen angemacht hast. Ich bin nicht mehr dunkelfühlig!* Genau das hatte ich beabsichtigt.

Sein erster Sturz kam für mich aus relativ heiterem Hälmchen-Gesundheitshimmel, da er keine pathologischen Anzeichen hatte erkennen lassen. Wie so oft war ich auf meinem Beobachtungsposten am Badfenster gewesen und machte mir allmählich Sorgen, da ich Hälmchen seit über einer Stunde nicht mehr gesehen hatte. Üblicherweise pendelte er alle paar Minuten vom Stall zum Schäferwagen oder zumindest bis kurz davor, dann wieder zurück. Viel Ruhe zum Grasen oder Heufressen brachte er nicht auf, unstet pilgerte er umher. Unser Mentalkontakt stand noch auf etwas unzuverlässigen Füßen, daher empfing ich keine Notsignale oder überhaupt einen Hinweis. Ich überlegte, ob ich nachsehen sollte, aber ich kannte Hälmchens Abneigung gegen Kontrolle: Anders als die schmusefreudigen Mädels sah er sich jetzt wieder als starken Buben, der weitgehend allein klarkam und sowieso keinen Aufpasser brauchte. Es war Obies Mitteilung, unterstützt von Janti, dass ich in den Stall eilen und Hälmchen helfen sollte. Was genau los war, erfuhr ich nicht. Mein Schrecken war immens, als ich den bejahrten Jungen mitten im Stall liegen sah, reglos und kühl. Aber er atmete! *Hallo, ich bin nicht gestorben*, begrüßte er mich schwach. Ich träufelte ihm Rescue-Tropfen ins Mäulchen und versuchte, ihn auf die Beine zu stellen. Es klappte nicht. Gerade, als ich ins Haus laufen und Beate alarmieren wollte – zum Glück war Samstag - kam diese atemlos hereingerannt. „Ist es also wahr!“, sagte sie statt jeder Begrüßung, „jemand hat mich herbeordert, weg vom Gemüseschnippeln, weil ihr Unterstützung braucht!“ Hälmchen murmelte matt: *Radio mit Sonderdurchsage.* Es war definitiv eine bedrückende Situation mit heiteren Komponenten.

Es gelang uns, den armen Gestrauchelten aufzustellen und zu stabilisieren. Er fühlte sich wieder warm an und hatte gottlob keine Schocksymptome. „Wie ist das passiert?“, fragte ich nervös. Fing es nun auch bei ihm an, das Fallen und womöglich Liegenmüssen? Er gab etwas unklar Auskunft: *Der Boden war weit weg, meine Beine kamen mir vermehrt vor, haben sich verheddert. Habe ich wirklich bloß vier? Und warum sind sie so nachgiebig?* Ich bat ihn, eine genauere Untersuchung vornehmen zu dürfen. *Oh, tut das weh?* Ich verneinte, und er erlaubte meinen Zugriff. Reflexe, Temperatur, Zustand der Gelenke und so weiter – es war alles im Normbereich. Aber ihm sei schwindlig, gestand er. Ich bat Beate, ihm Reiki zu geben, während ich im Haus sein Konstitutionsmittel in eine Einwegspritze füllte. *Das ist in Ordnung, das habe ich schon einmal hilfreich bekommen,* stimmte Hälmchen zu, als ich ihm die Tropfen auf einem Stückchen Knäckebrot verabreichte. Den restlichen Tag verbrachten wir in seiner Nähe, ich beobachtete jeden seiner Schritte. Er schien wieder stabil. *Bevor ihr fragt: Nein, ich brauche keine Nachtwache, danke, geht mal ins Bett!* So wurden wir am Abend nach dem Füttern und einer weiteren Gabe Reiki freundlich, aber bestimmt, von Hälmchen verabschiedet.

Während der folgenden Tage verstärkte ich meine besorgte Observation von allen drei geeigneten Fenstern aus, aber unser Goldjunge drehte tapfer seine Runden, fraß gut und klagte nur vereinzelt über Bauchschmerzen. Wenn ich ihn abtastete, grummelte er manchmal schmerzlich und zuckte, die Bauchdecke war oft sehr gespannt. Er wirkte auf mich, als müsse er sich zusammennehmen, um sich einigermaßen zu halten. Er wollte uns ganz offensichtlich so wenig Sorgen wie möglich bereiten. Ich meinerseits versuchte weiterhin, seine Verdauung besser in Gang zu bringen. Zum Glück bereitete das Wiederkäuen keinerlei Schwierigkeiten, ich beobachtete das mit scharfem Blick. „Bist du einverstanden, dass ich dich mit homöopathischen Mitteln und Bachblüten unterstütze?“, fragte ich ihn anstandshalber, als ich mir überlegte, was ich ihm alles geben könnte für eine bessere Durchblutung, ein starkes Immunsystem und gegen seine sich häufenden Kreislaufprobleme. *Ja, mach nur, aber bitte nur das Allernötigste!,* sagte er und erklärte mir: *Ich will*

und brauche nicht gegen jede Unpässlichkeit etwas, hab keine Angst. Wenn du mich aber zum Ausprobieren und Lernen brauchst, bin ich gerne für dich da! Mir aber ging ein Kronleuchter auf: „Nein, Liebling, ich probiere nichts an dir aus, und was ich noch zu lernen habe, das weiß ich jetzt! Es geht darum, zu begreifen und zu akzeptieren, dass man gewissen Dingen ihren Lauf lassen muss, eingreifen, wo nötig und dann loslassen." Hälmchen sandte mir einen tief erleichterten Seelenseufzer und fühlte mir freundschaftlich zu: *Das klingt richtig. Es muss dir arg schwerfallen, wo du doch mein Arzt bist! Gute Arbeit!* Ich bemühte mich, diese gute Arbeit zu perfektionieren. Der tapfere Schafsbub hatte es verdient.
Ich spürte oft nach innen, in mein Herzzentrum, wenn ich von zu vielen offenen Fragen geplagt war – ich zählte heimlich die Tage, seit wir nur noch Hälmchen bei uns hatten, und jeden Tag, den er mit uns durchlebte, empfand ich als Geschenk und auch als Sieg über den Feind, der den letzten unserer Truppe bedrohte: den Tod. Ich wähle hier bewusst das gefürchtete, für mich in diesem Buch nicht wirklich stimmige Wort, weil ich damals in panischer Dauerangst auf den Moment wartete, der mir mein siebtes und letztes geliebtes Schaf unwiderruflich wegnehmen würde. Ich versuchte kaum, etwas Gutes in dieser Aussicht zu erkennen, obwohl ich doch miterlebt hatte, wie wunderbar die Abreise sein konnte und auch, dass es keine vollkommene Trennung gab! Es war mein Selbstmitleid, das mich immer wieder daran hinderte, dauerhaften Trost und unverlierbare Zuversicht aus Obies Liebesgabe zu ziehen. Aber wann immer ich in mein Herzzentrum spürte, gewann ich an Stärke. So nahmen meine Fortschritte zu und wurden seltener durch Rückfälle geschwächt. Ich überlegte weniger und liebte noch mehr. Hälmchen merkte es und lobte mich: *Mein Radio hat sich nicht geirrt! Dein Verstand weiß, wann er nichts weiß! Das nenne ich klug! Freust du dich?* Und ob ich das tat! Es war mir ein großes Bedürfnis, Obies Liebesgabe und Jantis lehrreich-zärtlichen Unterricht heilbringend für Hälmchen – und alle Lebewesen, die mich je brauchten – umzusetzen. Auch lernte ich, mein halbgeöffnetes drittes Auge zunehmend aktiv in meine Entscheidungen mit einzubeziehen. Ich vertraute meiner geschärften Wahrnehmung, die mich beglückend die innere Seelenpräsenz Jantis und die Herzensverbindung zu Obie erkennen ließ. Hälmchen kannte meine Gefühle, er kommentierte nur nicht alles, wie es sein redefreudiges *Radio* so gerne praktiziert hatte. Aber manchmal überraschte er mich mit erstaunlichen und zutreffenden Bemerkungen. Ich war recht verblüfft, wie er sich eines Tages zu

seiner Augenerkrankung äußerte, ohne – wie sonst so oft – über Nebel und schlechte Sicht dadurch zu sprechen. *Ich sehe jetzt ganz viel, was ich früher nicht entdeckt habe, aber ich mache das ohne Augen, die schaffen das nicht. Gut, dass es auch so geht!* Ich fragte ihn natürlich sofort, was er denn sah und neu entdeckt hatte. *Oh, das ist schwierig zu erklären, es sind lichte Wesen bei mir, die ich sehe, ohne sie zu sehen. Weißt du, was ich meine? Das ist neu und spannend. Und die anderen sind auch da, fast immer. Aber nicht so wie früher. Das ist schon ein bisschen schade.* Ich konnte ihm nur beipflichten, und ich war beruhigt, dass er seine Herdenfamilie wahrnehmen durfte. Ich selbst sah meine Himmelslieblinge zwar nicht, aber ich spürte sie und wusste, dass sie nicht unerreichbar waren. Dies half mir, mit dem Verlust ihrer greifbaren Nähe besser zurechtzukommen. Und Hälmchen zog offensichtlich den lebensnotwendigen Trost aus seiner Wahrnehmung. Es gab aber auch Tage, an denen er sich verlassen fühlte, besonders, wenn er größere gesundheitliche Probleme hatte. Ich denke hierbei vor allem an seinen zweiten Sturz, der uns alle mächtig aufwühlte: Hälmchen, weil ihn seine wiederkehrende Hilflosigkeit ängstigte und Beate und mich, weil es uns an Enites und Obies „Burgen-Notwendigkeit" mit allen Konsequenzen erinnerte. Diesen zweiten Sturz erlebten Beate und ich direkt mit; Hälmchen lag noch halb dösend in seiner Strohkuhle, als wir den Stall betraten. Um ihn nicht zu erschrecken, begrüßten wir ihn leise, und er rappelte sich sofort hoch. Doch dann knickten seine Vorderbeine ein, und er fiel zurück in seine Ausgangsposition. Er versuchte mehrere Male aufzustehen, ohne Erfolg. *Es klappt nicht!,* meinte er verstört, *geht es überhaupt noch?* Ich ließ mir meinen Schrecken nicht anmerken und sagte zuversichtlicher, als ich mich fühlte: „Das probieren wir jetzt einfach aus, mein Schatz. Und nachher bringe ich dir ein Stärkungsmittelchen, du wirst sehen, dann fühlst du dich besser!" Mit vereinten Kräften schafften wir es, den zittrigen Schafsbuben aufzustellen und mit einer Gabe Rescue soweit zu stabilisieren, dass er zum Futtertrog gehen und sein Frühstück zu sich nehmen konnte. Beate blieb bei ihm, während ich im Haus ein paar Medikamente für ihn zusammenstellte. Nach und nach kehrten seine Zuversicht und seine Trittsicherheit zurück; dennoch untersuchte ich ihn kurz, fand aber keine aufschlussreichen Besonderheiten. *Ich bin nicht krank, mein Körper ist nur schwächer als meine Seele! Er mag nicht mehr so recht, daran muss ich mich erst gewöhnen. Ihr unterstützt mich dann bitte dabei.* Ich strich ihm über den Kopf und sagte: „Absolut!"

Die nun folgenden Wochen waren für Hälmchen und seine zwei Menschen eine einzige Herausforderung: Er konnte nur aufstehen, wenn wir dabei waren, ohne unsere Hilfe ging es nicht. Das hatten wir zum Glück noch am selben Tag festgestellt, als wir den Stall frisch einstreuten und Hälmchen nach seiner Mittagsruhe aufstehen wollte und es wieder nicht alleine klappte. *Ich bin jetzt ein alter Mann! Aber wird man so plötzlich alt?* Er klang mehr verwundert als panisch oder traurig. „Für uns bist du immer unser kleiner Prinz, Süßer!", versicherten wir ihm und beratschlagten, wie wir mit der veränderten Situation am besten umgingen. „Wenn du unbedingt aufstehen musst oder möchtest, schick uns mental einen Hilferuf!", bat ich ihn, „und solange wir nicht da sind, bleib bitte ruhig liegen, bis wir kommen!" Hälmchen blinzelte müde und fühlte mir zu: *Freilich, das musste mein Radio ja auch. Hoffentlich denke ich da dran, wenn es mich überkommt!* Ich seufzte. „Bitte tu das, sonst hast du bald eine kaputte Schulter, das weißt du!" Ich stellte mir bildlich sämtliche verletzten Schultern vor, die ich kuriert hatte und Hälmchen kapierte. *Nein, das möchte ich nicht haben, ich warte lieber.* Und er hielt Wort. Tagsüber stellte sein Handicap kein allzu großes Problem dar; wir sahen mehrmals nach ihm und er ließ sich stets wenn wir kamen auf die Beinchen helfen, drehte ein paar Runden, trank, fraß und legte sich wieder hin. Da er sehr leicht ermüdete, war er mit diesem Tagesablauf völlig zufrieden. Die Nächte waren etwas schwieriger. Zwar schlief er jetzt viel, aber er war es gewohnt, nachts gelegentlich herumzumarschieren – ich erinnere nur an seine Vorliebe, im Mondenschein zu wandeln – und davon kam er nicht ganz los. Zudem verspürte er bisweilen Hunger, obwohl er allabendlich ein reichhaltiges Menü aus verschiedenen Gemüsesorten, Salat und Dinkelflocken bekam. Auch ein Heuhäufchen lag vor seiner Schnauze bereit. Wir entschieden, den Wecker auf zwei oder drei Uhr in der Früh zu stellen, um jede Nacht nach ihm sehen zu können. Zwar hatte ich mit ihm ausgemacht, dass er zu jeder beliebigen Tages- und Nachtzeit einen mentalen Notruf senden sollte, sobald er uns brauchte, aber ich wollte mir sicher sein, nichts zu versäumen. Viele Nächte lang machten wir es so, und Hälmchen war immer dankbar, wenn wir ihm damit die Gelegenheit gaben, sich ein bisschen Bewegung zu verschaffen oder ihm einen Snack mitbrachten, den er sofort freudig verspeiste. *Das ist ein prima Seniorenhotel von euch, ihr seid echt lieb!* Nun, wir hatten ihn ja auch sehr lieb, unseren Letzten der wundervollen Truppe.

Hälmchen seinerseits wollte uns ebenfalls etwas zuliebe tun, und so meinte er eines Abends: *Ich bin heute nicht wanderlustig, und wenn ich etwas Vorratsheu bekommen kann, dann langt das bis zum Morgen – bleibt mal heute im Bett, es gibt keine Probleme!* Ich gab ihm einen dicken Kuss auf seine Stirn und sagte schnell in entschuldigendem Tonfall: „Oh, der Kuss kam jetzt ganz spontan, Schatz, als Danke. Ich weiß ja, dass du nicht so aufs Küssen stehst!“ Hälmchen sandte mir eine fröhliche, liebevolle Antwort: *Geht klar, Männer knutschen nicht rum, aber sie küssen Frauen und lassen sich von ihnen gerne küssen.* So ein kleiner Schwerenöter! Jedenfalls erwartete er uns am nächsten Morgen in bester Stimmung, ließ sich aufstellen und alles war in Ordnung. Er gab von nun an meist beim Abendessen Bescheid, ob er sich sicher war, nachts ohne Hilfe klarzukommen. Wir waren alle drei zufrieden mit dieser Lösung. Zwar sorgten Hälmchens häufiger auftretende Bauchschmerzen für vermehrten Einsatz von Globuli und Schüßlersalzen, doch ansonsten brauchte er nur hin und wieder sein Konstitutionsmittel und seelentröstende Bachblüten. Wir waren sehr stolz auf sein tapferes Durchhalten als Einzelschaf.

Alter und besondere Situation ließen mich freilich täglich mit allem rechnen, aber eine erneute Verschlechterung seiner Mobilität kam dann doch plötzlich und unerwartet. Beim mittäglichen Stallbesuch schafften wir es eines Tages nicht, unseren Buben auf seine Beine zu stellen, nachdem es frühmorgens und am Spätvormittag keinerlei Schwierigkeiten damit gegeben hatte. Nach diversen Fehlversuchen sandte er mir ein ratloses mentales Kopfschütteln und meinte entmutigt: *Ich bin wie ein nasser Sack! Als ob alle Knochen und Muskeln weg wären, meinst du, sie sind noch da?* Hälmchens resignierte Feststellung und hilflose Frage traf mich hart; es musste mir etwas einfallen! Ich wollte ihm unbedingt ersparen, dauerhaft liegen zu müssen. Ich setzte gerade zu einer Vertröstung auf eventuelle spätere Geistesblitze an, als Beate ausrief: „Diesmal kann vielleicht ich helfen! Ich muss kurz im Skript nachschauen, dann probiere ich etwas Neues aus!“ - *Ja, probieren ist mir recht, danke schon mal.* Hälmchens Wille zum Experiment war ungetrübt, er zeigte sich grundsätzlich offen für neue Wege. Ich war gespannt auf Beates Idee; normales Reiki konnte sie nicht gemeint haben, neu war das schließlich nicht.

Ich blieb bei Hälmchen sitzen, bis Beate wieder zu uns stieß. „So, Hälmchen, jetzt kann es losgehen, ich habe alles Wichtige nochmals nachgelesen.“ Dann sagte sie unserem Schatz, was sie vorhatte. Sie würde eine energetische Wirbelsäulenaufrichtung an ihm durchführen, eine Form des geistigen Heilens, wozu sie ihn nicht berühren musste. Das war in Hälmchens Fall von Vorteil, da er seit der Traumatisierung durch den Hundebiss sehr schreckhaft war und sich nur noch ungern im Nacken und am Rücken anfassen ließ. Diese Art der Heilbehandlung hatte Beate erst vor wenigen Tagen erlernt; für die Durchführung sollte man zuvor bereits seit einiger Zeit mit Energie-Arbeit vertraut sein, z.B. durch den zweiten Reiki-Grad. Demnach war Beate bestens vorbereitet. Hälmchen und ich erfuhren, dass Blockaden auf körperlicher, geistiger und seelischer Ebene durch die Aufrichtungsenergie gelöst werden können und so die Lebensenergie wieder frei zu fließen vermag. Hälmchen vertraute uns, er wusste, dass von uns keine Gefahr drohte, sondern Hilfe kam. Er fühlte uns sein vollkommenes Einverständnis zu. „Nur eins, Halmi", sagte Beate ernst, „du musst danach ausruhen, dich keinesfalls anstrengen! Nebenwirkungen gibt es keine, aber du brauchst dann Schonung." Er blinzelte ein wenig gelangweilt und meinte: *Ja, verstanden. Bitte jetzt ausprobieren!* Beate konzentrierte sich auf ihr Tun, während Hälmchen und ich keinen Muckser taten. Nach etwa 15-20 Minuten war die Aufrichtung beendet, und Hälmchen schüttelte sich ein wenig. Dann versuchte er, alleine aufzustehen. Beate und ich hielten den Atem an – er schaffte es! *Oh, ich kann es wieder! Das ist herrlich!* Er fühlte uns sofort seine unglaubliche Begeisterung zu. Dann ließ er sich in seine Kuhle zurücksinken, aber nur, um augenblicklich erneut aufzustehen. Wir konnten ihn nicht bremsen; er stand auf, legte sich hin, stand wieder auf… Er konnte gar nicht genug davon bekommen, sich seiner wiedergewonnenen Fähigkeit des selbstständigen Hochstemmens hinzugeben. „Ich dachte, er soll sich danach ausruhen!", sagte ich besorgt, „schadet ihm diese Dauergymnastik denn nicht?" Beate sah Hälmchen verständnisvoll an und meinte nur: „Ich kann ihn nicht stoppen, hoffen wir halt das Beste!" Und das Beste trat wirklich ein: Für seine restlichen Lebenswochen blieb Hälmchen die Fähigkeit erhalten, frei nach Belieben sein Heubettchen zu verlassen; die Aufrichtung hatte ihn davor bewahrt, unfreiwillig liegen zu müssen. *Ich fühle mich richtig jugendlich geworden in meinen Beinen und meiner Kraft! Da macht mir das Restalter gar nichts mehr aus.* Diese glücklichen Worte, die Hälmchen mir zufühlte, taten auch mir gut. Es begann nun eine letzte intensive Zeit des bewussten und liebevollsten Miteinanders. Ich versuchte, Hälmchens Wünsche und Bedürfnisse zu erfühlen, soweit er nicht selbst mir Bilder und Worte sandte, die zu deuten mir nicht schwerfielen. Er brauchte Phasen unserer Anwesenheit und Phasen der Ruhe, des Alleinseins mit sich und seiner körperlosen Herdenfamilie. Es war trotz seines nicht allzu schlechten Gesundheitszustands erkennbar, dass er sich auf seinen Erdenabschied vorbereitete. *Ich möchte wieder komplett sein, das bin ich hier nicht mehr. Ich habe euch sehr lieb, deshalb ist es ein bisschen schwierig, die Geschichte abzuschließen. Aber mein Tag nähert sich, und ihr werdet das verstehen. Ihr mögt doch Bücher, da kommt immer ein letztes Kapitel und dann ein letzter Satz. Wenn der gut ist, ist das Buch in Ordnung. Wir sind alle in Ordnung, wir haben viel geschafft.* Es war selten, dass unser Schafsbub so viel von seinem Empfinden preisgab; ich dankte ihm und bestätigte: „Ja, mein Schatz, das stimmt. Und du hast uns sehr geholfen mit deiner Tapferkeit, allein noch monatelang durchzuhalten." Ich spendierte ihm ein paar *klebrige Murmeln*, was ihn entzückte. *Die machen noch Laune!*, verkündete er genussvoll kauend.

Es wurde Dezember, und Hälmchens Verstopfung wurde so schlimm, dass er oft Schmerzen hatte und sich krümmte. Gut gewählte Mittel halfen nur teilweise, er plagte sich sehr und fühlte mir zu: *Mein Körper ist arbeitsmüde, er taugt nicht mehr viel. Aber das gehört dazu, sonst habe ich ja keinen Grund für ein Adieu. Reichte die Zeit für eine rücksichtsvolle Vorbereitung?* Ich übersetzte Beate Hälmchens Fühlbotschaft, und wir waren beide beschämt über seine selbstlose Besorgnis. „Ja, natürlich, mein kleiner Prinz. Nimm bitte keine Rücksicht auf uns, du hast alles bestens geregelt." Diese Bestätigung erleichterte unseren letzten Wollliebling zutiefst. Er entspannte sich sichtlich, was auch eine Entkrampfung seines erkrankten Verdauungstraktes bewirkte. Wir genossen den Advent und ein Weihnachtsfest im Stall, mit allen nur denkbaren Schafsleckerlis und dem Gefühl eines innigen, heiligen Zusammenseins der Seelen. Am Morgen und Mittag seines allerletzten Erdentages, es war der 28.12.2014, zeigte er uns noch viele Male, wie problemlos er aufstehen und herumlaufen konnte. Er fraß sich mit Appetit durch seine Menüs und bezeugte so seinen großen Dank an uns. Gegen Abend wurde er sehr müde; er gönnte sich noch einige Blätter Endiviensalat und ein Schüsselchen voll Topinambur, dann klagte er über Bauchweh. Auch atmete er schwerer und schwerer. *Man hat mich gerufen, ihr Lieben!* Wir wussten es schon. Wir legten Iso-Matten aus und mummelten uns und ihn in Decken, denn es war eisig kalt, aber wir wollten ihn trotzdem nicht allein im Stall lassen. Nach einigen Stunden der Unruhe (die nicht etwa von Hälmchen ausging, sondern von mir und Beate!) spürte ich Hälmchens wachsende Verzweiflung. Allerdings galt sie nicht seinem nahenden Lebensende, nein, sie galt im Gegenteil unserer permanenten Anwesenheit, die ihm einen Abschied

anscheinend unmöglich machte. Er wurde deshalb selber unruhig und stöhnte bisweilen gequält auf. *Es ist zu kalt für euch, geht nur ins Warme! Ihr seid lieb, danke für alle Fürsorge!* Seine zärtliche Liebe zu uns hinderte ihn an einem Rausschmiss, aber ich erfühlte seinen dringlichen Wunsch nach Ruhe. „Wir gehen ins Haus, in einer Stunde oder so schauen wir wieder nach dir, Herzblatt!", verabschiedeten wir uns samt Decken und Matten. *Gut so, keine Angst!*, sandte uns Hälmchens Herz mit einer großen Liebeskraft. Wir sahen, wie er sich ausstreckte und ruhiger atmete. Seine Erleichterung über unseren Abgang war unmissverständlich. Als wir nach eineinhalb Stunden nach ihm sahen, lag er noch genau so da, wie wir ihn zuletzt gesehen hatten: Unser innig geliebter Bub, unser siebtes wundervolles Schaf, war jetzt wiedervereint mit der ganzen Herdenfamilie. Seine Seele war unmittelbar nach unserer Verabschiedung frei und glücklich nach Hause geeilt. Uns blieb, ihm diese Freude ohne Selbstmitleid zu gönnen; er hatte so viel für uns getan – er und alle sechs übrigen geliebten Wollekinder.
Wir mussten zum siebten Mal (und wir schworen uns: Dabei soll es bleiben! Wir konnten und wollten nicht abermals solchen Trennungsschmerz erleiden, der kaum auszuhalten war) die Tierbestatter benachrichtigen. Diesmal kam Frau Schuster mit ihrem Sohn. „So hatte ich mir das aber nicht gedacht!", sagte sie statt jeder Begrüßung und ergänzte tröstend: „Nun ist wenigstens die gesamte Schafsfamilie wieder glücklich beieinander!" Dann umarmte sie uns, und wir bekamen Gelegenheit, von Hälmchens Tapferkeit und seinem Mut zu sprechen, mit dem er seine Zeit als Einzelschaf bewältigt hatte. Im Gegensatz zu Janti, die zusammen mit Beate und mir in einer andersartigen, aber funktionierenden Herdengemeinschaft gelebt hatte, war Hälmchen ganz auf sich selbst gestellt gewesen. Sein schlechtes Sehen sorgte für zusätzliche Schwierigkeiten, die er im Alltag bewältigen musste. „Ihr habt lauter besondere Tiere!", sagte Frau Schuster, „und ihr behandelt sie auch besonders. Ihr seid euch außergewöhnlich verbunden, ich kannte das bislang nur von Haustieren. Ich sehe Schafe jetzt mit ganz anderen Augen, ich hatte ja keine Ahnung!" Präzise darin liegt das Problem: „Normale" Tierfreunde, grob gesprochen also Hunde- und Katzenliebhaber, wissen nichts vom wahren Wesen der „Nutztiere", sie interessieren sich meist nicht einmal für deren trauriges und unverdientes Schicksal. So sagte ich es auch Frau Schuster, die mir nachdenklich zustimmte. Längst hatte sie verstanden, dass ich spürbar unter der lieblosen und ungerechten Behandlung dieser fabelhaften Mitgeschöpfe litt.

Es wurde Zeit, wir mussten endgültig Abschied nehmen von Hälmchens Körper – uns war bewusst, dass seine Essenz nicht vor uns auf der Bahre lag. Dennoch war es sehr schwer; er trug um den Hals das traditionelle kleine Amulett, das von unserer Liebe zu ihm zeugte und das ich ihm an einem blauen Bändchen umgebunden hatte: Diese Farbe kam uns stets in den Sinn, wenn wir bei ihm waren – das klare Blau des Himmels an einem sonnigen Tag.
Wie alle anderen besitzt auch Hälmchen ein Büchlein, in das ich Gedichte und kleine Briefe an ihn schreibe. Einer dieser Texte lautet:

Geliebter Bub,
wie glücklich waren wir
mit dir!
In jungen Jahren hieltest du uns
mit Schabernack auf Trab;
im reifen Alter lehrtest du,
dass nichts zu schwer und bitter ist,
wenn Liebe trägt und hält:
Wir hielten und wir trugen
einander gegenseitig
mit liebevollem Sinn –
wie sollen wir nur ohne dich
und ohne alle andern
allein mit der Erinnerung
an eure Nähe leben?

Ungeachtet des guten Vorsatzes, einzig sein erreichtes vollkommenes Wohlsein zu bedenken, war die Lücke, die Hälmchens irdischer Abschied hinterließ, sehr, sehr schmerzlich. Mit ihm war eine Ära zu Ende gegangen, die eine tiefgreifende Veränderung in meinem Denken und Fühlen bewirkt hatte. Trotz vieler Erkenntnisse, eines inneren Reifeprozesses und dem Wissen, nicht wirklich die Verbindung zu meinen Lieblingen verloren zu haben sondern sie nur in einer veränderten Form zu erleben, fiel ich doch in einen Abgrund, der mir unentrinnbar schien. Es nützte nur wenig, dass ich mir sagte, nun geht es allen gut, freu dich anstatt zu trauern. Wieder waren es meine sieben liebevollen Seelenbegleiter, die mich – diesmal von der Geistigen Welt aus – herausliebten aus der Schwärze einer verstörenden Hoffnungslosigkeit. Sie taten es auf vielerlei Weise; sie schenkten überraschende und unglaubliche Erlebnisse und Begegnungen, und sie legten Beate und mir eine neue, überaus irdisch-lebendige Verantwortung in Herz und Hände: Ihre fünf *Abgesandten*. So kam es, dass wir – entgegen unserer ursprünglichen Absicht, keine Schafe mehr zu halten – heute abermals das Privileg haben, von wunderbaren wolligen Wesen zu lernen und mit ihnen zusammen innerlich weiterzuwachsen. Unsere sieben Himmlischen unterstützen uns bei diesem komplexen Prozess; sie sind allzeit spürbar und lassen mich nie vergessen, was meine Herzensaufgabe in diesem Leben ist: Botschafterin und Fürsprecherin zu sein für die Verkannten und Ausgenützten der Tierwelt.

Mit diesem Buch habe ich einen kleinen aber unverzichtbaren Teil dieser Aufgabe erfüllt; ich hoffe herzlich, dass meine Schilderungen manch aufgeschlossener Seele den Weg zu einem bewussten und liebevollen Umgang mit „Nutztieren" weisen. Für mich und für Beate geht das Abenteuer Liebe zur geschundenen Schöpfung weiter: Wir werden neue Facetten der Spiritualität der Schafe erleben dürfen und freuen uns sehr auf diese Erfahrung.

Einführende bzw. weiterführende Literatur zu den Themen gewaltfreie Ernährung / Tierethik und Tierkommunikation

Gewaltfreie Ernährung:

Dahlke, Rüdiger: Peace Food. Wie der Verzicht auf Fleisch und Milch Körper und Seele heilt. Gräfe und Unzer-Verlag, 2011.

Matthieu, Ricard: Plädoyer für die Tiere. Nymphenburger-Verlag, 2015.
Messinger, Nina: Du sollst nicht töten! Plädoyer für eine gewaltfreie Ernährung. Smaragd-Verlag, 2012.

Tierethik und Tierkommunikation:

Apuzzo, Stefano/D'Ambrosio, Monica: Auch Tiere haben Seelen. Über die Unsterblichkeit unserer Haustiere.
Aquamarin-Verlag, 2008.

Genneper, Gisa/Kamphausen, Rolf: Wenn Tiere ihre Menschen spiegeln. Wie Haustiere unsere Probleme übernehmen. Aquamarin-Verlag, 2011.

Seebauer, Beate: Sprich mit deinen Tieren. Einführung in die Tierkommunikation.
Schirner-Verlag, 2012.

Seebauer, Beate: Wann darf ich dich gehen lassen? Wenn unsere Tiere sterben.
Schirner-Verlag, 2014.

Smith, Penelope: Gespräche mit Tieren. Praxisbuch Tierkommunikation.
Reichel-Verlag, 2004.

Williams, Marta: Ohne Worte mit Tieren und Natur sprechen.
Reichel-Verlag, 2009.

Waldermann-Scherhak, Sandra: Quantenheilung für Haustiere. Wie du sanft und natürlich die Selbstheilungskraft deines Tieres anregst.
Schirner-Verlag, 2014.

Weerasinghe, Gudrun: Seelenbilder unserer Tiere. Anleitung zum Deuten der Aura.
Reichel-Verlag, 2010.

von Marie-Luise Schäffler
Bachblüten sind hochschwingende Pflanzen, die, könnten sie sich mit menschlicher Stimme ausdrücken, eine feine und klare Sprache hätten. Marie-Luise Schäffler gibt so in ihren kurzen doch präzisen Blütenbotschaften dem Dialog zwischen Seele und Blüte Raum, wobei sie bewusst einen sparsamen Einsatz rhetorischer Stilmittel wählt. Jede der 38 Bachblüten spricht zur Leserin/zum Leser, indem sie behutsam aufzeigt, wo deren/dessen mögliche Imbalance liegt und bietet ihre Begleitung an auf dem Weg zurück zu innerer Harmonie.

72 Seiten, kartoniert mit Klappen
ISBN: 978-3-905910-87-2

von Sirtaro Hahn und Marie-Luise Schäffler
BachBlüten und ihre heilsame Wirkung auf die geistig-seelische Balance des Menschen wurden bereits in zahllosen Büchern beschrieben. Dieses Buch zeigt neue Wege, die feinstofflichen Blütenenergien praktisch zu erfahren und wirksam zu nutzen. Kannte man „seine" Blüten bislang nur als Tropfen, kann man nun jeder Blüte in ihrem eigenen Seelenraum begegnen.

120 Seiten, Hardcover, gebuunden
ISBN: 978-3-906873-13-8